한국 근대성의 **정당성 위기**와
인간적 이상으로서의 **민주주의**

유교적
근대성의 미래

한국 근대성의 **정당성 위기**와
인간적 이상으로서의 **민주주의**

유교적
근대성의 미래

장은주 지음

※ 이 저서는 2009년 정부(교육부)의 재원으로 한국연구재단의 지원을 받아 수행된 연구임(NRF-2009-812-A00185).

머리말

"한국의 현대사는 '세월호 이전'과 '세월호 이후'로 나뉠 것이다." 이런 말이 회자될 정도로 지난 4월 16일의 세월호 대참사는 이 나라 사람들 모두에게 충격적인 대사건이었다. 여객선을 타고 수학여행을 가던 어린 학생들이 대부분인 300여 명의 사람이 부패한 기업과 무능한 정부의 합작으로 온 국민이 뻔히 지켜보는 가운데 어처구니없이 차가운 바닷물 속에 빠져 죽었다. 그 소중한 생명들을 속수무책으로 수장시켜 버린 '조선 강국'이자 '해양 강국' 대한민국이라는 국가의 무능, 아이들에게는 선실에 '가만히 있으라'고 방송해 놓고는 자기들만 살겠다고 탈출해 버린 파렴치한 선장과 선원들, 전원을 구조했다느니 사상 최대의 구조작전이 진행 중이라느니 하며 엉터리 정부 발표를 앵무새처럼 받아 오보를 일삼던 무책임한 언론들, 20년도 더 된 배의 수명 연장, 불법 증개축, 일상적인 과적과 고박 불량, 안전 장구 부실 관리 등을 일삼으며 이윤추구에만 혈안이 된 선사와 그런 행태를 방기한 국가 및 공공기관들, 어느 하나 제대로 된 게 없었다. 사람들은 '선진국' 진입에 성공했다고 자부하고 있던 '경제 대국' 대한민국이 지닌 적나라한 실체와 수준을 참담한 심정으로 확인해야만 했다. 도대체 무엇이 문제였을까?

박근혜 대통령은 우리 사회 전체의 오랜 '적폐'를 지적하고 그것을 혁파할 '국가 개조'를 이야기했다. 정부의 책임을 덜어보려는 불순한 의도 같은 것은 일단 무시하고 보자면, 딱히 틀린 이야기처럼 보이지는 않는다. 이 대참사가 단순히 특정한 개인이나 조직의 문제가 아니라 우리 사회 전체의 안일과 부패와 타락의 문제임은 너무도 분명하기 때문이다. 정부든 공공기관이든 사기업이든 언론이든 정치권이든 어느 하나 책임에서 자유롭지 못하리라. 명목상이나마 그래도 주권자인 보통의 시민들이라고 아무런 잘못이 없다고 할 수도 없어 보인다. 그러나 내가 볼 때 문제는 어떤 잘못된 관행들의 적폐 정도가 아니다. 법적 책임 규명의 문제와는 다른 차원에서 하는 이야기지만, 세월호 대참사는 우리 사회 전체가 앓고 있는 어떤 근원적 병이 압축적으로 발현된 결과라고 해야 더 적절할 듯하다.

사람들은 더러 신자유주의의 만연 같은 문제를 지적하곤 한다. 그러나 신자유주의를 받아들인 모든 나라에서 이런 대참사가 일어나지는 않는다. 선장이나 많은 선원이 비정규직이라서 그렇게 무책임했다지만, 우리나라에서는 가령 정규직 고위 공무원이라고 유사한 상황에서 더 강한 책임감을 보였을 것 같지는 않다. 반면 세월호의 비정규직인 박지영 씨는 끝까지 자신의 직업윤리에 충실하다 희생되었다. 신자유주의가 아예 문제가 아니라고는 할 수 없겠지만, 나는 그것보다 더 깊숙한 곳에서 우리 사회 성원들 전체가 이런저런 방식으로 다소간 공유하고 있으며 그래서 우리 사회의 여러 관행과 제도 등에 스며들어 있는 어떤 특별히 한국적인 문화가 더 근본적인 문제라고 여긴다.

아무래도 우리 사회 전반을 지배하고 있는 지독한 '물질주의'의 문제가 우선 지적되어야 할 것이다. 물질주의 그 자체야 특별히 한국적이라고 말할 수 없을지는 모르지만, 우리 사회처럼 이렇게 전면적으로 물질주의가 사회를 지배하고 있는 곳은 드물 것이다. 앞으로 보겠지만, 이것은 특별히 한국적인 문화적 맥락을 갖고 있다. 어쨌든 바로 그런 물질주의의 전제(專制)가 우리 사회 성원들로 하여금 생명이나 안전 같은 가치를 등한시한 채 맹목적인 이윤 추구에 몰두하게 했고, 우리 사회 거의 모든 영역에서 온갖 부패와 부정이 만연하도록 만들었다. 이런 물질주의의 전제는 그동안 우리 사회에서 어떤 정신적 지향의 퇴락과 인문주의의 쇠퇴를 함께 수반하면서 사람답게 사는 삶에 대한 이해 자체를 메마르게 만들어 버렸다. 그 결과 우리 사회는 돈 말고는 가치 있는 것이 하나도 없게 되어 버린 '가치 허무주의' 사회가 되어 버렸다. 세월호 대참사는 바로 이런 가치 허무주의 사회의 어떤 묵시록적 상징이다.

나아가 우리는 '가만히 있으라'로 상징되는 권위주의적이고 집단주의적인 문화의 문제를 지적하지 않을 수 없다. 물론 희생 학생들이 위기 상황에서 전문가의 지휘를 따르려 했던 태도 그 자체가 문제는 아니다. 그러나 우리 교육이 학생들로 하여금 최악의 상황이 왔음에도 안내방송만 곧이곧대로 믿고 선실 안에서 가만히 기다리고 있게끔 너무 지나치게 권위에 대한 일방적인 순응만 강요하고 자주적인 비판적 판단 능력을 키워주지 못한 것은 아닌지에 대해서는, 그와는 별개의 차원에서라도 깊은 성찰이 필요하다.

그런데 우리는 여기서 이 문제가 사실은 다른 종류의 문제와도 연결되어 있음을 놓쳐서는 안 된다. 언론 등에서 크게 주목한 것 같지는 않지만, 내게는 우왕좌왕하는 가운데 '윗선'의 지시만 기다리며 가만히 있으라는 엉뚱한 방송을 계속 내보냈다는 승무원들이나, 역시 상부의 명령이 없다고 스스로의 상황판단에 따라 적극적인 구조

활동에 나서지 않은 해경들의 문제가 결코 가볍게 다가오지는 않는다. 여기서도 명령이나 지시 없이는 독립적이고 비판적인 사유를 할 수 없었던 자율적인 '개인'의 완전한 부재가 문제다. 정부의 구조 지휘 체계가 엉망이었던 것도 근본적으로 동일한 문제의 표현일 것 같다. 관련 공무원들 역시 진정성 있는 직업윤리적 사명감도 없이 그저 상부의 지시나 기다리고 눈치 보기에만 급급했다.

내가 볼 때 이 개인의 부재나 저 편협한 물질주의의 전제는 현대 한국 사회 전반에서 나타나는 삶의 양식의 어떤 본질적인 성격을 규정하는 것이다. 비록 애초 세월호 대참사를 염두에 두면서 쓰기 시작한 것은 아니지만, 나는 이 책에서 바로 그 대참사를 낳았던 배경이자 사실은 우리 사회에서 살아가는 사람들의 삶의 거의 모든 차원에서 심각한 병리와 위기를 낳고 있는 그와 같은 특별히 한국적인 문화의 양상들을 한국의 근대성 전체를 문제 삼는 방식으로 규명해 보려 했다. 그리고 우리 사회의 그 깊은 병리들을 치유하여 시민들이 좀 더 존엄하고 위엄있는 인간적 삶을 살 수 있을 뿐만 아니라 세월호 대참사 같은 인재가 다시는 일어나지 않을 사회를 만들기 위한 나름의 실천적 처방도 모색해 보려 했다.

책을 마무리할 시점에 터진 세월호 대참사를 보면서 내가 이 책에서 우리 사회의 삶의 위기를 이해해 보려 발전시켰던 인식틀이 그 대참사를 이해하는 데에도 적용될 수 있다는 생각이 들어 아주 묘한 심정이 되었다. 내가 나름대로 발전시킨 이론적 접근법이 얼마간이나마 설득력을 지닌 것 같아 내심 기뻐하면서도 이 땅 위의 인간적 삶이 처한 심각한 위기 상황을 새삼 확인하면서 깊은 우울 상태에 빠졌다. 내가 제안한 실천적 처방이 우리 사회의 삶의 문법을 바꿔내기 위한 집합적 노력에 조금이라도 도움이 되어서 이런 우울 상태를 극복할 수 있었으면 좋겠다.

이 책을 완성하기까지 정말 오랜 시간이 걸렸다. 그러나 그 많은 시간을 보냈으면서도 이 책을 기획했을 때 내가 갖고 있던 애초의 학문적 포부를 다 실현했다고 말할 수는 없다. 작업에 훼방을 놓았던 문제들도 너무 많았지만, 무엇보다도 내가 너무 게을렀다. 그 포부를 실현할 능력도 부족했음을 솔직히 고백하지 않을 수 없다. 더 이상 책의 출간을 미룰 수 없는 시점에 다다라 서둘러 원고를 마무리하고 말았다는 자책감에서 벗어나기가 쉽지는 않을 것 같다.

그래도 내가 학자가 된 이후 내가 줄곧 답해보려 했던 물음, 곧 도대체 이 땅에서 학문, 그것도 철학을 한다는 것의 의미가 무엇인지의 물음을 붙잡고 이루어졌던 내 나름의 고투가 일정한 방식으로 이 책 속에 담겨 있다. 반드시 내가 이겼다고 평가받지는 못하더라도 나름 그 자체로 의미 있는 싸움이라 확신한다. 이 책을 통해 그 싸움의 한 단면이나마 소개할 수 있게 되어 부끄러우면서도 기쁘다. 나의 이런 심정이 너무 고깝게 여겨지지는 않았으면 좋겠다.

2014년 8월 수원에서

장은주

이 책에서 전개한 논의들은 부분적으로 나의 다음의 논문들에 기초하고 있다. 해당 논문에서 따와 수정한 부분들에 대해서는 일일이 출처를 밝히지 않았다.

· 「유교적 근대성과 근대적 정체성 – 한국적 '혼종 근대성'의 도덕적 지평에 대한 비판적 탐구」, 『시대와 철학』, 제18권 3호, 한국철학사상연구회, 2007.
· 「한국 근대성의 정당성 위기」, 『동양철학연구』, 제57집, 동양철학연구회, 2009.
· 「한국 진보적 자유주의 전통의 민주적 – 공화주의적 재구성」, 『사회와 철학』, 제23집, 사회와 철학 연구회, 2012.
· 「시민과 공중: '시민적 진보'의 주체에 대한 탐색」, 『시대와 철학』, 제23권 3호, 한국철학사상연구회, 2012.
· 「민주주의라는 삶의 양식과 그 인간적 이상: 한국 민주주의의 민주화라는 과제와 관련하여」, 『사회와 철학』, 제27집, 사회와 철학 연구회, 2014.

❏ Contents

서론: 한국의 근대성과 민주주의

한국 사회의 삶의 위기와 근대성

이 땅에 사는 사람들의 삶의 고통이 심각하다. 여기저기서 신음 소리가 들린다. 세계 10위권의 경제대국, 1인당 국민소득 '3만 달러 시대'를 눈앞에 두고 있다며 자랑하는 부자 나라인 이 땅에서 하루 가 멀다고 '못 살겠다'는 온갖 종류의 절망적 비명들이 쏟아진다. 비 정규직, 청년 실업, 저출산, 입시 지옥, 영세 자영업자들의 살인적 경 쟁… 이런 문제들은 이제 입에 담는 것조차 얼마간 식상해져 버릴 정도로 일상화되었다. 또 하루가 멀다고 벌어지는 끔찍한 흉악 범죄 들을 보라. 실업에 고통스러워하던 어떤 청년은 세상이 밉다고 길가 는 사람 아무에게나 흉기를 휘두르기도 한다. 아니면 지난 10년 가 까이 한국이 OECD 국가 중 가장 큰 자살률을 보였다는 사실 같은 것은 어떤가?

그렇다. 다른 문제들도 심각하지만, 사람들이 마구 죽어 간다. 전쟁도 교통사고도 산업 재해도 아닌데, 삶이 힘들고 무의미하다고 사람들이 스스로 세상을 등진다. 우울하다고, 일자리를 잃었다고, 세상에 복수한다고, 또 다른 이런저런 이유로 숱한 사람들이 스스로 목숨을 끊는다. 그래도 얼마만큼은 세상을 경험한 어른들만 그런 것이 아니다. 어린아이들도 죽어 간다. 청소년들이 한 달에도 몇 명씩 아파트 옥상에서 뛰어내리고 집 천장에 목을 매단다. 친구 관계가 어긋나서 또는 '왕따' 때문에 죽는다고도 하고, 대학입시나 성적 압박에 못 이겨 스스로 목숨을 끊는다고도 한다.

도무지 정상적인 사회라고 하기 힘들다. '정상성'에 대한 무슨 특별한 기준을 앞세우지 않더라도, 사람이 사람답게 사는 사회에 대한 가장 자연스러운 기대만을 가지고 보더라도 고개를 흔들고 한탄을 내뱉을 수밖에 없는 상황이다. 깊게 병든 사회다. 무슨 병인지는 몰라도 제대로 숨조차 쉬지 못하고 있다. 왜 사람들이 사회 속에 모여 사는지에 대한 가장 기본적인 기대라는 관점에서만 보더라도, 도무지 사회로서의 기본적인 '정당성'을 가졌는지가 의심스러운 사회다. 이렇게 정상적이지도 정당성도 갖추지 못한 사회가 붕괴하지 않고 유지되고 있다는 게 신기할 정도다. 무슨 묵시록적인 비관을 늘어놓지 않더라도, 최소한 지금 우리 사회에서 살아가는 사람들이 심각한 '삶의 위기'를 겪고 있다고 말하는 것이 절대로 지나치지는 않으리라.

아무래도 사회 성원들이 마주해야 하는 기본적인 생존 환경의 각박함이 가장 큰 문제이기는 할 것이다. 흔히 '1:99 사회'라고 이야기할 정도로 심각한 사회적─경제적 불평등의 조건 속에서 물질적인 풍요가 보장된 안정적인 사회적 지위는 점점 더 줄어들고 있고, 그래서 모든 사회 성원은 그 풍요의 성채 안으로 어떻게든 들어가려고 죽기 아니면 살기 식의 생존 경쟁을 강요받고 있다. 여기서 재벌이나 대기업의 임원들이나 직원들 그리고 고위 공무원과 같이 '갑'이라 불리는 그 성채 안의 사람들은 무슨 수를 써서라도 그 성채에서 배제되지 않으려고 하면서 노동자, 실업자, 영세 자영업자, 심지어 중소기업가 등과 같은 '을'이라 불리는 성채 밖 사람들을 억압하고 착취하며 무시하고 모욕하는 것을 당연시한다. 그래서 이 사회에서는 아무리 낮은 단계라도 갑의 지위에 있지 않으면 인간다운 삶이 보장되지 않는다. 그러나 그 갑의 자리는 갈수록 너무 희소해 보이기만 한다. 그만큼 대부분의 성원에게 이 사회 속의 삶은 갈수록 억울하고 고단하다.

정치는 본디 이와 같은 종류의 삶의 위기나 사회적 불의를 완전히 없애지는 못하더라도 적어도 사람들이 견딜만하게는 다스리는 과업을 지닌 사회의 실천적 중추 같은 것이어야 한다. 그러나 민주주의라는 이름을 지닌 우리 사회의 정치는 그런 문제 해결의 중추라기보다는 오히려 문제의 중요한 한 진원지로 역할을 하고 있을 뿐이다. 1987년의 민주화 이후 거의 30년이 다 되어 가지만 우리 사회의 민주주의는 제대로 자리를 잡기는커녕 날이 갈수록 오히려 퇴행하고 일그러지기만 하는 듯하다.

우선 우리 민주주의에서는 아직도 선거 등에서 절차적 공정성에 대한 시비조차 끊이지 않고 있을 뿐만 아니라, 5년 단임의 대통령제, 단원제, 약한 비례대표제와 소선거구제 중심의 불충분한 대의제도 등 개혁의 압박을 받고 있는 숱한 제도적 결함이 지적되고 있다. 나아가 민주적 정치 문화도 박약하다. 선거 때마다 확인되는 강한 지역주의도 난감한 문제지만, 이른바 '진보'와 '보수' 두 진영 사이의 대결은 지나치게 격렬하기만 해서 많은 중요한 정치적 사안들이 대화와 토론보다는 적대적 진영 논리를 따라 어떤 '정치 공학'의 차원에서만 처리되기 일쑤다. 정당 정치가 충분히 잘 작동하고 있다고 보기도 힘들고, 시민들의 정치에 대한 불신과 혐오도 심하다. 게다가 재벌이나 일부 주류 언론 등과 같은 과두특권세력의 정치에 대한 영향력은 다른 사회 성원들에 비해 지나치게 비대칭적으로 크다. 이런 상황에서 과연 우리 사회가 앞으로라도 제대로 작동하는 민주주의를 발전시켜낼 수 있을지 의심스러울 정도다. 그리고 그런 만큼 이 사회의 근본 문제 해결은 요원해 보이기만 한다.

물론 우리는 아주 정당하게 이 사회가 언제 그런 종류의 위기를 겪지 않은 적이 있으며 언제 제대로 된 사회이기는 했는지를 물어볼 수 있다. 그래도 지금은 과거와 비교하면 훨씬 나은 사회적 삶의 조건과 상태를 갖고 있지 않으냐고 따져 볼 수도 있다. 확실히 위기를 과장해서는 안 될 것이다. 사실 일제 강점기와 한국전쟁과 군사독재 시절을 통과해 온 우리 사회의 가까운 근현대사만 돌이켜 보더라도, 이 사회의 과거가 결코 지금보다 더 나았다는 판단을 내리기는 쉽지 않을 것이다. 아마도 우리는 우리가 살아내고 있는 지금 이 사회의 상태가 과거 세대들의 좀 더 나은 인간적−사회적 삶을 위한 지난한 노력의 결과이고 또 그 결과가 여러 면에서 매우 성공적이라고 말해야 할 것이다. 그래서 어쩌면 지금 우리 사회 성원들이 겪고 있는 삶의 위기는 그러한 성공에도 불구하고 여전히 해결하지 못했거나 새로이 생겨난 문제들 때문이라고 여길 수도 있다.

이런 맥락에서 우리는 예컨대 넘쳐나는 '신자유주의' 담론을 떠올려 볼 수 있다. 아닌 게 아니라 지난 몇십 년간 전 세계를 지배해 왔던 신자유주의는 그동안 시장 만능주의, 경쟁 지상주의, 공기업 민영화, 노동 유연화, 복지 혜택 축소, 부자 감세 등과 같은 정책들을 통해 힘없고 가난한 사람들에게만 집중적으로 사회적 고통을 강요해 왔다. 아마도 우리는 전 세계를 뒤엎었던 이런 신자유주의적 정책들의 치명적 효과들을 무시하고서 이 땅의 삶의 위기를 제대로 진단해 낼 수는 없을 것이다. 그리고 또 그런 맥락에서 우리는 그 위기를 좀 더 넓은, 말하자면 어떤 세계사적 맥락 속에서 이해할 수 있어야 할 것이다.

그러나 지금 우리가 고통스러워하고 있는 문제들이 모두 신자유주의 때문에 생겼는지도 의심스럽고, 무엇보다도 그것들이 단순히 경제적 차원의 원인을 갖는 문제들인 것처럼 보이지도 않는다. 사실 경제적 차원에서만 보면 한국은 세계의 다른 나라들보다는 상대적으로 사정이 좋기도 하지만, 세계 최고의 자살률이나 청소년 자살의 급증 같은 현상은 특별히 우리 사회에서만 도드라지는 현상이기도 하다. 우리는 앞서 우리가 거칠게 살펴본 이 땅의 삶의 위기가 특별히 '지금, 여기'에서 그리고 특별히 우리만의 방식으로 나타나고 있다는 점을 놓쳐서는 안 된다. 그리고 지금 우리가 겪고 있는 이 땅의 삶의 위기는 단순한 경제적 차원의 위기나 그것이 전이되어 나타나곤 하는 정치적 위기보다는 훨씬 더 깊고 심각해 보인다.

조금 다른 차원의 접근이 필요해 보인다. 좀 더 나은 인간적—사회적 삶을 위한 우리 사회의 그동안의 지난한 노력이 어느 정도 성공을 이루었다고는 하지만, 우리는 그 성공이 과거와는 그 종류가 달라도 성원들의 인간적 삶을 위협하는 정도가 덜하다고는 결코 말할 수 없는 심각한 고통을 만들어내고 있다고 이해해야 할 것이다. 이것은 어떤 '성공의 역설'이라 할 만하다. 그 성공은 바로 그 성공 때문에 위기에 시달리고 있는지도 모른다. 그래서 우리는 이 땅에서 우리가 구현하고 있는 삶의 모습 전체를 비판적 성찰의 대상으로 삼아 그 내적인 발전 동학과 가능한 모순을 함께 포착할 수 있는 새로운 접근법을 발전시킬 필요가 있다.

우리 사회에서는 오랫동안 그와 같은 더 나은 인간적－사회적 삶을 위한 노력에 '근대화'라는 이름을 붙여 왔다. 물론 지금은 그 노력이 어느 정도 마무리되었다는 인식이 지배적이고 사람들은 이제 '선진화' 같은 새로운 과제를 설정하기도 한다. 그러나 이 역시 과거의 근대화 패러다임과 근본적으로 다르지 않다. 선진화가 근대화의 더 성공적인 완수, 그 이상의 것을 의미하는 것처럼 보이지는 않는다. 어쨌든 단순화하자면, 이 근대화 패러다임의 핵심은 미국과 유럽의 여러 사회를 모델로 삼아 그 사회들이 누리고 있는 것과 동일한 모습과 성격을 지닌 삶의 양식, 곧 우리가 '근대성(modernity)'[1] 이라고 개념화하는 특정한 삶의 양식을 모방하고 실현하는 것이다. 이런 지향은 정치적 좌우 구분을 넘어선다. '복지국가'를 향한 진보적 지향 역시 북유럽을 모델로 하는 특정한 근대성의 기획이라고 할 수 있다. 이 책에서 나는 바로 이런 근대성이라는 문제틀을 통해 우리 사회 성원들이 겪고 있는 삶의 위기를 나름의 방식으로 진단해 보고 그 해결책을 모색해 보려 한다.

---

1) 이 개념의 번역 문제에 대해서는 제1장의 논의를 참고하라.

우리가 통상 서구적 기원을 갖는 것으로 여기는 이 근대성은 흔히 잘 작동하는 '시장 경제'나 합리적으로 조직된 '국민 국가'와 같은 요소 등을 통해 이해된다. 그러나 사실은 좀 더 복잡하다. 나중에 더 논의하겠지만, 찰스 테일러의 규정을 빌리자면, 그것은 "새로운 실천과 제도적 형식(과학, 기술, 산업생산, 도시화), 새로운 생활양식(개인주의, 세속화, 도구적 합리성), 그리고 새로운 형태의 불안들(소외, 무의미, 절박한 사회적 해체감)의 역사적으로 예기치 않은 아말감(amalgam)"이다.[2] 지금껏 우리 사회는 이렇듯 다양한 요소들의 복잡한 착종의 산물인 근대성을 나름의 방식으로 그리고 매우 성공적으로 건설해 왔다. 그러나 나는 우리가 지금 겪고 있는 삶의 위기가 바로 이 근대성을 향한 우리 사회의 성공적인 노력에 내재했던 어떤 근원적 문제들과 깊은 관련이 있다고 여긴다.

그런데 여기서 성급한 오해는 말기 바란다. 나는 그 위기가 단순히 이른바 '탈근대주의'('포스트모더니즘') 논의 같은 데서 흔히 지적하는 식으로 서구적 근대성 그 자체가 지닌 숱한 내적 한계 같은 것을 통해서만 해명될 수 있으리라 여기지는 않는다. 내 생각에 그 위기는 그보다는 더 근본적으로 다양한 주체적 요소들, 특히 우리 사회의 어떤 문화적 차원과 더 깊은 관련을 맺고 있다. 예컨대 서구에서 유래된 기독교(개신교) 일부에서 보이는 목사직 세습을 보라. 서구에서라면 결코 상상조차 할 수 없는 일일 것이지만, 우리 사회에서는, 그것도 주류 대형 교회에서, 너무도 당연한 것으로 수용된다. 이런 일은 사실 우리 사회의 가장 본질적인 정체성을 드러내고

---

2) 찰스 테일러, 『근대의 사회적 상상: 경제 · 공론장 · 인민 주권』, 이상길 옮김, 이음, 2010. 6.

있는지도 모른다. 2세, 심지어 3세로까지 이어지는 우리 사회 재벌의 세습적 지배구조가 그렇고 사람들의 가장 중요한 일상적 인간관계를 지배하는 여러 차원과 종류의 '연고주의'가 그렇다. '위계주의' 또는 '서열주의' 같은 사회 현상들은 또 어떤가? 그런 것들을 과연 통상적인 의미에서 근대적이라고 할 수 있을까? 이런 상황에서 '근대의 초극' 또는 '근대로부터 벗어남'이란 무엇을 의미할 수 있을까?

그러나 그렇다고 반대 방향의 예단도 하지 말기 바란다. 나는 흔히 이야기하는 것처럼 그런 문제들이 근대화된 한국이 아직 극복하지 못한 '전근대적' 잔재의 문제라는 식으로 보고 싶지도 않다. 확실히 우리는 우리 사회의 근대성이 통상적인 의미에서는 전혀 근대적이라고 하기 힘든, 그래서 심지어 사람들이 흔히 '봉건적'이라고까지 규정하곤 하는 숱한 사회적 습속에 의해 지배되고 있음을 어렵지 않게 확인할 수 있다. 관료나 정당 및 기업의 조직 문화 같은 데서부터 일상적 친우관계나 가족생활에 이르기까지 그러한 습속의 흔적은 너무도 강하다. 그러나 다른 한편 우리 사회의 근대성 또한 너무도 도저하다. 짧은 시간 안에 이룬 근대화의 역사적 성취는 눈부시기까지 하다. 때문에 우리 사회를 단순히 아직 근대화가 덜 된, 또는 선택적으로만 근대화되었고 따라서 아직도 진정한 근대화의 과제를 완수하지 못했다는 식으로만 이해하기에는 어딘가 어색하고 초점이 맞지 않아 보인다. 그런 접근은 너무도 서구중심적으로 보인다. 내 생각에 우리 사회는 너무도 뚜렷하고 성공적인 근대 사회이기는 하되, 무언가 조금 다른 종류의 근대 사회다. 바로 이런 맥락에서 나는 우리의 근대성을 이해하는 지금까지의 많은 시도와는 조금 다른 이론적 접근법을 발전시켜 보고자 한다.

방법으로서의 한국

나는 이 근대성이라는 문제틀이 많은 장점을 갖고 있다고 생각한다. 이 연구는 이 문제틀이, 자본주의나 신자유주의 같은 경제적 차원을 문제 삼는 접근법이나 통상적인 다른 사회과학적 접근법과는 달리, 문화적-정신적 차원을 포함하여 우리의 삶의 양식 전체를 일정한 비판적 성찰의 지평 위에 올려놓음으로써 우리가 겪고 있는 삶의 위기에 대한 진단과 해법을 모색하는 데서 더 적절한 실마리를 제공해 줄 수 있으리라는 기대에서 시작되었다. 이런 맥락에서 나는 앞으로 여기서 진행하고자 하는 탐구를, 그동안 우리 사회에서도 많은 논의가 있었지만, 서구에서 진행되었던 '근대성에 관한 철학적 담론(하버마스)'[3]의 일정한 연장선 상에 위치시키고 싶다. 그러나 나는 지금까지 우리 사회에서 이루어져 왔던 근대성 담론 일반에 대해 자못 부정적인 평가를 하는 편이다. 단순하게 말해서 그 담론 일반이 일정한 의미와 유용성을 가졌음에도 불구하고 '지금, 여기'의 삶의 실재와는 잘 맞지 않는 엉뚱하고 추상적인 이야기들만 했다고 여겨서다. 때문에 우리가 새삼 그 담론을 어떤 식으로든 이어가려면 그 담론의 현실적실성 문제에 대한 좀 더 근본적인 성찰부터 해볼 필요가 있다.

사실 이는 좀 더 크고 근원적인 문제와 맞닿아 있다. 철학을 포함하여 한국의 인문학 일반이 맞이하고 있는 미증유의 위기 말이다.[4]

---

3) J. Habermas, *Philosophische Diskurs der Moderne*, Frankfurt/M., 1988(이진우 옮김, 『현대성의 철학적 담론』, 문예출판사, 1994. 제목 역어는 나의 것이다.)

4) 최근 우리 사회에 '인문학 열풍'이 불어 곳곳에서 인문학 강좌들이 붐을 일으키고 있다고는 하지만, 냉정한 시선으로 볼 때 그 열풍은 제대로 된 인문적 문화의 바탕 위에서 부는 것이라기보

아마도 이 인문학의 위기는 한편으로 보면 우리가 지금 다루고 있는 이 땅의 삶의 위기의 한 부분일 것이다. 인문학을 사람다운 삶의 의미와 방식에 대한 물음에 답해 보려는 성찰적인 지적 노력과 연관지어 이해할 수 있다면, 인문학의 위기란 다름 아니라 우리 시대, 우리 사회 전반의 사람다운 삶의 가능성이 맞닥뜨린 위기 그 자체의 일부분이다. 단순한 '생존'에 대한 강박 말고는 사람다운 삶에 대한 감각도 희망도 보이지 않는 시대, 인문학의 위기는 정확히 이 시대가 앓고 있는 병의 가장 적절한 징후의 하나일 것이다. 하지만 나는 이 인문학의 위기가 지닌 핵심은 단순히 인문학에 대한 대학과 사회의 수요 감소 같은 현상보다는 사실은 바로 이 땅의 삶의 위기를 인문학적으로 제대로 포착하여 의미 있는 해법의 실마리조차 내놓고 있지 못하다는 사정 바로 그 자체에 있다고 여긴다. 근대성에 관한 담론이 보인 그동안의 비생산성도 바로 이런 맥락에서 이해되어야 한다.

도대체 왜 지금 우리 사회의 인문학은 지금과 같은 위기에 빠진 것일까? 물론 이런 종류의 물음이 어느 한순간에 그리고 완벽하고 깔끔하게 대답될 수 있으리라고는 믿지 않는다. 한두 가지 원인을 찾아 지목할 성질의 문제도 아니다. 그러나 우리는 지금 우리가 마주하고 있는 상황이 얼마나 심각하고 근본적인지를 새삼스럽더라도 되새기면서, 끊임없이 새로운 모색을 해보기는 해야 한다. 바로 이런 맥락에서 나는 이 책에서 이런 물음에 답을 구하기 위해 지금까지의 많은 접근법과는 조금 다른 실마리를 따라가 보고자 한다.

다는 '이윤'과 '경쟁력'이라는 동기에서 비롯된 것처럼 보이고, 따라서 지극히 반(反)−인문적으로 보인다.

그동안 많은 사람이 우리 인문학의 비생산성과 관련하여 그 원인 중의 하나로 우리 학문의 '식민성'이나 '유럽(서구)중심주의'에 커다란 혐의를 두어 왔다. 사실 이 땅의 인문학 일반[5]은 이런 혐의를 부정하기 쉽지 않다. 대학 자체가 서구로부터의 수입품인 이상, 대학의 편제부터가 서구모방적이지 않을 수가 없고, '인문학'이라는 학문 분류도 마찬가지다. 어쩌면 너무도 당연한 일이다. 도대체 이 땅의 인문학적 탐구의 틀이 서구 지향적, 아니 서구중심적이지 않을 도리가 없어 보인다. 그러나 그런 출발점과 너무도 당연히 했어야 할 그에 대한 성찰의 부재는 이 땅에서 나온 인문학적 생산물들이 이 땅의 삶의 모습과 필요에서 유리되게 만들었을 뿐만 아니라 그것들을 오도하기까지 하는 결과를 낳았다. 나중에 우리는 이런 현상이 정확히 우리 사회가 구현한 근대성의 결정적인 한 단면이기도 할 뿐만 아니라 그 근대성에 관한 우리 사회의 논의들에서도 이런 문제에 대한 무반성적 태도가 어떤 황폐한 결과를 낳았는지를 보게 될 것이다.

그러나 진짜 문제는 그와 같은 얼핏 누구든 동의할 수 있을 것 같은 한국 인문학의 식민성이나 서구중심성에 대한 지적이 아니다. 진짜 문제는 그 지적이 단지 설득력 있는 문제 제기의 수준을 벗어나지 못했다는 데 있다. 그동안의 지배적인 학문 흐름은 서구의 것들을 당연한 출발점으로 삼고 그 '보편성'에 대비되는 한국의 '특수성'을 파악해 보자는 식의 접근법을 벗어나지 못했다. 많은 지적 탈식민론은 이런 보편—특수의 패러다임 속에서 당연한 것으로 전제된 '서구＝보편'이라는 등식이 원천적으로 잘못되었다는 점을 드러내

---

5) 물론 사회과학도 마찬가지지만 여기서는 논의를 한정짓기로 하자.

주었다. 확실히 중요한 논점이기는 하다. 그러나 문제는 적절한 대안석 접근법의 제시다.

많은 경우 우리 학문의 식민성의 극복이라는 과제는 어떤 '동서양 이분법'이라는 틀 속에서 서양과는 다른 동양 또는 한국의 전통 같은 것을 앞세우는 방식으로 이루어졌다. 그러나 내가 볼 때 그런 식의 접근법으로는 서구중심주의에 대한 참된 극복은 불가능하다. 그런 접근법에서도 '서양이 아닌 동양'이라는, 서양에 대한 소극적 반작용의 틀은 여전히 강력하게 작동할 수밖에 없기 때문이다. 그 동양의 일부인 '한국'을 중심축으로 놓고 보면, 그런 접근법은 '서구중심주의를 비판하는 조공적 학문'이라는 우스꽝스러운 면모마저 드러낼 수도 있다. 이런 상황에서 지적-학문적 식민성은 오히려 더 강력하게 지속될 수밖에 없다.

우리 학문의 서구중심성 또는 식민성에 대한 비판의 참된 초점은 어떤 지적-학문적 민족주의에 대한 요구에 있지 않다. 관건은 '지금, 여기'의 삶에 필요한 '실천적 합리성'의 확보다. 다시 말해 '지금 그리고 여기서'의 삶에서 제기되는 숱한 문제들을 제대로 인식하여 그 해결을 모색할 수 있는 이론적, 지적 도구를 마련하는 것이다. '우리 학문'이 필요로 하는 '우리'는 단순히 그 자체로 가치를 지닌 어떤 혈연적-문화적 집단체에 대한 지시어이기보다는 우리와 어떻게든 구분되는 다른 집단체들이나 민족들과 공통의 속성을 나누어 가진 인류의 일원이되 특별한 역사적 맥락과 지리적 조건 위에서 더 나은 인간적 삶을 위해 고투하며 살아가는 특정한 삶의 단위에 함께 속한 사람들에 대한 지시어일 뿐이다. 우리 학문에 대한 추구의 목표는 바로 그러한 고투에서의 승리에 있어야 한다.

우리 학문에 대한 모색이 이 땅의 삶의 현실이 서구로부터의 압도적 영향 아래 형성되었다는 사실을 부정하는 데서 출발할 필요는 없다. 자본주의적 시장과 민주적 근대 국가라는 가장 근본적인 제도적 틀에서부터 일상적인 삶의 방식들에 이르기까지 우리의 삶은 이미 깊숙이 서구적으로 주조되어 있다. 인도 출신의 역사학자 차크라바르티(Dipesh Chakrabarty)의 논의를 빌리자면,[6] 이런 조건에서 서구적 학문이 발전시켰던 숱한 이론과 시각과 개념의 참조는 다름 아닌 우리의 현실을 지적으로 제대로 조망하기 위해서도 '불가결'하다. 이 점을 단순히 무시하려 들어서는 안 된다. 문제는 서구에 대한 참조가 어떤 식으로든 불가결함에도 불구하고 서구적인 것들은 그 자체로는 우리의 삶의 현실과 그 실천적 과제해결을 위해 언제나 '부적절'하기도 하다는 것이다. 이 불가결성과 부적절성의 긴장, 우리의 참된 과제는 바로 그 긴장에 주목하고 극복하는 데 있다. 이 땅의 삶의 위기를 근대성에 관한 철학적 담론이라는 틀 속에서 비추어 보려는 우리의 탐색도 바로 이 긴장을 해소하는 데에 초점을 맞추고 진행되어야 할 것이다.

그러나 어떻게? 나는 그 과제를 위한 가장 결정적인 관건은 '이론에 대한 실천의 우선성'이라는 출발점과 원칙을 분명히 하는 데 있다고 본다.[7] 왜냐하면 이 땅에서 이루어지고 있는 사회적 실천이야말로 그런 긴장을 만들어내는 참된 배경이라고 보기 때문이다. 무슨 반(反)-이론주의를 이야기하려는 것이 아니다. 초점은 우리가 우리

---

6) Dipesh Chakrabarty, *Provincializing Europe: Postcolonial Thought and Historical Difference (New Edition)*, Princeton University Press, 2007.

7) 나의 이 주제에 대한 좀 더 자세한 논의는 다음을 참고. 『정치의 이동: 분배 정의를 넘어 존엄으로 진보를 리프레임하라』, 상상너머, 2012, 제1장.

삶의 현실을 지적으로 적절하게 포착해 내려 할 때, 우리가 서구로부터 받아들여 익숙한 것으로 전제하곤 하는 여러 이론의 개념과 의미와 가치를 이 땅에서 전개된 사회적 실천에 우선적인 준거를 두어 평가하고 또 그 선후 관계를 뒤집어야 한다는 데 있다.

이론에 대한 통상적인, 서구적－아리스토텔레스적 '테오리아(theoria)'의 관점은 말하자면 어떤 천상의 장소(Nowhere)에서 이루어지는, 그래서 어떤 인식 주제에 대한 선험적 보편성 주장이 가능하다고 쉬이 가정하게 만드는, 관조와 조망의 관점이다. 그래서 우리는 서구에서 발전한 숱한 철학적이고 사회과학적인 이론들을 준거로 삼아 그것들의 보편성 주장을 당연시하면서 그 보편적인 이론들이 우리 사회의 현실에도 적용될 수 있는가, 없는가 하는 관점에서만 이론적 성찰을 해 왔다. 그러나 문제는 우리 사회의 특수성이 아니라 우리 사회를 그런 식으로 특수하다고 여기기만 하는 이론적 출발점 그 자체다. 이 출발점을 뒤집어 세상을 실제로 만들고 바꾸어 나가는 인간의 실천 또는 실행으로부터 이론적 논의를 시작할 수 있어야 한다.

'지금, 여기'의 사회적, 문화적, 정치적 질서를 만들어 내었고 그 것을 바꾸어가는 것은 언제나 사람들의 사회적 행위, 곧 실천이다. 세상을 실제로 만들고 바꾸어 가는 그 실천은 결코 순수하지 않다. 언제나 구체적이다. 그리고 그 실천은 결코 완전히 응고되거나 봉합되거나 폐색되지 않고 그것이 출발하는 맥락과 조건과 제약을 언제나 동시에 뛰어넘는 것이기도 하다. 그래서 그것은 언제나 열려 있고 다양한 방향성을 갖는다. 때문에 실천의 공간은 수많은 가능성의 영역이고, 실천적 사태로서의 삶의 양상은 그 본성상 불확정적이다.

따라서 이론, 그것도 서구 사회들의 발전 상태만을 보편적이고 '정상적'이라고 가정한 위에서 발전된 이론이 그 서구 사회들과는 많은 점에서 다를 수밖에 없는 우리의 삶의 현실을 포함하여 사회적 실재 그 자체의 참된 본성이나 진실을 완전하게 재현해 내거나 포착할 수 있으리라고 보는 출발점은 원천적으로 잘못일 수밖에 없다. 이를테면 자본주의적 시장 경제는 어떤 곳에서 어느 시점에 형성되고 어떤 사람들에 의해 구성되는지 상관없이 언제나 보편적인 속성과 동학을 가진다는 식의 접근은 애초부터 성립할 수 없는 접근인 것이다. 근대성에 대해서도 우리는 마찬가지로 말할 수 있다. 특정한 이론이 어떤 초월적이고 불변적인 추상적 진리의 담지자가 될 수는 없다.

이론과 실천의 선후 관계를 뒤집어야 한다. 다시 말해 실천에서 출발하고 실천을 준거로 삼아야 한다. 그런데 이 실천은 다름 아니라 우리의 삶의 과정 그 자체이고, 무엇보다도 삶을 교란하고 방해하는 문제들을 해결하려는 집합적 노력이다. 여기서 가장 중요한 관심사는 그 실천을 교란하는 문제 상황을 제대로 확인해 내고 또 문제가 해결된 미래의 관점에서 포착된 현재의 제약과 한계 등을 드러내고 극복의 전망을 제시하는 것이다. 이론은 바로 그러한 해결을 위한 탐구를 자극하고 이끎으로써 실천을 안내할 수 있는 '도구'일 뿐이다. 그래서 그 자체로 사회적 현실을 구성하고 변화시키는 실천의 일부로서 이해되어야 한다. 중요한 것은 특정한 이론적 관점이 아니라 우리가 겪고 있는 삶의 문제 해결이다.

이런 출발점이 모든 서구적 이론에 대한 절대적 거부나 어떤 이론적-지적 국지주의 또는 상대주의를 요청하는 것은 아니다. 필요한 것은 '방법으로서의 한국'이지 어떤 '문화적 민족주의'의 관점에서 이루어지는 '우리'의 학문이나 이론 같은 것이 아니다. 이런 식의 접근법을 통해서는 결국 '거울상 오리엔탈리즘'을 벗어날 수 없다. 물론 '우리의 학문'이나 '우리의 이론'에 대한 모색은 반드시 필요하다. 그러나 그것이 어떤 문화민족주의적인 '우리'의 학문이나 이론이 되지 않기 위해서는, 바로 '지금, 여기'를 만들어 왔고 또 만들어 내고 있는 사회적 실천이라는 준거 위에서 출발해야 한다. 우리의 문제를 해결하기 위해 '지금, 여기'에서 이루어지는 실천의 논리와 문법에 충실하자는 것이 초점이지 서구와 서구적인 것에 대한, 말하자면 이론적 '르상티망(Ressentment)'(니체) 같은 것이 지향점이 되어서는 안 된다.

물론 우리는 반대로 우리의 고유한 전통이나 문화의 중요성을 무턱대고 무시해서도 안 된다. 역동적이든 정태적이든 사회의 모든 구성적 실천은 언제나 '습관'(또는 '습성')에 기댄다. 이것은 단순히 통상적인 의미의 행위 습관만이 아니라 행위자들의 사고방식, 인지 양식, 미적 감각, 사회적 상호작용의 방식, 가치관 등을 포괄한다. 한마디로 인간의 사회적 실천은 문화적 실천이다. 때문에 우리는 우리의 고유한 전통과 문화가 발휘하는 나름의 규정성에서 출발하지 않을 수 없기는 하다.

그러나 우리는 또한 오늘날과 같은 세계화의 조건에서 그 사회적 실천에 끼치는 외부로부터의 영향도 결코 사소하지 않으며, 심지어 때로는 매우 결정적일 수도 있다는 점을 놓치면 안 된다. 여기서 '순수하게 내재적인 것'과 '순수하게 외래적인 것'을 구분하는 것은 전적으로 무의미하다. 결국, 우리의 과제는 단순한 서구중심주의도 동서양이분법 따위에 기초한 이론적 상대주의도 넘어서 이 땅의 사회적 실천 그 자체의 참모습에 다가가는 것이다. 그리고 그 과제는 우리의 사회적 실천을 구성하는 전통적인 것과 서구적인 것, 국지적인 것과 세계적인 것의 혼재와 착종의 의미와 그 고유한 동학을 제대로 포착해 낼 수 있을 때에만 제대로 완수될 수 있다. 이때 그 구성 요소들은 그 어느 것도 결코 순수하지 않을 것이며 언제나 상호작용하고 변형되며 매개될 것이다. 그러니까 관건은 그 실천의 '혼종성(hybridity)', 그러나 단순히 어떤 표준종의 이종이나 변종이 아니라 그 자체로 독립적이고 고유한 이 혼종성을 어떻게 파악할 것인가이다. 근대성이라는 문제틀을 통해 이 땅의 삶의 위기에 대한 진단과 그 해결책을 모색해 보고자 하는 우리의 시도 또한 바로 이런 길을 따라야 한다.

유교적 근대성과 그 정당성 위기

그러나 이런 출발점은 우리를 상당히 곤혹스럽게 만든다. 우리는 그 출발점과 거기서 제기되는 이론적 과제를 감당할 수 있는 아무런 모델을 알고 있지 못하기 때문이다. 근대성에 관한 서구의 다양한 이론들이 있기는 하지만, 우리로서는 그것들이 불가결하기에 깊은 참조를 하긴 해야 해도 우리 사회의 근대성을 제대로 포착해 내기 위해서는 기본적으로 부적절하리라는 점을 어렵지 않게 짐작할 수 있다. 그래서 우리 사회의 근대성을 나름의 방식으로 이론화하는 모험 말고는 다른 선택지가 없어 보인다.

여기서 제일 중요한 관건은 우리가 과연 어떻게 근대성에 대한 서구중심적인 접근법을 넘어설 수 있을 것인가이다. 이미 근대성이라는 개념부터가 그렇지만, 우리가 자본주의적 시장경제든 국민국가든 근대성의 제도적 핵심들에 대해 서구적 발생 맥락과 모델을 무시하고서 사유한다는 것은 불가능하다. 그리고 우리의 근대성이 이런 서구적 근대성의 압도적 영향 아래 성립하고 발전했다는 것도 분명하다. 과연 우리는 어떻게 우리 근대성의 이런 서구적 유래를 무시하지 않으면서도 서구중심주의의 함정에 빠지지 않고 우리 근대성의 고유성 또한 적절하게 포착해낼 수 있는 접근법을 마련할 수 있는가? 이 책에서 나는 우선 이런 출발점 위에서 근대성 일반과 한국 근대성에 대한 나름의 이론화를 시도하고 그에 기초하여 우리 사회가 겪고 있는 삶의 위기를 비판적으로 진단해 보려 한다.

그러나 이때 나는 어떤 상대주의가 아니라 오히려 굳건하게 보편주의의 길을 가 보고자 한다. 물론 그 보편주의는 통상적으로 이해되는 보편주의, 곧 유럽적인 것을 그 자체로 보편적인 것이라고 등치시키는 그런 '유럽적 보편주의'가 아니라 진정으로 보편적인, 그런 의미에서 '보편적 보편주의'라 할 수 있는 보편주의다.[8] 내가 쫓고자 하는 이 참된 보편주의는 유럽적 보편주의와는 달리 오히려 유럽을 다른 모든 세계의 지역들과 마찬가지로 하나의 지역으로만 이해하고, 유럽적인 근대성도 그에 따라 가능한 단지 하나의 모델로만 이해하는 '유럽의 지방화'[9]를 시도한다. 반면 우리의 근대성을 단순히 서구로부터의 수입이나 이식이라는 차원에서 이해하는 것이 아

---

8) 이 표현은 월러스틴에게서 빌려왔다. 참조: 이매뉴얼 월러스틴, 『유럽적 보편주의: 권력의 레토릭』, 김재오 옮김, 창비, 2008.

9) D. Charabarty, 앞의 책.

니라, 서구로부터의 영향을 부정하지 않되 근대성의 형성 과정에 개입한 전통의 작용과 구체적인 맥락 속에서 이루어진 창조적 변형을 함께 포착하고자 한다. 물론 유럽의 것을 포함한 근대성 일반을 함께 사유할 수 있는 포괄적인 인식틀을 포기하지 않으면서 말이다.

제일 먼저 나는 기본적으로 수입 담론인 근대성에 대한 철학적 담론이 왜 우리 사회에서는 심각한 비생산성을 보일 수밖에 없었는지를 살펴보는 가운데 근대성을 우리의 유교 전통과 함께 사유할 필요가 있다는 점을 보이면서 근대성에 대한 새로운 접근법의 필요를 제기할 것이다(제1장). 이런 접근법에서는 어떤 단일하고 (통상적인 의미로) 보편적인 근대성에 대한 개념은 설 자리가 없다. 여기서 근대성은 기본적으로 '다중 근대성'(multiple modernities)으로 나타난다. 이런 기본 시각 위에서 나는 우리의 근대성을, 서구적 근대성의 단순한 모방적 이식의 산물로서가 아니라, 서구적 근대성과 우리 고유의 문화적 전통의 상호 적응적 결합 속에서 성립한 하나의 '혼종 근대성'(hybrid modernity)인 '유교적 근대성'으로 이해해 보자고 제안할 것이다(제2장).

물론 우리는 한국 사회가 충분히 서구적-근대적인 사회라는 점을 부정할 수는 없다. 우리 사회는 기술적이고 제도적인 측면에서 서구의 이른바 선진 사회들과 별반 다르지 않은 근대성을 갖고 있다고 해야 할 것이다. 우리 사회에 구현된 고도화된 시장 경제, 국민국가, 교육 시스템, 과학기술의 수준, 문화적 소비 양식 등은 서구 사회의 그것들에 대해 어떤 '가족 유사성'을 보여줌이 틀림없다. 그러나 우리의 근대성은 또한 서구와는 다른 고유한 양태와 삶의 문법을 갖고 있다고 해야 한다. 나는 우리 근대성의 이 고유성을 규정하는 두 가지 '문화적' 특질에 주목한다. 하나는 집단과 공동체의 가치를 강조하는 '개인의 부재'라는 특징이고 다른 하나는 서구에서보다 더 강한 물신숭배 같은 것을 낳은 '현세적 물질주의'라는 경향이다. 두 특질은 상호보완적이고 상호침투적인데, 내 생각에 이 둘 모두는 우리의 유교적 문화 전통이 그 도구화나 속화(俗化)와 함께 겪은 근대적 변형과 관련되어 있다.

나의 이해에 따르면, 그와 같은 문화적 특질은 무엇보다도 우리의 근대적 주체들에게 나름의 고유한 <도덕적 지평>을 지니게 하면서 한국적 근대성을 특별한 방식으로 규정했다. 이런 맥락에서 나는 유교적 배경의 '근대적 정체성'이 서구적-근대적 정체성과 달리 가지는 고유성에 주목하고자 한다(제3장). 왜냐하면, 바로 이런 유교적-근대적 정체성이 우리의 외형적으로는 서구적인 근대성에 나름의 고유한 성격과 양태를 부여했다고 보이기 때문이다. 우리의 근대성이 기술적이고 경제적인 차원에서는 커다란 성공을 거두었으면서도 다른 한편으론 기껏해야 어떤 '결손 민주주의'[10]의 모습으로밖에는 자리 잡지 못한 정치적 근대성의 양태를 보이고 있는 것은 바로 이런 맥락에서 이해할 수 있다.

이렇게 우리 근대성의 고유한 유교적 특색을 살펴본 뒤, 나는 서구적 근대성 담론을 규정했던 계몽이나 합리성 같은 프레임이 아니라 '인간 존엄성'의 더 완전하고 더 포괄적인 보호와 실현이라는 규범적 초점을 가지고서 단지 서구만을 모델로 삼는 것이 아니라 근대성의 세계성에 주목하는 나름의 근대성에 대한 개념을 발전시켜 보

---

[10] 이 개념에 대한 소개는 제3장을 보라.

려 한다. 그리고 이를 바탕으로 우리가 이 땅에서 경험하고 있는 삶의 위기를 우리의 유교적 근대성이 내장하고 있는 '정당성 위기'라는 관점에서 규명해 보고자 한다(제4장). 이런 관점에서 보면 이 땅의 삶의 위기는, 단순히 일시적인 경제적 위기나 그러한 경제 위기가 정치적 차원으로 전이되어 나타나는 정치적 위기 같은 것이 아니라, 그것들보다 훨씬 더 심층적이고 광범위한 차원에서 우리 사회성원들이 일상적이고 체계적으로 자신들의 인간적 존엄성이 모욕당하고 훼손될 수 있다는 위협 속에서 살아가고 있다는 데서 성립하는 위기다.

'인간적 이상'으로서의 민주주의와 '시민적 진보'의 이념

그렇다면 이러한 위기는 어떻게 극복되고 치유될 수 있을까? 사실이 근본적인 실천적 관심사야말로 이 책의 탐구를 이끈 동기였다. 비록 이 책의 논의가 이 문제에 대한 완벽하고 체계적인 해결 지침을 내놓을 수는 없겠지만, 나는 이 책의 제2부의 장들에서 새로운 실마리 정도는 제시해 보려 한다. 문제를 다르게 바라보면 해법도 달리 나타나는 법이다. 나는 근대성에 대한 우리의 새로운 접근법이이 땅의 삶의 위기를 해결해 보려 했던 지금까지의 여러 통상적인 이론적, 실천적 시도들이 지닌 패착 지점들이 무엇인지를 얼마간 분명히 해 주면서 역시 새로운 길을 가라고 지시해 준다고 믿는다. 이는 결국 서구에서 발전했던 정치적 근대성과 민주주의 그리고 정치적이고 역사적인 '진보'의 이념에 대한 새로운 접근과 해석으로 나아갈 수밖에 없다.

그러나 그러기 위해서는 우선 우리가 가야 할 길의 방향을 분명히 할 수 있어야 할 것이다. 내 생각에 우리의 새로운 모색은 유교 전통 그 자체에 대한 완전한 부정, 그러니까 무슨 '공자가 죽어야 나라가 산다'는 식으로 우리가 지금껏 서구 사회들로부터 수입하여 알고 있는 근대성 모델을 이상화하거나 절대화하는 그런 방향이어서는 안 된다. 그러나 그렇다고 반대 방향에서 서구적인 것 일반에 대한 어떤 르상티망의 관점에서 '우리의 것'이나 '동아시아적인 것' 따위를 외치는 그런 식이어서도 안 된다. 오히려 우리는 한편으로 실천적 주체들의 일정한 도덕적 성숙에 대한 지향을 통해 전통을 유교적 근대성의 병리를 치유할 수 있는 좋은 원천으로 삼을 수 있도록 하면서도('전통의 도덕적 메타모포시스'), 다른 한편으로는 보편적 보편주의의 관점에서 그 보편적 타당성을 확인할 수 있는 서구적 모델도 제대로 충분히 참조하고 수용하는 그런 방향의 길을 가야 한다.

이런 맥락에서 나는 통상적인 동서양 이분법 너머에서 한국적 근대성의 고유한 발전 동학이나 삶의 문법에 충실한 새롭고 보편적인 '창조적 근대성'의 가능성을 모색할 것이다. 그리고 이는 단순히 어떤 제도적 차원의 개혁에 대한 모색을 넘어 그것이 문화적-도덕적 차원의 개혁과 맺는 변증법을 적극적으로 작동시킴으로써 우리가 지금 살아내고 있는 전체로서의 삶의 양식을 새롭게 재구성하려는 노력을 통해서만 가능할 것임을 밝힐 것이다. 나는 이를 한국 근대성의 '개벽'에 대한 기획으로 자리매김할 것이다(제5장).

그런데 이 창조적 근대성을 모색하는 기획에서도 그 정치적 차원은 결정적인 의미를 지닌다. 한국 근대성의 개벽을 위한 기획 역시 기본적으로 정치적 기획일 수밖에 없으며, 정치라는 근대성의 실천적 중추는 결코 소홀히 될 수 없기 때문이다. 그러나 여기서 그 정치적 근대성은 단순히 서구의 민주주의 모델에 대한 추수적 모방의 차원을 넘어 새롭고 창조적인 형식과 내용을 갖출 수 있도록 해야 한다. 이때 민주주의에 대한 지향은 모든 인간적이고자 하는 사회의 보편적이고 필연적인 요청이며 민주주의는 특정한 정부의 형식이나 좁은 정치적 제도로서보다는 바로 하나의 삶의 양식이라고 이해된다. 이런 출발점 위에서는 민주주의 문제는 단순히 정치적이거나 경제적인 문제이기만 한 것이 아니라 개인들의 정체성이나 인성의 문제이기도 하고 사람들의 다양한 교통 형식의 문제이기도 하며, 특히 사람들의 삶을 이끄는 문화적－도덕적 가치의 문제이기도 하다. 그리고 여기서 민주주의는 기본적으로 단순히 어떤 정치적 이상이라기보다는 모든 성원의 존엄의 평등이라는 원칙의 실현과 관련된 하나의 '인간적 이상'이다(제6장).

이 민주주의 이해는 민주주의의 근본적인 도덕적 목적을 강조한다. 그리하여 우리의 민주공화국은 모든 시민이 자신들의 존엄성을 서로서로 인정하고 보호하며 실현하기 위해 만들어낸 사회적 구성물이고 또 바로 이런 차원에서 고유의 도덕적 가치를 지닌 것으로 이해한다. 그러니까 민주공화국은 모든 시민의 존엄성을 보호하고 실현하기 위해 모두가 함께 더불어 살아가고자 하는 사람들의 정치 공동체라는 것이다. 민주공화국은 단순히 군주가 없는 나라가 아니라 인간 존엄성의 훼손과 모욕의 가능성으로부터 사회의 모든 성원을 보호하고 그들이 평등한 자유의 기초 위에서 모두가 존엄한 존재로서 존중받으면서 살기 위해 그들 스스로의 입법적 실천 행위를 통해 만들어진 나라인 것이다. 이런 접근을 통해 우리는 결국 우리 근대성의 정당성 위기는 우리 사회에 제대로 된 민주적 삶의 양식을 발전시킬 수 있을 때에만 극복될 수 있음을 확인할 수 있게 될 것이다. 여기서 우리는 단순한 제도 개혁의 차원을 넘어 시민들의 일상적 삶 속에서 이루어지는 민주적 가치들과 인간적 교통 양식의 체화, 우리의 사회적 삶 전체의 인간화야말로 민주주의와 사회 진보의 가장 큰 관건임을 확인할 수 있게 될 것이다.

당연하게도 우리는 그 민주주의의 이상을 그저 추상적 수준에서 꿈꾸는 하나의 유토피아로서가 아니라 우리의 삶과 역사적 경험과 사회적 실천 과정에서 벼려내고 발전시켜야 할 구체적이고 현실주의적인 이상으로 다듬어낼 수 있어야 한다. 그것은 '지금, 여기'의 삶의 현실에서 출발하여 그 현실의 위기를 타개하고 수많은 병리를 치유해 내며 난마처럼 얽혀 있는 불의의 네트워크를 혁파해 낼 수 있는 구체적인 실천적 프로그램이 될 수 있어야 한다. 그래서 나는 이 실천적 프로그램을 '시민적 진보'라고 부를 수 있는 하나의 정치적 기획 속에 담아 내 보려 한다(제7장).

이것은 통상 어떤 정치적 급진주의와 연결되어 이해되고 또 서구적 근대성의 역사철학적 잔재쯤으로 치부될 수 있는 진보 개념을 우리의 정치적 근현대사의 경험에 대한 비판적 재구성을 통해 우리가 추구하는 창조적 근대성 기획의 핵심 지향과 연관 지어 새롭게 다듬어 내려는 시도라 할 수 있다. 나는 여기서 '시민'이라는 새로운 주체의 탄생에 주목한다. 바로 그래서 우리가 지향해야 할 진보는 시민적 진보다. 물론 이 시민 역시 서구에서 발전된 통상적인 시민 개념을 통해서는 충분히 포착될 수 없다. 나는 이 시민 개념을 우리의 정치적 근현대사의 경험을 준거로 새롭게 가공하여 우리가 추구하는 창조적 근대성의 주체로서 세울 수 있는 가능성을 모색하면서 논의를 마무리하려 한다(제8장). 이 땅의 삶의 위기도, 그 심각한 병리도, 결국 시민 스스로가 주체로 우뚝 선 창조적-민주적 문제 해결의 노력 속에서만 극복될 수 있을 것이기 때문이다.

유교적 근대성과
그 정당성 위기

제1장 '근대성에 대한 철학적 담론' 과 한국 사회

근대성이란 무엇일까? 이 개념은 영어의 modernity, 독일어의 die Moderne, 프랑스어 modernité 등의 번역어다. 때때로 그냥 '근대'라고 하기도 하고 '현대성'이라고 번역되기도 한다. 이렇게 이미 말부터가 어지럽다. 역사학에서 일상적으로 사용하는 '근세사' 및 '근대사'와 '현대사'의 시대사적 구분까지 생각하면 더 혼란스럽다. 그러나 이는 단순히 번역의 어려움만을 나타내는 것이 아니라 이 책에서 탐구해 보고자 하는 한국 근대성의 독특한, 그러니까 그 이론화와 개념화의 시도를 곤혹스럽게 만드는 성격을 이미 지시한다.

어느 번역이 옳을까? 서양에서는 이미 5세기경부터 자신의 시대를 과거의 낡은 다른 시대와 구분하여 새롭다는 것을 강조하기 위해 'modern'이라는 표현이 사용되었다고 한다. 어떤 의미에서는 모든 시대는 다 자신의 시대를 modern하다고 주장할 수 있다.[11] 따라서 문자 그대로의 의미로 보면 'modern'은 '현대적'이라고 옮기고 'modernity' 등은 '현대'나 '현대성'이라고 하는 것이 나을지도 모른다. 그러나 나는 이런 역어를 채택하지 않고 근대나 근대성이라는 역어를 채택한다.[12] 영어의 모더니티 등은 시대사적 개념이라기보다는 일종의 문화사적 개념이고, 처음에는 주로 예술 사조와 관련하여 사용되다가 사회이론적이며 사회철학적인 개념으로도 전이되었으며, 또 시대사적으로는 우리가 근대라고 불러야 할 시대에서 시작해서 현대까지 지속되고 있다고 보아야 할 것이기 때문이다. 물론 나는 반드시 내가 옳다는 것을 고집할 아무런 결정적 이유를 갖고 있지도 않고 또 그렇게 하고 싶지도 않다.

이런 번역의 어려움은 당연한 것이지만, 그 당연함은 이 근대성이 우리 사회에서는 결코 당연한 개념일 수 없음을 벌써부터 나타낸다. 그런데도 우리는 이 당연하지 못함의 당연함을 처음부터 아예 무시하고 이를 다루어왔다. 이 당연함은 따져보지도 않고 그 근대성을 극복해야 한다는 숱한 종류의 포스트-모더니즘 또는 탈근대론(탈근대주의)[13] 사조를 수입하여 그에 대한 담론을 펼치는 식으로 말이

---

11) J. Habermas, "Die Moderne-ein unvollendetes Projekt", *Kleine Politische Schriften*, Ⅰ~Ⅳ, Frankfurt/M. 1981, 445쪽

12) 짐작건대 '근대'는 영어보다는 독일어나 프랑스어를 대상으로 놓고 번역해서 나온 말이다. 기본적으로 근대성과 같은 개념이다. 그러나 때로는 구분하여 사용하는 것이 필요하다. 일차적으로 근대는 역사적, 시대사적 개념으로, 근대성은 근대의 본질적-구조적 성격을 지칭하는 개념으로 이해할 수 있을 것이다. 그런데 다른 한편으로 근대는 그런 시대사적 규정과는 약간 다른 맥락에서, 근대성을 구현한 사회 일반을 의미하는 것으로도 이해할 수 있다. 근대성은 또한 근대의 규범적 이상이나 지향을 나타내는 것으로도 이해할 수 있다. 그런 규범적 이상이나 지향이 사회적으로 실현되어 우리가 근대라고 추상적으로 규정할 수 있는 사회 일반의 근본 속성으로서의 근대성을 낳았다고 이해할 수 있다. 이 경우 근대성은 근대성에 대한 적극적 지향이나 신조로서의 '근대주의'(modernism)와 연결되어 이해될 수 있고, 이른바 '탈근대주의' 또는 '포스트 모더니즘'은 이런 의미의 근대성과 근대주의의 비판을 통해 근대 극복을 추구한다고 할 수 있다. 근대성과 관련한 개념군에 대한 선명한 정리는 참조: 신광영, 『동아시아 산업화와 민주화』, 문학과 지성사, 1999, 234쪽 아래.

다. 어쩌면 이런 종류의 담론이 지닌 비생산성은 이미 처음부터 예정되어 있었는지도 모른다.

물론 나는 그 비생산성이 다양한 포스트-모더니즘 사조들이 보인 지적 불임성에 가장 큰 이유가 있다고 여긴다. 무엇보다도 그 사조들이 보인 규범적 불투명성이 그 사조 일반의 지향점 자체를 흐려버림으로써, 그 사조는 현대 사회의 문제를 어떻게 극복하고 대안적 질서를 모색해야 하는지에 대해 별반 설득력 있는 분석과 제안을 내놓을 수 없었다는 것이다. 그러나 나는 우리 사회에서는 그 사조들이 기본적으로 수입 학문에 불과했다는 더 근본적인 차원의 문제를 갖고 있었다고 생각한다.

나는 이미 철 지난 그 담론을 지금 새로이 부활시킬 필요가 있다고 보지도 않지만, 그렇다고 다양한 탈근대론의 근대성에 대한 문제제기나 근대성 담론 자체가 아예 무의미한 것이라고 보지도 않는다. 이미 서론에서 잠깐 언급한 대로, 나는 근대성의 문제들이 제대로만 설정된다면 우리에게 매우 중요한 통찰을 가져다줄 것이라 믿는다. 그러나 그것은 일단 소극적인데, 번역어 문제조차 제대로 해결하지 못한 채 진행되었던 우리 사회의 근대성 담론은 우리 사회의 지적 식민주의가 어떤 참담한 결과를 낳았는지를 보여주었다. 앞으로의 새롭고 올바른 모색은 바로 이에 대한 통렬하고 근본적인 자각 위에서만 가능할 것이다.

그래서 이 장에서는 우선 우리의 맥락에서 필요한 만큼만 짧게 근대성에 대한 철학적 담론의 큰 얼개를 그려보고 그것이 특히 우리

---

13) 아래에서 나는 맥락에 따라 편리한 대로 이 표현들을 혼용할 것이다.

사회에서 왜 그토록 그 지적 비생산성을 웅변할 수밖에 없었는지를 살펴보기로 하자. 그리고 그 바탕에서 새로운 모색의 실마리도 확인해 보기로 하자. 나는 제2장과 제3장에서 서구 사회 일반의 근대성에 비추어 우리 사회가 경험하고 있는 근대성의 고유한 성격과 발전 동학을 먼저 얼마간이나마 해명하고 난 뒤에야 비로소 제4장에 가서 근대성을 어떻게 이해해야 옳은지에 대한 나의 포괄적 견해를 제시하게 될 것이다.

근대성에 대한 철학적 담론

서구에서 통상적으로 과거와 대비되는 새로운 당대적 시대 규정을 위해 사용되던 근대성이란 말은 18, 19세기에 이르러 특별한 의미를 갖게 되었다. 그것은 계몽주의의 이상이나 근대과학에 의해 고무된 인식의 무한한 진보 그리고 나아가 도덕적, 사회적 진보에 대한 믿음의 성립과 일반화라는 배경 위에서 전통 혹은 이전까지의 전체 역사에 대비되는 새로운 사회조직과 문화 일반의 특징에 대한 통칭으로 이해되었다.

그 가장 중요한 핵심은 '이성' 또는 '합리성'이라는 보편적 능력에 대한 믿음이었다. 이 근대성의 본성에 대한 믿음은 "스스로에게 탓이 있는 미성숙으로부터의 해방"이 곧 "계몽"이라는 칸트의 정식화에 가장 단적으로 표현되어 있다.[14] 계몽, 곧 근대성은 인간의 미성숙으로부터의 해방이고, 그 해방의 수단은 이성이고 합리성이다.

---

14) Immanuel Kant, "Was ist Aufklärung? Ausgewählte kleine Schriften", Horst D. Brandt (Hrsg.), *Philosophische Bibliothek* (Bd.512), Hamburg 1999.

미성숙, 곧 무지, 몽매, 선입견, 편견, 도덕적 예속 등에서 벗어나 자율적 인간 주체성을 확립하고 인간성의 참된 기원인 이성을 통해 역사의 진보를 이루어내는 것, 바로 이것이 근대성 기획의 핵심으로 이해되었다.

단순화하자면, 모든 인간은 이성적 능력을 지니고 있는바, 우리가 그러한 능력을 제대로 사용하기만 한다면 우리는 인간과 세계에 대한 투명한 인식을 얻을 수 있으며, 따라서 인간과 세계에 대해 철저하게 합리적인 지배와 재구성이 가능하다는 믿음이었다. 주체성의 철학, 진보에 대한 역사철학적 믿음 등도 그런 바탕 위에서 형성되었다. 한편 그러한 믿음은 사회 인식과 구성에 대해서도 적용되었는데, 그런 맥락에서 베버는 잘 알려진 것처럼 사회적 차원의 근대성을 '전 사회의 합리화'로 규정하면서, 합리적 자본주의, 합리적 법–행정체계(법치국가), 그리고 합리적 사회분화라는 세 가지 계기를 강조했다.

나중에 우리는 근대성에 대한 이런 식의 이성 또는 합리성을 중심에 둔 '합리성이론적 접근법'이 우리의 경우는 물론이고 서구의 근대성에 대해서도 그다지 적절한 접근법이 아님을 확인하게 될 것이다. 그러나 이런 접근법은 서구의 근대성이 그 발전의 과정을 이끌었던 어떤 '자기의식'의 핵심을 담고 있을 뿐만 아니라 서구가 발전시켰던 것과 같은 종류의 문명을 비서구 사회들의 그것들과 대비될 수 있게 하는 가장 큰 특징을 포착할 수 있게 해 주기는 한다. 그동안 서구에서 전개된 근대성에 대한 철학적 담론 역시 그와 같이 이성 또는 합리성을 중심에 둔 계몽 기획의 타당성에 대한 것이었다. 그것은 무엇보다도 그 기획이 그 해방적 약속과는 달리 그 이면에서 온갖 종류의 소외, 비인간화, 억압과 지배 등 근대 사회 성원들의 자유와 인간다운 삶의 가능성에 대한 근본적인 위협 요소들을 낳았다는 것에 대한 민감한 비판 의식에서 비롯되었다. 얼마간 폭력적일 수는 있지만, 이 담론의 핵심 초점을 간단하게나마 살펴보기로 하자.

사실 서구적-근대적 삶의 양식이 낳은 그와 같은 삶의 고통과 병리에 대해서는 다른 방식의 발본적인 비판과 해결의 시도가 벌써 시도되었고, 이는 역사적으로 오히려 더 큰 실천적 호응을 얻기도 했다. 다름 아니라 마르크스의 '정치경제학 비판'에 뿌리를 둔 사회주의 운동이 바로 그것이다. 물론 우리는 지금 이 운동 역시 나름의 한계와 모순을 드러내면서, 무엇보다도 구소련과 동구권의 공산주의 실험이 실패로 끝난 이후, 심각한 위기 상황에 빠져있음을 잘 알고 있다. 여기서 이에 대한 논의는 생략하기로 하자.

그런데 서구적-근대적 삶의 양식의 근본 문제를 자본주의에 대한 정치경제학 비판이라는 틀 속에서만 이해하려 했던 마르크스와는 달리, 근대성에 대한 철학적 담론을 전개했던 많은 철학자는 근대성을 낳은 근원적인 문화적 기원에 대한 분석과 비판에 집중했다. 이런 시각에서 보면 마르크스조차 바로 그 근대성의 문화 논리에 포획되어 있을 뿐이고 사회주의 역시 그저 자본주의와는 다른 근대성의 한 변종일 뿐일 것이다. 이들은 근대성의 기획에 대한 '대항 담론'의 형식으로, 정치경제학 비판이 노리는 대상과는 다른 문화적인 수준에서 근대성 기획의 황폐한 이면과 배반을 고발함으로써 그것이 낳은 인간적 삶의 위기 상황을 타개하기 위한 모색을 전개했다고 할 수 있다.

여기서는 자본주의적 경제 그 자체보다는 세계와 사회와 인간의 좋은 삶을 이해하는 근본적인 인식틀 또는 사고방식을 문제 삼으며 서구 사회들이 근대 이후 발전시켜 왔던 인간적 삶의 양식의 본성에 대해 발본적인 의문을 제기한다. 근대성에 대한 이 철학적 담론은 인간적 삶의 물질적 토대뿐만 아니라(또는 거기에만 초점을 두지 않고) 그 정신적, 문화적 차원을 포괄하는 접근법을 통해 인간의 경제적, 사회적, 문화적, 정치적 삶의 총체적인 역사적 양식의 하나로서의 근대성 전체에 대한 체계적 반성을 진행시켰다고 볼 수 있다.

아무래도 이 흐름에서 가장 중요한 시원은 니체다. 니체는 무엇보다도 소크라테스 이래의 서양문화의 합리주의적-이성주의적 전통 그 자체의 자기발전 논리가 어떻게 '허무주의'라는 사회적 병을 낳게 되었는지를 추적함으로써 근대성 기획의 은폐된 그림자를 폭로했다.[15] 이 허무주의는 단순히 무슨 자본주의적 사회구조의 산물이 아니라 근대라는 한 문화적 시대가 앓고 있는 근원적 병의 징후로서, 가령 말초적인 향락이나 물질적 가치에 대한 대중들의 집착을 통해 표현된다. 그에 따르면, 근대 세계에서 주체들로 하여금 자신들의 삶을 의미 있는 방식으로 위치 지우게끔 해주고 그럼으로써 삶을 긍정하게 해 줄 수 있는 모든 가치지향이 부정되는 허무주의가 지배하게 된 것은, 합리적·비판적·반성적 사유의 진척과 함께 모든 가치지향 자체가 그 타당성이 유보되는 처지로 전락하기 때문이다. 결국, 합리성 또는 이성이야말로 참된 인간적 삶의 가능성을 막는 주된 적으로 설정되었다. 니체의 이런 비판은 서구의 근대성 전반, 아니 서양 문화의 근본 문법에 대한 발본적 비판이었고, 오늘날

---

15) 아래의 논의는 다음 논의를 부분적으로 반복한다. 『생존에서 존엄으로: 비판이론의 민주주의이론적 전개와 우리 현실』, 민음사, 2007, 39쪽 이하.

에 이르기까지 서구적 근대성과 서구 문화의 위기와 한계를 뛰어넘으려는 시도들의 전범을 형성했다.

정치적으로나 철학적 스타일로나 니체와는 대극에 있다고 할 수 있지만, 사실은 니체로부터 깊은 영감을 받은 호르크하이머M. Horkheimer와 아도르노Th. W. Adorno의 『계몽의 변증법』16)은 바로 그런 니체의 근대성에 대한 비판을 사회이론적으로 확장한 결과의 산물이라 할 수 있다. 그들은 "계몽"이 어떻게 그 원래의 의도나 이념과는 달리 현실적 실현의 과정에서 오히려 한갓 자연지배 및 인간지배의 도구로 전락하고 말았는지를 고발했다.

그들에 따르면, 사회의 역사적 발전 과정은 칸트가 정식화했던 바와 같은 인간들이 지닌 이성적 잠재력의 발휘에 토대를 둔 것이다. 한마디로 인류의 역사 과정은 이성의 실현과정이라고 이해될 수 있고, 서구의 근대에서 실현된 계몽은 그러한 역사 발전 과정의 정점이다. 그러나 이러한 계몽의 과정은 그 완성 과정에서 인간의 내적 자연(본성)에 대한 통제를 통한 외적 자연에 대한 지배라는 목표에 집착하는 가운데, 다름 아니라 사람들 자신을 그러한 자연과 마찬가지로 지배의 대상으로 취급하는 데로까지 발전했다.17) 20세기 초반 서구에서 등장한 전체주의는 그 과정의 귀결을 웅변한다. 그들에 따르면, 계몽이 이룬 문명의 진보는 동시에 '인간에 의한 인간의 지배'의 완성 과정이고 인간 자신의 퇴보 과정이며 인간의 자기 부정의

---

16) M. 호르크하이머/Th. W. 아도르노, 『계몽의 변증법』, 김유동·주경식·이상훈 옮김, 문예출판사, 1995.

17) 호르크하이머와 아도르노에게 사회적 권력관계에서의 피지배자들은 말하자면 사회적 지배관계의 "자연"이다. 도구적 이성을 통한 자연지배의 논리가 사람들에 대한 지배의 논리로 확장된다는 것이다.

과정이 되고 말았다.

오늘날의 탈근대론은 니체나 『계몽의 변증법』의 저자들이 제기한 근대성의 문화 논리에 대한 비판을 더욱 극단적으로 철저화 한다. 그것은 이성중심주의, 주체성의 철학, 소박한 낙관적 진보주의, 성장주의와 생산주의 등과 같은 근대성의 철학적—문화적 뿌리에 대한 전복과 해체를 시도한다. 여기서 모든 문제의 기원은 근대성의 핵심 축을 형성하고 있는 이성 또는 합리성이다.

탈근대주의자들은 그러한 근대성이 지닌 인식적이고 규범적인 이상이나 이념이 얼마나 그 주장된 만큼의 진리성이나 타당성을 가지는지를 시비 건다. 나아가 이 문제에 대해 부정적으로 답할 뿐만 아니라 오히려 바로 이런 차원에서 부당한 권력관계 같은 것이 은폐되어 있거나 근대성을 구현하고 있는 사회가 노정하고 있는 수많은 사회병리의 지반이 놓여 있음을 보여줌으로써 우리가 근대성을 극복해야만 하는 이유들을 확인하려 한다. 그래서 그들은 이성중심주의나 이른바 '큰 이야기'에 대한 거부, '주체의 죽음'에 대한 선언, 진보나 해방으로서의 역사관에 대한 거부 등을 주창하며, 근대성의 이념 그 자체의 극복을 통해서만 현대사회의 위기가 극복될 수 있다는 인식을 확산시켰다. 우리와 같은 비서구 사회의 맥락에서는, 이런 식의 탈근대론 담론은 그 자체로 제국주의적인 서구 문명 일반의 근본적 한계에 대한 서구의 자기반성의 산물로 이해될 수 있을 것이다.

주지하는 대로, 물론 이런 담론에 맞서 서구 근대성 기획을 구원하려는 시도 역시 만만치 않았다. 하버마스에 따르면,[18] 서구의 근

---

18) 하버마스의 근대성 이론에 대한 논의는 무엇보다도 참조: 장춘익, 「하버마스의 근대성이론: 진보적 실천의 가능성과 한계에 관한 모색」, 『하버마스의 사상: 주요 주제와 쟁점들』, 장춘익 외

대성 기획은 비록 많은 병리를 산출하기는 했으나 그것은 그 기획의 잘못된 선택적 실현의 결과이지 그 근본적 본성 자체의 필연적 발현의 결과가 아니다. 그 기획은 역사 속에서 무엇보다도 이성과 합리성을 단지 고립된 개인의 의식이라는 차원에서만 이해하는 철학적 전통의 지배 때문에 일정한 방식으로 왜곡되기는 했지만, 그 때문에 우리가 그 기획이 이룬 성취를 부정하고 이성과 합리성에 대한 지향 자체를 근본적으로 포기할 일은 아니다. 그것은 우리가 이성과 합리성을 의식철학적 지평에서 떼 내어 사람들 사이의 상호주체적 '의사소통'이라는 근본 축으로 새롭게 이해할 경우 얼마든지 새로운 해방의 약속을 실현해 줄 수 있는 하나의 '미완의 기획'[19]일 뿐이다.

이 새로운 패러다임에서 보면 합리성을 중심축으로 한 근대성 기획과 그것이 낳은 패착은 전혀 다르게 이해될 수 있다. 하버마스에 따르면, 근대 사회는 서로 상이하며 각기 고유한 행위조정의 논리를 따르는 '체계'와 '생활세계' 영역의 분화라는 특징을 갖는다. 체계는 화폐(경제)와 권력(행정)이라는 비언어적 매체에 의해 사람들의 행위가 조정되는 사회 영역을 가리킨다. 반면 생활세계는 언어를 통한 사람들 사이의 소통의 논리를 따르는 행위조정의 양식이 지배하는 사회 영역이다. 그에 따르면, 사회의 진화는 체계가 복잡성을 증대시키고 생활세계는 합리성을 성장시키는 동시적인 분화과정이다. 한편으로 체계는 생활세계로부터 스스로를 분리해 경제와 행정이라는 독립적인 하위체계를 형성시킨다. 다른 한편으로 체계와 생활세계의 각각의 차원 안에서도 분화과정이 진행된다. 그리하여 체계는 체계

<hr />

지음, 나남출판, 1996.

19) Habermas, "Die Moderne", 앞의 글.

복잡성을 더 높은 수준으로 증가시키며 사회의 자기조절능력을 강화해가고 생활세계는 점점 더 합리화되어간다.

이러한 체계와 생활세계의 분화 과정은 근대 사회에 이르러 어떤 정점에 이르게 되는데, 그것이 의미하는 것은 그 분화의 수준이 돌이킬 수 없을 정도로 되어서 근대 사회에서는 두 사회 영역이 아무런 부작용 없이 기능하고 계속 유지될 수 있기 위해서는 두 영역이 자신들의 경계를 계속해서 유지할 수 있을 때뿐이다. 그리고 일반적으로 서구의 근대에는 체계가 생활세계를 식민화하는 방식으로 그런 경계가 부당하게 허물어지는 경향이 존재하는데, 바로 이 '생활세계의 식민화'가 근대의 많은 병리 현상들의 원천이다. 여기서 애초 자유와 정의 및 연대성의 이념에 기초한 생활세계의 이성적 구성에 대한 풍부한 규범적 요구들을 담고 있던 근대성의 기획은 단지 선택적으로만 실현된다. 그러나 이는 탈근대론이 제안하는 그런 방식이 아니라 의사소통적 합리성이, 특히 더 많은 민주주의의 실현을 통해, 사회의 발전 과정을 더 많이 통제할 수도 있도록 만듦으로써만 치유되고 교정될 수 있다.

한국 사회와 근대성 담론

거칠게만 살펴보았지만, 서구에서 진행된 이런 종류의 근대성에 관한 철학적 담론이 우리에게 많은 성찰의 지점을 제공해 줄 것임은 틀림없다. 우리 사회는 그동안 어떤 역사적 과제로서 서구적 유형의 근대성을 모방하며 이른바 근대화를 추구해 왔다. 그 결과 우리 사회는 아주 짧은 시간 안에 정치, 경제, 사회, 문화 모든 영역에서 부족하나마 서구적 근대성에 비견될 수 있는 근대적 삶의 양식을 창조해 내는 데 성공했다. 그러나 우리는 이 성공적인 근대화 과정이 그 이면에서 어떤 종류의 역설과 병리를 산출해 내었는지도 잘 알고 있다.

서론에서 잠시 보았지만, 지금 우리 사회의 인간적 삶의 위기는 그야말로 압도적이다. 이 위기는 많은 좌파적 분석들에서 상투적으로 주장하는 바와 같이, 단순히 자본주의의 내적 모순에 따른 경제적 위기나 사회적 양극화의 심화 같은 문제들이 정치 체계로 전이되어 나타나는 정치적 위기 같은 것이 아니다. 그것은 그것들보다 훨씬 더 심층적이고 광범위한 차원에서 우리 사회 성원들이 자신들의 인간적 삶의 가능성에 대한 일상적이고 체계적인 위협 속에서 살아가고 있는 것으로 나타나고 있다.

바로 이런 맥락에서 나는 근대성 개념과 담론이 우리의 현실과 관련하여 제대로 방향만 잡을 수 있다면 우리 사회와 삶의 양식 전체에 대한 비판적 시대 진단의 도구로서 충분한 의의를 가질 수 있을 것으로 생각한다. 앞으로 본격적으로 논의되겠지만, 내가 볼 때 우리 사회의 삶의 위기는 근본적인 수준에서 우리 사회가 지금 그 근대적 발전 과정을 추동하고 또 그 과정에서 확대재생산 되어 온 우리 사회의 특유한 도덕적−문화적 지평에 뿌리를 둔 '문화적 위기'다. 그 위기는 한국적 근대화 기획이 그동안 보여준 역사적으로 유례를 찾기 힘들어 보이는 외형상의 성공에도 불구하고, 그 이면에서 그것이 지닌 문화적 지평과 해석 체계 또는 유형만으로는 제대로 감당할 수 없는 수많은 사회적 문제와 병리현상을 산출해 내고 있다는 데서 성립한다.

이렇게 근대성이라는 프레임은 우리로 하여금 다른 이론적 접근법, 예컨대 자본주의적 생산양식의 내적 모순에 대한 마르크스주의적 접근이나 신자유주의에 대한 사회과학적 접근 같은 것을 통해서는 확인하기 힘들, 문화적 기원을 갖는 근대 사회 일반의 병리 또는 위기 현상을 비판적으로 조망하는 데 많은 도움을 줄 수 있다고 본다. 사실 우리는 바로 이런 근대성 담론의 의미에 주목하며 그동안 근대성에 관한 서구의 여러 담론을 우리나라에서도 수용하여 수많은 논의를 진행해 왔다.

그러나 그동안의 논의들이 어떤 생산적인 결과를 가져다주었는지에 대해 자신 있게 이야기할 수 있는 사람은 아마도 많지 않을 것이다. 과연 우리는 그동안의 근대성 담론을 통해 우리가 살고 있는 사회의 현실을 조금이라도 더 잘 이해하게 되었는가? 과연 우리는 그런 담론을 통해 우리 사회가 나아가야 할 실천적 방향에 대해 많은 사람이 공유할 수 있는 의미 있는 시사를 얻게 되었는가? 아마도 우리는 이런 물음들에 대해 선뜻 긍정적인 답을 제시하기 힘들 듯하다.

이 장의 서두에서 나는 근대성 개념 자체의 번역부터가 이미 우리에게는 혼란스러운 과제라는 점을 지적했지만, 이는 사실 단순한 번역상의 문제만이 아니라 근대성에 관한 서구의 담론들 자체가 지닌 불투명성과 혼란과도 일정한 관련이 있다. 서구의 여러 근대성 담론들에서부터 벌써 같은 대상을 이야기하고 있는지 의심해야 할 정도로 근대성이라는 개념 자체가 처음부터 불투명하다는 것이다. 실제로 하버마스나 많은 탈근대주의자의 대립에는 단순히 어떤 근본적인 철학적 관점의 대립 이상으로 근대성 개념 자체에 대한 서로 다른 이해가 놓여 있는 것처럼 보인다. 또 애초 '근대주의(modernism)'의 대립 개념으로 사용되었을 이른바 '포스트－모더니즘'이라는 개념은, 더러 지적되었지만, 이제 그 주창자들 자신들조차도 무엇을 의미하는지 불분명할 정도가 된 것처럼 보인다. 반면 그런 포스트-모더니즘의 유용성을 그다지 인정하지 않는 예컨대 울리히 벡(Ulrich Beck) 같은 사회학자가 '근대의 근대화'를 이야기하는 것을 들을 때,[20] 우리는 현기증마저 느끼지 않을 수 없을 것이다.

그러나 진짜 문제는 다른 데 있다. 서구에서부터 근대성 개념 자체가 혼란스럽다는 사정과는 별개로, 우리 사회는 애초 그 근대성 담론이 형성되었던 서구와는 다른 사회적-문화적 지반 또는 맥락을 갖고 있다는 것이다. 우리에게 그와 같은 담론에서 문제되는 근대성은 기본적으로 외세로부터, 그것도 일본 제국주의라는 매개를 거쳐, 아주 폭력적인 방식으로 이식된 것이었다. 물론 그동안 우리 사회에서도 서구의 그것에 비견될 수 있는 근대적 삶의 양식이 얼마간 확연하게 자리 잡긴 했지만, 그렇더라도 우리의 근대성이 서구의 그것과는 아주 다른 지반과 맥락 속에서 착근되었다는 사실의 무게는 결코 가볍지 않을 것이다.

그렇다면 우리는 서구적 담론의 무매개적이고 직선적인 수용을 처음부터 경계해야 할 충분히 좋은 이유를 갖고 있는 것이다. 과연 우리는 서구적 맥락에서 형성된 근대성이라는 개념으로 우리의 근대성을 제대로 이해할 수 있을까? 우리의 근대성이 서구적인 근대성 그대로일까? 아마도 우리는 근대성 담론을 전개하면서 처음부터 이런 종류의 물음들과 마주하지 않을 수 없을 것이고, 이런 사정은 우리의 근대성 논의가 서구적 담론과는 다른 초점이나 내용을 가지게

---

20) 울리히 벡, 『위험사회. 새로운 근대(성)를 향하여』, 홍성태 옮김, 새물결, 1997. Ulrich Beck/ Wolfgang Bonß (Hg.), *Die Modernisierung der Moderne*, Frankfurt/M., 2001.

할 것처럼 보인다. 그러나 나는 우리 사회가 수입해서 진행해 온 많은 근대성 논의들이 바로 이런 사소할 수도 있지만 기본적인 질문들을 제대로 묻지 않고 그냥 지나쳐 버리지 않았는지 의심해 본다. 그러니까 바로 그 결과로 우리 사회의 근대성 담론 일반이 그 생산성에 대한 의심이라는 대가를 치른 것은 아닌지 모르겠다는 것이다.

우리 사회가 구현하고 있는 근대성은 여러 가지 면에서 서구의 그것과는 다른 속성과 특징들을 보여주고 있다. 서론에서도 지적했고 앞으로도 계속 확인하겠지만, 예컨대 우리는 족벌 사학, 대형 교회의 목사직 세습, 재벌 가문들의 경영권 세습, 가족주의나 지역주의 같은 사회 현상에서 우리 근대성이 어떻게 다양한 전근대적 습속들에 의해 강력하게 규정되고 있는지를 단적으로 확인할 수 있다. 그런 습속들은 서구적 근대성의 관점에서 보면 너무도 비합리적이고 비이성적이다. 무엇보다도 우리에게는 서구에서는 역시 이성과 합리성의 틀 안에서 이해되었던 '개인의 자유'나 '자율' 같은 근대성의 핵심적인 도덕적 축이 갖는 힘이 너무도 약하다. 더구나 우리에게는 서구적 근대성의 형성 배경을 이루었던 전근대적 사회관계나 문화적 전통이 유사한 방식으로 존재했는지도 의문이다. 근대화 과정도 서구적 근대성의 제국주의적 세계화의 과정에서 일정한 방식으로 강제되었다.

이런 상황에서 '이성의 과잉'에 대한 탈근대주의적 의심과 회의는 어떤 의미가 있을까? 우리에게는 오히려 '이성의 과소'야말로 참된 문제는 아닐까? 그러나 반대로 지독한 물질주의와 공리주의와 도구주의 같은, 말하자면 '근대의 칼들'이 곳곳에서 우리 사회 성원들의 인간적 삶의 가능성들을 찢고 베어내고 있는 현실 앞에서 미완인 근대성의 기획을 어떻게든 완성해야 한다는 관점은 설득력을 가질 수 있을까? 어쨌든 이런 단순한 물음들을 던져 보는 것만으로도 우리는 한국 사회에서 전개되고 있는 근대성에 대한 많은 철학적 담론들이 무언가 '번지수'를 잘못 잡고 있는 것은 아닌지 하는 의심을 떨쳐버릴 수 없다. 나는 사실 단순한 근대성 담론만이 아니라 우리 사회에서 작금의 철학과 인문학 전반이 그 비생산성과 불임성을 보이고 있는 것은 단적으로 말해서 바로 이런 종류의 물음들에 대해 제대로 된 답을 내놓지 못하고 있다는 사정과 깊은 관련을 맺고 있다고 여긴다.

그동안 우리나라에서 이루어진 많은 근대성 담론들은, 대개는 서구에서 형성된 담론 지형을 따르는 입장의 선명한 차이들에도 불구하고, 암묵적으로 몇 가지 공통된 전제 위에 서 있었다. 그것은 무엇보다도 바로 우리도 서양에서 이루어진 논의들을 따라 근대성이라고 이름 붙일 수 있는 어떤 사회적 삶의 양식의 틀 안에서 그 틀이 강요하는 삶의 문법에 따라 살아가고 있으며 그리고 아마도 최소한 당분간은 그 틀 안에서 살아갈 수밖에 없을 것이라는 전제다. 그리고 우리가 사회적 삶에서 감지하는 수많은 고통과 불안 또는 모순이나 병리 같은 것들이 서양에서나 우리나라에서나 큰 차이 없이 바로 그 근대성과 이런저런 방식으로 관련되어 있을 것이라는 전제다. 나아가 이제 매우 근대적이 된 우리 사회도 큰 틀에서는 서구의 여러 사회와 동일한 발전의 궤적을 겪을 것이며, 우리 사회가 놓인 여러 특별한 맥락들 역시 어떤 "저발전"이나 "지체" 또는 어떤 서구적 보편성에 대비되는 "특수성" 따위로 규정하고 설명할 수 있을 것이라는 전제다.

바로 그런 공유된 전제들 위에서 많은 담론은 서구적 근대성과 우리 근대성의 가능한 차이에 대해서보다는 그 근대성 자체에 대해, 근대성의 어떤 보편적인 본성에 대해, 그 부정적 본질이나 소진되지 않은 해방적 잠재력에 대해 물음을 던지고 답을 찾고자 하였다. 비록 근대성에 관한 우리의 여러 담론은, 서구의 이론가들을 따라 문제가 단순히 우리 사회에 구현된 근대성의 선택성과 일면성에 있다고 보아야 하는지, 아니면 근대성 그 자체에 있다고 보아야 하는지 하는 식으로 서로 대립각을 세워 왔지만, 서로 공유하고 있는 그와 같은 전제들 또는 문제를 바라보는 근본적인 프레임 자체의 타당성만은 의심하지 않았던 것이다. 우리는 이것을, 남미의 '해방 철학(Liberation Philosophy)'을 발전시키고 있는 엔리케 두셀(Enrike Dussel)에게서 빌려 말하자면, '발전주의의 오류'[21]라 이름 붙일 수 있을 것이다.

여기서 에드문드 사이드(E. Said)의 '오리엔탈리즘'[22] 논의가 우리에게 소개된 이래 그런 논의와의 직·간접적인 연관 속에서 우리나라에서 전개된 이른바 '학문의 식민성'에 대한 여러 비판적 문제제기들[23]은 근대성 담론의 맥락에서도 매우 결정적인 전환점을 시사해 줄 수 있을 것 같다. 그런 문제 제기들은 서구를 단순하게 보편적

---

21) 이것은 지구 상의 모든 사회가 서구의 근대성을 전범으로 삼아 그를 향해 나아갈 것이며 서구와 비서구의 관계를 발전과 저발전의 관계로 파악하는 서구중심주의적 인식을 가리킨다. 참조: Enrique Dussel, *The Underside of Modernity: Apel, Ricoeur, Rorty, Taylor and the Philosophy of Liberation,* Humanity Books, 1996. 두셀의 근대성 논의에 대해서는 나중에 제4장에서 다시 다룰 것이다.

22) 에드워드 사이드, 『오리엔탈리즘』, 박홍규 역, 교보문고, 1991.

23) 무엇보다도 참고: 조한혜정, 『글읽기와 삶읽기』, 1~3권, 또 하나의 문화, 1994. 또 이 문제와 관련하여 최근 우리나라에서 이루어지고 있는 논의들을 거의 '집대성'해서 정리하고 있는 글로는 참고: 조희연, 「우리 안의 보편성. 지적·학문적 주체화로 가는 창」, 『우리 안의 보편성. 학문 주체화의 새로운 모색』, 신정완 외 지음, 한울 아카데미, 2006.

준거점으로 삼는 모든 인문학적이고 사회과학적인 이론적 시각의 잘못된 입지점을 폭로한다. 그런 문제 제기들에 따르면, 서구는 보편성을 구현하고 있고, 우리는 그에 비해 특수성을 보이고 있는 것이 아니다. 서구는 서구대로 나름의 특수성만을 보여주고 있을 뿐이며 그런 서구적 이론 잣대를 우리에게 그대로 적용하는 것은 잘못이다. 아마도 이처럼 단순한 출발점만 확인하더라도 우리는 그동안의 우리 근대성 담론들이 어떤 근본적인 도전에 직면해 있는지를 알 수 있을 것이다.

예를 들어, 베버―하버마스 계보의 근대성 이론들 또는 그 이론들을 우리나라의 맥락에 적용해 보려는 시도들은 이제 그런 문제의식에서 보면 그 출발점부터 근본적인 의심의 대상이 되지 않을 수 없을 것처럼 보인다. 왜냐하면 그 이론들의 합리성이론적인 틀은 지나치게 서구중심적인 것으로 보이며, 따라서 우리에게는 매우 쉽게 오리엔탈리즘의 연장선 상에서 이해될 가능성을 가지고 있는 것처럼 보이기 때문이다.

무엇보다도 그런 접근법을 통해 우리의 근대성을 이해하려 한다면, 우리의 근대성은 서구적인 기준에서 볼 때 매우 기형적인 것으로 이해될 수밖에 없다. 앞서도 언급했지만, 예를 들어 우리 경제의 자본주의적 고도화에도 불구하고 세계적인 경쟁력을 갖는다고 평가되는 우리 기업들에서 전근대적이고 비합리적인 족벌적 재벌 경영 체제는 여전히 완고하기만 하다. 이렇게 우리의 근대화는 여러 측면에서 아직 제대로 된 합리성을 구현하지 못하고 있는 어떤 '미완의 근대화'로 이해될 수밖에 없으며, 따라서 어떤 식으로든 서구적인 유형의 근대성의 제대로 된 구현만이 우리 사회의 실천적 방향으로 설정될 수밖에 없다.[24] 확실히 우리는 우리 사회에 만연한 이런 종류의 비합리성의 문제를 외면할 수는 없을 것이다. 그러나 이런 전면적인 '서구화'라는 과제 설정은, 앞서 언급한 발전주의의 오류에서 벗어나기 힘들어 보인다.

그러나 그렇다고 수많은 탈근대론 계열의 이론들이 큰 환영을 받을 수 있을 것 같지만도 않다. 물론 이 이론들은 어떤 맥락에서는 바로 사이드 유의 오리엔탈리즘이나 서구중심주의 비판과 중요한 철학적 배경을 공유하고 있다고 볼 수 있고,[25] 무엇보다도 보편주의적인 문제 설정을 처음부터 거부하기에 우리 사회의 고유성 또는 '특이성(singularity)'[26]에 훨씬 민감한 이론적 촉수를 가지고 있는지도 모른다. 그러나 탈근대성이라는 문제 설정 자체가 다름 아니라 서구적 근대성과 근대주의에 대한 대결 속에서 형성된 것인 한, 그런 이론들 역시 마찬가지로 일차적으로는 서구적 근대성에 대해서만 초점을 두고 있다고 할 수밖에 없다. 우리나라 같은 상황에서의 탈근대성에 대한 문제설정은 우리나라의 근대성도 서구적인 근대성과 근본적으로 동일하다거나[27] 아니면 아직은 아닐지 모르지만 언젠가는 그렇게 될 것이라는 식의 전제 위에서만 성립 가능할 것이기 때

---

24) 예를 들어, 선우 현은 서구적 근대성의 '유사 보편성'을 주장하며 그것이 완전하지는 않지만, 우리에게는 차선책으로라도 우리가 수용해야 할 근대성임을 주장한다. 참고: 선우 현, 「탈근대(성)의 포용으로서의 근대(성). 한국 사회에서 탈근대론의 적실성과 관련하여」, 『사회와 철학 2』, 사회와 철학 연구회, 2001.

25) 근대성에 대한 비판은 곧 서구중심주의에 대한 비판으로 연결될 수 있다.

26) 맥락은 약간 다르지만, 탈근대론적 '특이성' 개념에 대한 논의로는 참고: 이진경, 「코뮨주의적 구성의 정치와 특이성 개념」, 『시대와 철학』, 제17권 3호, 한국철학사상연구회, 2006.

27) 이 경우 우리 근대성과 서구 근대성의 동일성은, 예컨대 고미숙이 이야기하는 것처럼, 우리의 근대성이 "전적으로 '외부에서 주어진' 것"(고미숙, 「근대 계몽기, 그 이중적 역설의 공간」, 『사회와 철학 2』, 사회와 철학 연구회, 2001, 39쪽)이라는 사실을 통해 확보되는 것으로 이해된다. 탈근대론 일반에서 근대는 곧 서구적 근대다. 그런 전제가 확보되지 않으면 우리나라 같은 데서 탈근대론은 그 충분한 의미 토대를 가질 수 없다.

문이다. 이런 접근법 역시 발전주의의 오류 위에 서 있다.

그리고 바로 그런 한에서 우리의 맥락에서는 그 '근대 극복'의 기치가 어떤 이론적 난센스이거나 학문적 서구중심주의의 산물처럼 비치기는 매한가지일 수밖에 없다. 앞에서도 지적했지만, 우리는 서구에서와는 달리 합리성의 과잉이 아니라 합리성의 과소 때문에 고통받고 있다고 해야 한다. 그런데도 우리의 근대성이 정말 서구의 근대성 그대로라고 해야 하는가? 만약 아니라면 탈근대성이란 우리의 맥락에서 도대체 무엇을 지향하자는 것일까?

유교 전통과 근대성

나는 우리가 근대성이라는 프레임을 통해 우리 사회의 병리나 위기에 제대로 접근할 수 있기 위해서는 통상적인 근대/탈근대 담론의 인식틀을 넘어서 근대성에 관한 철학적 담론을 오늘의 우리 현실에 비추어 좀 더 적절하게 다시 설정할 수 있어야 한다고 생각한다. 우리 사회에서 이루어지고 있는 대부분의 근대성 담론들은 우리 근대성을 어떤 유럽적 근대성의 이식, 어떤 보편적인 발전 경로 상의 한 단계 정도로만 파악하는 듯하다. 그러나 내 생각에 우리의 근대성은 우리 나름의, 우리의 방식으로 주조해 낸, 말하자면 우리의 주체적인 근대성이라고 해야 한다. 우리의 근대성은 일반적으로 근대성의 표준쯤으로 이해되는 유럽적 근대성과는 얼마간 다른 발전 경로와 다른 발전 논리를 따르며, 심지어 부분적으로는 다른 성격을 갖고 있다는 것이다. 그리고 내가 볼 때 그 다름은 바로 우리의 오랜 유교 전통과 관련되어 있다.

나는 우리 사회에서 이루어지고 있는 많은 근대성 담론들의 난맥상이 기본적으로 바로 이와 같은 우리 한국의 고유한, 서구의 근대성과는 다른 성격을 제대로 포착하지 못한 데서 비롯한다고 생각한다. 대부분의 우리 근대성 담론들은, '근대성의 심화'를 지향하든 아니면 '근대성의 초극'을 지향하든, 바로 이 점을 놓치고 있기에 우리 현실에 대해 그 담론들이 가질 수 있는 비판이론적 초점을 잃어버리고 있다는 것이다. 우리의 근대성은 서구적 근대성이 우리 한국의 상황에 단순히 이식되는 과정에서 생겨난 어떤 산물로 이해할 수 없다. 나아가 우리의 근대성은 단일한 근대성 그 자체의 보편적인 발전 도정 선상에 있는 어떤 한 단계에 위치한다는 식으로 파악될 수도 없다. 우리의 근대성이 어떤 '보편적' 근대성의 '특수한' 한 형식으로 이해될 수 있다는 식의 손쉬운 규정은 무엇보다도 우리 근대의 복잡하고 풍부한 경험에 비추어 볼 때 그저 너무 빈곤하게만 보인다.

내 생각에 우리의 근대는 나름대로 '고유한' 근대성을 갖고 있다고 보아야 한다. 그 근대성은 서구로부터의 결정적인 영향에도 불구하고, 우리나라 바깥에서는 이런 형식으로는 어떠한 전범이나 모델 같은 것을 쉽게 찾기 힘든 고유하게 한국적인 방식으로 형성된 근대성이라고 파악해야 한다. 서구적 근대성을 어떤 보편적 모델로 전제했을 때, 우리의 근대성은 '비동시성의 동시성'이라든가 '비동일성의 동일성'이라든가 아니면 '비정상성의 정상성'이라든가 하는 매우 커다란 역설을 담은 표현들을 통해서만 접근될 수밖에 없는, 독특하며 복잡하고 수수께끼 같은 성격을 보여주고 있다. 그래서 차라리 우리는 발상의 전환을 통해 우리 근대성의 그런 고유성을 이론적으로 포착하기 위해서는 최소한 부분적으로는 유럽의 근대성과는 다른 발전 동학과 성격을 갖고 있는 다른 근대성이라고 접근해야만 할 것처럼 보인다.

우리는 이런 다름을 파악하지 않고서는 우리 사회가 이룩해 낸 근대화의 그토록 놀라운 성공을 하나의 수수께끼로만 여길 수밖에 없으며, 그러면서도 동시에 우리의 근대성을 서구의 그것과 비교하여 어떤 표준으로부터의 일탈과 왜곡, 어떤 비동일성, 어떤 비정상성, 어떤 비합리성 등의 관점에서만 파악할 수밖에 없을지도 모른다. 그러나 이런 접근법은 서구적 근대성의 부당한 보편화나 이상화를 전제할 수밖에 없을 뿐만 아니라 현실적합성이라는 관점에서도 매우 '반과학적'이라고 할 수밖에 없다.

여기서 우리는 그 다름을 다양한 층위에서 생각해 볼 수 있다. 우리의 근대는 서구의 근대와는 다른 발전과정을 겪었고, 근대화는 그것을 추동하는 다양한 요소들의 다른 배치 상태 위에서 진행되었다. 예를 들어 우리는 서구의 제국주의적 압박 속에서 근대화 프로젝트를 추구했고, 일본의 식민지로 전락한 뒤로는 일본을 통해 나름의 방식으로 선택되고 변형되며 왜곡된 서구적 근대성이 다시 우리의 상황 속에서 선택적인 방식으로 수용되는 과정을 겪었다. 또 처참했던 전쟁과 반공규율주의에 입각한 이른바 개발 독재라는 바탕 위에서 근대화를 이룩했다. 분단은 또 다른 특징적 상황이다.

틀림없이 우리는 우리 사회의 구체적인 근대적 제도들의 형성 과정이나 사회 성원들의 행태 양식이나 습성 같은 것을 이해하기 위해서는 그와 같은 역사적 계기들의 인과적 영향 관계 같은 것을 세밀하게 탐색할 수 있어야 할 것이다. 예컨대 우리 사회의 자본주의 발전 과정을 이해하려면 일제 강점기나 분단 및 한국 전쟁의 효과 같은 것에 대한 면밀한 이해가 반드시 필요할 것이다. 그리고 이런 식의 어떤 '구조적' 접근은 아직도 너무 부족하기만 하다.[28] 그러나 나는 이런 접근만으로는 그런 근대화 과정의 적극적인 주체적 측면에 대해서는 충분히 포착할 수 없지 않을까 한다. 그리고 우리의 관심사는 가령 한국의 대통령제와 미국 대통령제의 차이 같은 것에 대한 이해가 아니라 우리의 근대적 삶의 양식 전반에 대한 어떤 '전체론적(holistic)' 이해다. 이런 맥락에서 나는 한국 근대성의 '문화적' 측면에 특별히 주목할 필요가 있다고 본다.

문화는 한 사회의 성원들이 사회적으로 전수받아 그들을 다른 사회의 성원들과 구별시켜 주는 특정한 사회적 삶의 양식이라 할 수 있다. 사람들은 자신들이 살고 있는 사회의 고유한 문화를 통해 세계를 인식하고 다른 사람들 및 자연과 관계한다. 무엇보다도 사람들은 문화를 통해 자신들의 삶의 의미와 가치를 이해하고 삶의 방향을 설정한다. 이런 문화 덕분에 '근대인'으로서 살아가고 있는 우리 한국인들은 서구의 근대인들과는 다른 도덕적 지평 위에서 자연과 다른 인간과 사회와 국가 등에 대한 다른 윤리적 태도와 지향을 가지고 있다고 할 수 있다.

그러한 문화는 단순히 전통적이고 좁은 의미의 문화 영역에서만이 아니라 한 사회의 사람들의 사고방식이나 이런저런 방식의 사회적 교류 형태, 다양한 관습, 여러 사회 제도, 경제 활동의 방식과 정

---

28) 식민지 시기와 이후 그 유산 속에서 진행된 한국의 근대화 과정에 대한 사회과학적 분석으로 다음을 참조: 정근식·이병천 엮음, 『식민지 유산, 국가 형성, 한국 민주주의 1, 2』, 책세상, 2012.

치운영의 방식 등에서 구현되고 체현되어 표현된다. 그래서 우리는 바로 이런 의미의 문화, 그것도 다름 아닌 유교 전통이 그 핵심을 이루고 있는 우리만의 고유한 문화[29]가 우리 사회에 구현된 독특하고 고유한 성격을 가진 근대성을 규정했을 것이라고 할 수 있을지 모른다.

물론 그동안의 우리 근대성 담론들이 우리의 근대성에서 유교 전통이 가진 의미나 수행한 역할을 완전히 무시한 것은 아니라고 할 수 있다. 그러나 그동안 우리 사회의 근대성을 둘러싼 여러 인문학적이고 사회과학적인 담론들, 특히 전통과 현(근)대, 동양과 서양, 공동체와 개인, 특수주의와 보편주의, 유교와 자본주의, 유교와 민주주의, 민족주의와 세계주의, 오리엔탈리즘과 탈오리엔탈리즘 등의 문제를 다룬 담론들 속에서 우리의 특별히 유교적인 형식의 근대성은 유교의 긍정적인 역할과 의미만이 일방적으로 강조되거나 아니면 기껏해야 남은 근대화 과정 또는 근대 극복의 잔재 정도로만 이해(또는 무시)되는 방식으로만 이론적 반성의 대상이 되었다. 이러한 이론적 지형에서는 서구 사회의 일반적 근대화 과정의 경로를 따르지 않았으면서도 매우 성공적인, 그러나 또한 동시에 많은 병리와 문제를 안고 있는 우리의 독특한 근대화 과정이 유교적 문화 전통과의 연관 속에서 총체적이고 체계적으로 파악되지 못한 채, 유교적 전통의 의미에 대한 단선적인 가치평가의 문제만이 집중적으로 부각되었을 뿐이다.

예컨대 이른바 '유교 자본주의론'이나 '유교 민주주의론'[30]의 시

---

29) 무교(巫敎), 그리고 특히 무엇보다도 유교에 의해 오랜 역사적 과정에서 하나의 '장기 지속'의 실체로 형성된 우리 사회 성원들의 '문화적 문법'에 대한 체계적 탐구로는 참고: 정수복, 『한국인의 문화적 문법. 당연의 세계 낯설게 보기』, 생각의 나무, 2007.

30) '유교 민주주의론' 논의에 대해서는 대표적으로 참고: 함재봉, 「아시아적 가치와 민주주의: 유

도들을 그런 맥락에서 이해할 수 있다. 또 최근에는 아예 탈근대주의 담론을 수용하여 한계에 직면한, 그러나 우리가 일방적으로 모방하고 있는 것으로 이해되는 서구적 근대성에 대한 비판적 대안으로서 우리 동양의 전통에 기초한 탈근대를 추구하려는 여러 시도도 나오고 있다.[31] 논의 맥락에 따라 초점의 차이는 있지만, 이런 시도들은 서구적 근대성의 무반성적 수입과 이식을 경계하면서 우리 근대성에서 현실적으로 작동하고 있는 유교적 요소를 이상화하거나 새로운 유교적 요소들을 발굴하여 미래의 탈근대 기획을 위한 토대로 삼으려 한다. 아마도 이런 시각에서 보면 우리 근대성이 드러내는 수많은 사회병리 현상, 특히 극단화된 물신주의 같은 것은 본질적으로 서구적 근대성의 무반성적 수입에 따른 부작용일 것이고, 인권과 민주주의의 부족으로 많은 사람에게 고통을 안겨줬던 우리의 근대성은 그 자체로 문제가 아닐 뿐만 아니라 오히려 성공적인 우리 근대화 기획의 비밀이자 서구적 근대성의 폐해를 극복할 대안적 (탈)근대성의 출발점일 것이다.

물론 우리는 서구적 근대성만을 근대성의 유일한 모델이라고 보고 우리의 근대성은 그런 서구적 근대성의 '수입'이나 '변종'이라고

교민주주의는 가능한가?」, 『철학연구』, 제44집, 1999년 봄; 같은 저자, 『탈근대와 유교: 한국정치담론의 모색』, 특히 제2부, 나남, 1998; 같은 저자 편저, 『유교민주주의－왜 & 어떻게』, 전통과 현대, 2000 참조. '유교 자본주의론'에 대해서는 대표적으로 참고: 김일곤, 「유교적 자본주의의 인간존중과 공생주의」, 『동아시아 문화와 사상』 제2호, 1999. 유교자본주의론 논의에 대한 개관은 참고: 김홍경, 「유교자본주의론의 형성과 전개」, 『동아시아 문화와 사상』 제2호, 1999. 또 우리나라를 떠나 유교문화권 전체에서 유교와 자본주의의 관계에 대한 논의로는 참고: 김요기, 「유가 윤리와 경제 발전」, 『동아시아, 문제와 시각』, 정문길 외 지음, 문학과 지성사, 1995. 유교적 탈근대성 논의 참고 문헌.

31) 대표적으로 참고: 함재봉, 『탈근대와 유교: 한국정치담론의 모색』, 나남출판, 1998. 또 이진우, 「포스트모더니즘과 동양 정신의 재발견」, 『한국 인문학의 서양 콤플렉스』, 민음사 1999, 141~160쪽. 또 홍승표의 최근 논의들도 이런 맥락에 놓여 있다. 참조: 홍승표, 「대대적 대립관의 탈현대적 의미」, 『철학논총』, 제40집 2권, 새한철학회, 2005 및 「유가 인간관의 탈현대적 함의」, 『동양사회사상』, 제13집, 2006.

보는 식의 접근법을 넘어설 수 있어야 한다. 그러나 그렇다고 우리는 일종의 '거울상 오리엔탈리즘'에 입각해 '동양'이나 전통을 이상화거나 신비화하면서 서구적 근대성과는 본질적 속성을 달리 갖고 그것을 넘어서기까지 하는 어떤 동양적 (탈)근대성이나 유교적 (탈)근대성을 상상하는 식의 순진한 접근법에 사로잡혀서는 안 된다.

이런 접근은 기본적으로 서구가 아닌 우리의 '문화적 자기주장'[32]의 동기에서 출발하여 포스트-모더니즘 논의를 서구적 근대성의 근본적 한계에 대한 서구의 자기비판으로 독해하면서 한계에 직면한 서구적 근대성에 대한 대안으로서 우리 동양의 전통에 기초한 새로운 근대성을 추구하려는 시도라 할 수 있다. 비록 이런 시도가 우리 사회의 고유한 현실과 전통에 주목할 것을 강조하고 있음에도 불구하고, 이런 시도가 보여주는 서구중심주의는 역설적이기는 해도 훨씬 도드라져 보이기만 한다. 왜냐하면 그런 시도가 당연한 듯 전제하기만 하는 '서양 대 동양' 같은 대비는 그 자체로 바로 서구중심주의의 산물이기 때문이다.[33] 그런 시도는 말하자면 비서구적으로 보이는 가치들에 집착하여 그것들이 우리의 새로운 근대성의 문화적 원천임을 내세우지만, 그런 입각점은 그 자체로 소박한 오리엔탈리즘적 시각들에 대한 '반작용적' 르상티망, 곧 거꾸로 선 오리엔탈

---

32) 나는 우리 고유의 문화적 정체성을 확립하고 확인해야 하며 전통문화의 가치를 인정받아야 한다는 식의 모든 주장을 이렇게 규정한 바 있다. 참고: 장은주, 『인권의 철학. 동서양이분법을 넘어, 자유주의를 넘어』, 새물결, 2010, 제1장 및 제2장.

33) 함재봉은 이런 식의 비판을 나름의 방식으로 의식하고 그런 비판을 반박하고 있다. 함재봉, 『유교. 자본주의. 민주주의』, 전통과 현대, 2000, 108쪽 아래. 그러나 그는 자신에게 제기되는 비판이 '아시아적 가치론은 서양에서 제기되었기 때문에 서양중심주의적일 수도 있다'는 식의 소박한 비판인 것처럼 잘못 이해하고 '허수아비 공격의 오류'를 범하고 있는 것처럼 보인다. 그러나 문제는 '동양 대 서양'이라는 식의 근본적인 인식의 프레임이지 어떤 학문적 주장의 지역적 유래 같은 데 대한 것이 아니다.

리즘일 수밖에 없다. 왜냐하면, 거기서 '우리의', '(동)아시아적', '동
양적' 가치 따위로 규정된 것들 자체가 다름 아닌 서구중심주의적
시각에서 규정된 것들이기 때문이다.

동양에 대한 모욕적 상과 동양의 신비화는 바로 서구중심주의적
인 오리엔탈리즘이 구성한 동양에 대한 이미지의 동전의 양면이다.
예컨대 서양은 합리적이지만 동양은 비합리적이라는 접근법과 '동
도서기'라는 접근법은 서로 상반되는 인식을 보여주고 있는 것 같지
만, 사실은 모두 '동양은 서양의 타자'라는 오리엔탈리즘적인 인식
틀을 공유하고 있다.[34] 말하자면 오리엔탈리즘이 '결여'나 '부재' 등
으로 표상하는 것을 '대안'이나 '미래'로 그대로 뒤집어 놓은 것이
'동양'에 대한 우리의 문화적 자기주장 시도들의 요점인 것이다. 그
러나 거의 무제한의 개인의 자유를 옹호하는 밀(J. S. Mill)이나 인류
역사상 가장 철저하게 전체주의적이고 집단주의적인 정치를 펼쳤던
히틀러가 모두 서양에 속하듯이,[35] 일원론적이고 통일적인 세계관뿐
만 아니라 서양 못지않은 대립적이고 이원론적인 세계관 역시 우리
동양 전통 속에 자리 잡고 있다.[36] 이런 사실들에 대한 제대로 된
인식 없이는 진정한 오리엔탈리즘의 극복은 없을 것이다.

유교자본주의론이나 유교민주주의론은 우리의 근대화 과정에서 유

---

34) 다름 아닌 『오리엔탈리즘』의 저자 싸이드가 바로 이런 경향을 '옥시덴탈리즘'이라고 불렀으며,
월러스틴은 이를 '반(反)유럽 중심적 유럽중심주의'라고 규정한다. 참고: 이매뉴얼 월러스틴, 『
유럽적 보편주의: 권력의 레토릭』, 김재오 옮김, 창비, 2008, 86쪽 아래, 특히 88쪽.

35) 잭 도넬리는 인권이념의 '서구적(Western)' 기원을 논의하는 맥락에서 우리가 알고 있는 '서구'
가 역사적으로는 또한 노예무역, 종교 재판, 인종주의, 절대 왕정, 파시즘, 공산주의적 전체주
의와도 연결되어 있었음을 지적한다. Jack Donnelly, *Universal Human Rights. In Theory & Practice*
(2nd ed.), Cornell University Press, 2003, 62쪽.

36) 진형준, 「같은 것과 다른 것−방법으로서의 동아시아」, 『동아시아인의 '동양' 인식: 19~20세
기』, 문학과 지성사, 1997, 288쪽 아래.

교 문화가 수행한 역할을 부당하고 과도하게 긍정적으로 평가한다. 간단히 말해 흔히 근대화 과정에서 극복되어야 할 전통의 잔재쯤으로 이해되는 유교적 가치관이나 세계관 등이 단순히 사라지지 않았을 뿐만 아니라 우리의 실제 근대화 과정 자체를 매우 강력하게, 그것도 부정적인 방식으로서가 아니라 매우 긍정적인 방식으로 규정했다는 것이다. 나아가 그 과정에서 발전해 온 우리의 경제와 정치의 모델이 매우 바람직하며, 심지어 서구의 모델보다 훨씬 더 우월하다는 것이다.

그러나 우리는 주장되고 있는 유교민주주의가 폭압적 독재의 다른 이름이었던 이른바 '한국적 민주주의'와 얼마나 다른지 의심해 볼 충분히 좋은 역사적 경험을 갖고 있다.[37] 또한, 이미 1997년의 외환위기 과정에서 그리고 최근 확인된 너무도 야만적인 이른바 '갑―을 관계' 같은 데서 고유한 한국적인 경제 모델의 취약성이 어디에 있는지를 너무나 생생하게 목격한 바 있다. 그런 만큼 우리 근대화 과정에서 유교 전통의 역할을 규범적으로 이상화하는 것은 지극히 폭력적이며 선택적이었던 우리의 근대화 과정을 이데올로기적으로 변호하려는 시도 이상의 것이 되지는 못할 것이다.

나는 이렇게 만족스럽지 못한 이론적 지형이 형성된 데에는 무엇보다도 우리의 유교적 전통에 대한 다양한 수준의 메타적 접근의 부족이 큰 영향을 끼쳤을 것이라고 본다. 특히 우리 사회의 일상적 실천과 관행 및 제도에 깊은 영향을 끼치고 있는 유교적 전통은 많은 연구자가 긍정적이든 부정적이든 그에 대한 수행적 가치평가에 대

---

37) 참고: 장은주, 『인권의 철학』, 앞의 책, 특히 제1장. 또 최근 제시된 함재봉의 유교민주주의론에 대한 체계적인 비판에 대해서는 참고: 김원열, 「유교 민주주의와 공동체 윤리관」, 『시대와 철학』, 제17권 3호, 2006.

한 요구로부터 자유로울 수 없다는 바로 그 이유 때문에라도, '계승이냐 극복이냐', '옹호냐 무시냐' 하는 문제로만 접근되었지, 충분하고 비판적이며 객관적인 거리두기 위에서만 가능한 메타-윤리학적 분석이나 총괄적인 사회이론적 분석의 대상이 되지 못했을 것이다. 이런 상황에 대한 비판적 교정이 매우 절실해 보인다.

그런데 우리가 유교 전통의 이상화와는 다른 맥락에서 우리 사회에 실제로 구현된 근대성의 성격 규명이라는 관점에서 문제에 접근해 보면, 동양 전통과 서구적인 근대성 담론의 접목이라는 발상은 뜻밖의 시사를 제공해준다. 우리가 근대성과 접목된 유교 전통의 규범적 이상화를 일단 무시하기로 한다면, 그런 발상은 서구의 이론들을 그대로 수입하여 적용하는 근대성 담론들과는 달리 서구와는 다른 우리 근대의 고유성에 대해 새삼스럽게 주목하게 해 준다는 것이다. 그런 시도들 자체는 애초 의도하지 않았겠지만, 그러니까 그런 시도들이 우리로 하여금, 말하자면 규범적 개념으로서가 아니라 기술적(記述的) 개념으로서, '유교적' 자본주의나 '유교적' 민주주의에 대해 어떤 식으로든 이론적 초점을 맞출 필요를 보여주고 있다는 것이다. 이런 관점에서 보면, 비록 이런 정식화는 그런 시도들 자체에서 전혀 공식화된 것은 아니지만, 우리의 사실적 근대는 어쩌면 유럽의 근대와는 '다른' 근대이며, 그것도 하나의 '유교적' 근대다.

분명히 말하지만, 나는 그 시도들의 수준이나 성취 및 그 규범적 함축 등에 대해 어느 하나 만족스럽다고 평가하지는 않는다. 하지만 나는 우리 한국의 고유하고 특징적인 근대성을 제대로 이해하기 위해서는 다름 아닌 바로 유교 전통의 역할에 주목할 필요가 있다는 출발점만은 공유할 수 있다고 여긴다. 사실 우리는 우리의 실제 근대화 과정에서 유교적 전통이 단순히 점점 사라져가는 잔재로서가 아니라 매우 적극적이고 강력한 규정 인자로서 작동했다는 현실 인식 자체를 완전히 부정할 수는 없지 않을까 한다. 예를 들어 유교적 가족주의, 연고주의, 권위주의, 집단주의 등은 근대화의 성공에도 불구하고 여전히 강력하게 남아 있는 전통의 잔재 같은 것이 아니라, 오히려 바로 그 성공적인 근대화의 비밀일 수도 있다는 것이다. 물론 가치 평가의 문제는 다른 문제지만,[38] 말하자면 우리의 자본주의는 실제로 매우 유교적인 자본주의이며 우리의 민주주의 역시 실제로 매우 유교적인 민주주의일지도 모른다는 것이다. 여기서 유교는 우리 한국 사회에 구현된 근대성의 본질적 속성 그 자체와 관련된 것으로 평가될 수밖에 없다. 바로 이런 관점에서 보면 우리의 근대성은 서구적 근대성과는 다른 근대성이며, 그것도 하나의 '유교적 근대성'인 것이다.

나는 우리가 단지 이런 출발점으로부터만 우리 근대의 잠재력과 병리와 역설을 함께 온전하게 이해할 수 있을 것이며, 또 그 바탕 위에서 우리 사회가 나아가야 할 규범적−실천적 방향에 대한 올바른 시사도 얻을 수 있으리라 믿는다. 만약 이런 접근이 올바르다면, 우리는 근대성의 문제들이나 병리들에 대한 우리의 인식과 평가, 근대성에 관한 철학적 담론의 지형을 유럽에서와는 다른 방식으로 설정할 수 있어야 한다. 또 만약 내 생각이 맞는다면 유럽적 근대성을 모범으로 삼고 그 기준에 비추어 우리의 근대성도 유럽적 모델을 궁극적으로는 따라갈 것이라고 보는 인식의 틀이나 그 기준에 따라 우리

---

38) 우리의 근대화 과정을 규범적으로 긍정적으로 평가하는 입장에서 보면, 가족주의나 연고주의는 우리 식의 사회적 연대의식의 표현이며, 권위주의라 폄훼되는 것은 규율에 대한 존중 정신의 표출이고, 집단주의는 공동선에 대한 헌신의 문화의 다른 이름이라는 식으로 이해될 수 있다.

근대성의 저발전과 왜곡을 문제 삼는 식의 인식 틀은 처음부터 잘못 설정되었다고 하지 않을 수 없을 것이다. 마찬가지로 우리 사회의 근대성과 관련된 어떤 포스트－모더니즘의 추구, 근대의 극복에 대한 요구도 바로 그 유럽적 근대성에 고정된 시선 때문에라도 우리에게는 처음부터 잘못 설정된 것이라고 할 수밖에 없다.

우리의 근대성은 단순히 어떤 보편적－규범적 근대성의 미완의 기획으로 파악될 수 있는 그런 근대성이 아니며, 또한 어떤 '계몽의 변증법' 따위에 대한 인식이 그 전복의 실마리를 제공해 줄 수 있다고 할 수 있는 그런 근대성도 아니다. 단순히 계몽이 우리 근대성의 역사적 과제가 될 수는 없으며, 또 만약 그렇다면 계몽의 멍에를 깨는 일로 설정된 근대성의 전복 기획도 잘못된 문제설정의 산물이다. 우리는 우리 근대성에서 수행한 유교 전통의 역할에 대한 새로운 인식을 통해 계몽이나 합리성 같은 프레임과는 다른 차원에서 우리 근대성의 고유한 동학과 병리들을 포착해야 한다.

내가 이런 가설적 출발점 위에 서보고자 하는 것은 지금까지의 근대성에 관한 사회과학적이거나 철학적인 다양한 이론들이 우리 한국의 현실에 대해 가질 적실성에 대한 회의 때문이기도 하지만, 무엇보다도 앞으로 내가 얼마간은 입론을 시도해 보일 이론적 관점에서 볼 때 우리의 근대성 및 근대화 과정이라는 사태 자체의 본성이 우리의 유교적 문화 전통에 좀 더 세심한 이론적 주의를 기울이지 않을 수 없게 하기 때문이다. 나는 우리가 단지 이런 출발점으로부터만 우리 근대성의 잠재력과 병리를 함께 온전하게 이해할 수 있을 것이며, 또 그 바탕 위에서 우리 사회가 나아가야 할 실천적 방향에 대한 올바른 시사도 얻을 수 있으리라 믿는다.

제2장 유교적 근대성 – 하나의 혼종 근대성

　한국 사회를 근대성이라는 문제틀 속에서 보려 할 때 우리를 곤혹
스럽게 만드는 근본 문제는 다음과 같은 사실이다. 곧 한국 사회에
는 근대성에 대한 서구의 철학적 담론 일반이 대상으로 삼고 있는
그런 의미의 근대성이 온전하게 서구에서와 같은 양식으로는 존재
하지 않는 것 같으면서도 서구적 근대성의 세계화 과정에서 한국 사
회도 일정한 방식으로 모종의 근대성을 가지고 있음을 부정할 수 없
게 되었다는 사실 말이다. 우리의 근대는 서구적 근대와는 여러 가
지 차원에서 다른 면모를 보이고 있으며 근대성의 성격 또한 많은
점에서 다르다. 때문에 근대성에 대한 상투적 접근으로는 우리 근대
성을 제대로 포착할 수 없다. 그래서 우리는 유럽중심주의를 넘어서
되 국지주의에도 빠지지 않는, 말하자면 어떤 '세계적 수준에서' 근
대성을 사고하되 우리의 근대성이 갖는 고유한 성격을 제대로 이해

하고 거기서 출발하는 새로운 접근법을 발전시킬 수 있어야 한다.

물론 여기서 내가 우리 근대성의 다름을 이야기할 때 아주 구체적인 제도적 수준이나 일상생활 같은 미시적 수준의 다름을 이야기하려는 것은 아니다. 그런 차원의 다름은 서구 근대성 내부에서도 얼마든지 이야기할 수 있다. 미국의 근대와 근대성은 여러 측면에서, 가령 정치 제도나 자본주의의 유형에서 독일의 그것들과 다르다. 그러나 지금 문제는 그런 성격의 것이 아니다.

내가 문제 삼고자 하는 것은 우리가 근대성이라고 부르는, 자본주의나 국민국가 등과 같은 요소들의 복잡한 착종을 통해 형성된 특정한 사회적 복합체가 보이는 전 세계적인 수준에서의 가족 유사성에도 불구하고 그것이 특히 문화라는 매개 변수의 다름을 통해 다양한 모습으로 나타나고 있는 것처럼 보인다는 사실이다. 나는 이 수준의 다름을 살펴보는 것이 우리 사회의 아주 구체적인 삶의 양식의 기본적인 발전 동학과 성격을 이해하는 데 아주 중요한 의미를 가질 수 있으리라 믿는다. 이제 내가 어떤 의미에서 우리의 근대성을 '유교적 근대성'이라고 보아야 한다고 주장하는지에 대해 좀 더 상세한 해명을 시도해 보기로 하자.

유럽중심주의적 근대성 개념을 넘어서

제1장에서 잠시 살펴본 대로, 서구의 근대성에 관한 철학적 담론이 제시하는 시각 그 자체만으로는 우리 사회가 구현하고 있는 근대성과 그 병리를 결코 제대로 포착할 수 없을 것이라는 사실에서 출발하기로 하자.

어떤 탈근대주의적 관점에서 보면, 우리 근대성의 근본 문제는 그 자체로 극복해야 할 태생적 한계들을 가진 서구적 근대성이 우리 사회에 폭력적으로 이식되는 과정에서 증폭된 방식으로 생겨났다.[39] 무엇보다도 '개인의 부재' 같은 현상이 그런 것이다. 박노자[40]는 우리 사회의 근대화 프로젝트나 실제적인 근대화의 역사를 추적하여 분석하고 평가하면서 그 과정을 외부에서 강제된 서구적 근대성의 제국주의적인 사회진화론 논리의 역설적인 내면화의 산물 같은 것으로 이해해야 한다고 주장한다. 그런 논의에 따르면, 우리의 근대화 과정은 기본적으로 개인과 다양성에 대한 파괴를 기반으로 하는 가부장제나 국가주의, 전체주의 문화나 개인에 대한 철저한 규율화의 논리가 관철된 역사, 곧 '나를 배반한 역사'다. 여기서는 주로 부정적으로 평가된 우리 근대성의 고유한 특징이 서구로부터 강제적으로 수입되어 내면화된 근대성 자체의 병리라고 평가된다.

우리는 틀림없이 우리의 근대성에서 박노자가 강조하는 그 '나를 배반한 역사' 자체를 부정할 수는 없을 것이다. 나중에 나도 이 문제를 나름의 시각에서 다룰 것이다. 그러나 유교나 우리의 '근대 계몽기'[41]의 문화지형이 심지어 강력한 개인주의적 면모마저 가지고 있었던 데 반해,[42] 우리의 근대가 서양의 제국주의적 근대성의 논리를

---

39) 예를 들어 참고: 고미숙, 「근대 계몽기, 그 이중적 역설의 공간」, 『사회와 철학 2』, 사회와 철학 연구회, 2001. 또 고미숙, 『한국의 근대성, 그 기원을 찾아서-민족·섹슈얼리티·병리학』, 책세상, 2001.

40) 참고: 박노자, 『나를 배반한 역사』, 인물과 사상사, 2003. 또 박노자, 『나는 폭력의 세기를 고발한다』, 인물과 사상사, 2005 및 박노자, 『우승열패의 신화』, 한겨레신문사, 2005.

41) 고미숙, 『한국의 근대성, 그 기원을 찾아서』, 앞의 책 참조.

42) 박노자는 예컨대 서재필, 윤치호에 의해 이식되고 유입된 개인주의를 단순히 서양 또는 기독교의 모방으로만 보는 데에는 큰 문제가 있다고 보면서, 만약 남에게 영합하지 않고 본인의 지적이고 대 사회적인 자아(즉, 세계관이나 주장, 사회적 활동 계획 등)를 끝까지 지키려는 태도를 지식인의 개인주의 취향이라고 규정한다면 개인주의적 지향이야말로 조선 말기 선비 사회

강제적으로 수용하여 내면화하는 가운데 권위주의적이고 집단주의적이며 전체주의적이 되었다는 식의 시각은 무척이나 당혹스럽다. 여기서는 근대성 그 자체가 반개인주의적이며 전체주의적이라는 시각이 전제되어 있는 듯한데, 어쨌거나 무엇보다도 우선 우리가 푸코식의 규율화 역사의 관철이라는 시각에서 근대성을 이해한다 하더라도 적어도 서양 근대성의 문화 논리를 개인의 해방이라는 전제 없이 이해한다는 것은 난센스에 가깝기 때문이다.

그러나 무엇보다도 문제인 것은 그런 시각에서는 유교 문화에 기반을 둔 우리 근대성의 고유성에 대한 제대로 된 문제의식이 전혀 보이지 않는다는 점이다. 만약 우리의 근대성이 서구의 근대성과 다른 성격과 동학을 갖고 있다면 사정은 어떻게 될까? 앞 장에서도 살짝 지적했지만, 여기서 근대 극복의 과제 설정은 공허해질뿐이지 않을까? 그런 설정에서 문제 삼고 있는 탈−근대를 위한 근대 자체가 우리에게는 존재하지 않으니까 말이다.

체계와 생활세계의 분화로서 사회의 근대화를 이해하는 하버마스의 유럽적−보편주의적 근대화론의 시각에서 우리 근대성을 보면 어떨까? 아마도 이런 틀의 개념들로 보면 우리나라처럼 일단 외부로부터 사회근대화의 압박이 가해졌던 곳에서는 근대화는 그와 같은 체계와 생활세계의 분화 과정과는 근본적으로 다른 차원의 과제 앞에 놓이게 될 수밖에 없었다고 할 수 있을 것이다. 그러니까 거의 미분화되고 충분히 합리화되지 못한 전통적 생활세계의 바탕 위에서

의 하나의 중요한 경향으로 보아야 한다고 주장한다. 『나를 배반한 역사』, 126쪽. 그에 따르면, 유교 지식인들은 일체 이데올로기들로부터 자아 해방을 이룬 것은 아니지만, 외부적인 여건이나 타인의 의지로부터는 자아의 독립된 영역을 확보했다. 같은 책, 128쪽.

근대화란 어떻게든 서양으로부터 모방하고자 하는 고도로 합리화되고 기능화된 체계를 형성해 내어야 하는 과제 이상의 것이 되기 힘들었을 것이다. 이런 문제 설정에서 보자면, 우리와 같은 상황에서의 근대화란 처음부터 매우 폭력적인 프로젝트일 수밖에 없다. 그리고 우리의 경우 근대화의 과제가 처음부터 '부국강병'과 같이 제대로 기능하는 체계의 성공적 확립에 선택적 초점을 둘 수밖에 없었던한, 하버마스가 이야기하는 근대의 위기의 근원인 '체계에 의한 생활세계의 식민화'는 우리의 경우 근대화 논리 그 자체에 처음부터 내장되어 있었다고 할 수 있다.

이런 접근법 역시 나름의 시사점을 주기는 한다. 그러나 이렇게 처음부터 근본적인 위기를 내장하고 출발했다고 해야만 하는 우리의 지극히 일면적이고 선택적인 근대화 프로젝트가 어쨌든 적어도 겉으로는 대단히 성공적이기도 했다는 역사적 사실은 그런 접근법의 현실 적실성에 얼마간 의문을 가지지 않을 수 없게 한다. 더구나 이런 접근법의 비판이론적 가시는 처음부터 서구 지향적이 되지 않을 수 없어 보인다. 앞서도 잠시 살펴보았지만, 이런 틀에서 우리의 근대성은 기껏해야 매우 기형적이고 비합리적인 것으로만 이해될 수밖에 없다. 그리고 여기서 우리는 바로 그런 선택성과 기형성의 제거, 곧 전면적인 사회합리화라는 규범적 과제를 갖게 된다. 그러나 이런 문제 설정에서는 과연 우리가 우리의 근대화를 어떤 기형 따위로 파악하면서 전제하는 그 이상적인 서구적 근대성의 모델을 서구와는 다른 우리의 문화적 배경 위에서도 그대로 모방하고 쫓을 수 있는지의 문제는 전혀 의식되지 못하고 있다.

나아가 이런 접근법은 사회이론적으로나 규범적으로나 우리의 현실과 서구적 기원을 갖는 이상적 근대성의 기획에 대한 과장된 대조 위에서 출발할 수밖에 없을 것이다. 그러니까 어떤 보편적인 근대성의 기획과 그 바람직한 실현 경로가 전제된 위에서 그 해결이 너무도 힘들고 요원해 보이기만 하는 우리 사회의 지나친 비합리성만 도드라져 부각될 것이라는 이야기다. 그러나 그 과정에서 우리 근대성의 병리와 위기에 대한 민감한 비판의식이, 실현할 수 없는 규범과 너무도 강고한 비합리적 현실 사이에서, 공허한 규범주의 아니면 냉소적 패배주의로 귀결될 가능성 또한 생겨나지 않을까? 그리고 그 결과 현실분석과 해방 기획의 결합을 추구하는 비판적 사회이론[43]의 자기 배반을 낳게 되지는 않을까?

여기서 우리 근대성은 어떤 태생적으로 빗나간 근대성일 수밖에 없다. 우리 사회의 여러 병리현상은 그저 우리의 운명적으로 불완전한 근대성의 징표들일 뿐이다. 그러나 그렇게 처음부터 미분화되고 체계 형성의 목적에 강제로 통합된 비합리적 생활세계에 기초한 우리의 근대화 기획은 어떤 면에서는 매우 성공적으로 완수되었다고 볼 수 있다. 기형이지만 대단한 성공을 거두었다고 보아야 하는 부조리도 문제지만, 무엇보다도 여기서 그 한계와 병리와 미완성의 극복을 향해 나아가게 할 수 있는 어떤 원천, 곧 합리성이론적으로 파악된 '보편주의적 도덕'이라는 근대성의 규범적 핵심[44]은 조금이라도 제대로 된 자리를 차지할 수 있을 것처럼 보이지 않는다. 그러니까 민주주의와 인권 원칙의 더 완전하고 더 철저한 실현을 지향하게

---

43) 나의 다음 논의를 참고: 「하버마스의 생산패러다임 비판과 비판사회이론의 새로운 정초−현실분석과 해방기획의 결합의 문제를 중심으로」, 『사회철학 대계 3: 사회원리에 관한 새로운 모색들』, 차인석 외 지음, 민음사, 1993.

44) 장춘익, 앞의 글, 269쪽 아래 참조.

할 그 원천이 적어도 우리 현실에서는 어떤 생활세계의 합리화의 결과라기에는 너무 메말라 보인다. 그렇다면 우리의 근대성 기획은 철저하게 실패했다고 보아야 하는 것인가?

내 생각에 우리 근대성에 대한 이런 접근법으로는, 다음 장에서 자세히 보겠지만, 우리 근대화 과정에서 진짜로 규정적인 문화적-도덕적 차원, 곧 우리 사회의 삶의 양식을 구성하는 사람들의 정체성적 자기이해 같은 차원을 제대로 포착해내지 못할 것처럼 보인다. 합리성이 중요하지 않다는 것이 아니라, 우리는 말하자면 그런 (비)합리성의 문화적 토대 같은 것도 함께 문제 삼을 수 있어야 한다는 것이다.

우리 근대성의 실재에 제대로 접근하기 위해서는 조금은 다른 접근법이 필요해 보인다. 내 생각에 그 관건은 하버마스적 접근법이나 많은 탈근대주의적 접근법 모두가 사실은 공유하고 있는 근대성과 이성의 연결고리 그 자체를 깨트리는 데 있다. 그러니까 이성을 근대성의 핵심축으로 설정한다거나 그런 기획에 맞서 이성 비판을 근대성의 이면을 폭로하고 극복하기 위한 출발점으로 삼는다거나 하는 식의, 서구에서 발전된 근대성에 대한 통상적인 접근법 전체의 근본 패러다임 자체를 벗어나야 한다는 것이다. 문제는 이성이냐 아니냐, 근대성의 기획을 살리기 위하여 협애한 도구적 이성을 넘어서는 포괄적 이성 개념을 발전시키느냐 아니면 그것의 병리를 극복하기 위하여 이성 그 자체의 의미와 가치를 포기하느냐 하는 식의 것이 아니라는 이야기다.

중요한 것은 이성이나 합리성에 대한 일면적 강조나 그것들에 대한 일방적 부정이 아니라 인간적 삶의 현실을 만들어 내는 인간의 사회적 행위 또는 실천이다. 그래서 우리는 근대성에 대한 그와 같은 합리성이론적 패러다임이 아니라 바로 이러한 사회적 행위 또는 실천으로부터 출발하는 접근법을 발전시킬 필요가 있다. 그러니까 합리성이나 이성의 중요성을 부정하지는 않지만 그렇다고 그것들이 어떤 초역사적인 발전 경향을 가지고 있기에 우리의 근대성에도 서구에서와 같은 방식으로 발견될 수 있다는 식의 접근법을 거부하고, 우리의 근대성을 그것을 실제로 만들어낸 사회 성원들의 행위와 실천을 통해 이해해 보자는 것이다. 나는 이런 접근법을, 독일의 사회학자 한스 요아스(Hans Joas)에게서 빌려 와, 한국 근대성에 대한 <구성이론적> 접근법이라 부르려 한다.[45)]

자연 세계와 달리 인간이 살고 있는 사회적−문화적 질서는 궁극적으로 인간이 만들어낸다. 자연 세계의 일부인 인간은 바로 그와 같은 사회적−문화적 창조와 구성을 통해 비로소 오늘날의 인간, 말하자면 어떤 문명적 인간으로 형성되어 왔다. 그러나 그와 같은 창조적인 '역사적 인간됨'의 출발점은 단순히 어떤 데카르트적인 '고독하게 사유하는 나'나 칸트적인 '이성적 주체'가 아니다. 그것은 언제나 예술적으로 특이한 방식으로 주어져 있는 구체적인 상황과 맥락 속에서 주어진 인간적 삶의 문제들을 해결하기 위해 노력하는 집합적인 사회적 행위 또는 실천이다.

이성이나 합리성의 정형화된 틀 속에서 어떤 보편적인 합리화 과정으로서의 근대화 과정을 설정하거나 반대로 그 과정의 어떤 묵시

---

45) 이에 대해서는 다음을 참조. 한스 요아스, 『행위의 창조성』, 372쪽 아래. 요아스는 이 접근법의 요체가 "사회적 과정들에 초역사적인 발전경향이 있다고 가정하거나, 혹은 단순히 실용적인 차용을 넘어서 사회과학에 낯선 모델들을 끌어들이기를 거부하고, 사회 구성원들의 행위에 의거하여 사회과정을 설명하고자" 하는 데 있다고 규정한다.

록적 귀결을 비판하는 식의 접근법은 그와 같은 사회적 행위 또는 실천의 역사적 구성 과정을 제대로 포착할 수 없다. 그런 틀을 통해서는 그것이 유럽적인 것이든 한국적인 것이든 합리성의 범주 바깥에 있는 모든 인간적 삶의 다른 계기들은 무시될 수밖에 없기에, 근대성이라는 구체적 삶의 양식의 형성 문법을 제대로 이해할 수도 없고 미래에 대한 새로운 기획의 방향성을 제시할 수도 없다. 물론 여기서 합리성은 그 자체로 부정되어서는 안 된다. 그러나 그것은 문제를 해결하기 위한 사회적 실천이라는 맥락 속에서 재구성적으로 이해되어야 한다.

이런 접근법에서는 어떤 단일하고 '보편적인' 근대성에 대한 개념은 설 자리가 없다. 여기서 근대성은 기본적으로 '다중적 근대성'(multiple modernities)[46]으로 나타날 수밖에 없다. 인간적 삶의 양식을 만들어내는 사회적 실천은 언제나 구체적이고 맥락적이다. 그리고 그것은 결코 완전히 응고되거나 봉합되거나 폐색되지 않고 그것이 출발하는 맥락과 조건과 제약을 언제나 동시에 뛰어넘는 것이기도 하다. 이 항시적 초월가능성이라는 사회적 실천의 핵심은 어떤 구조적 제약이나 제한에도 불구하고 원칙적으로 사회적 실천의 공간을 수많은 가능성의 영역으로 만든다. 그 때문에 사회적 실천은 다양한 방향으로 열려 있다. 그래서 사회적 실천의 본성은 불확정성이다. 설사 우리가 근대성의 서구적 기원과 그것의 세계적 지배성을

---

46) 무엇보다도 다음을 참조: Eisenstadt, Shmuel, "Multiple Modernities" *Daedalus* 129(1), 2000. Eisenstadt, Shmuel, "Some Observations on Multiple Modernities", in: Dominic Sachsenmaier and Jens Riedel with Shmuel N. Eisenstadt(ed.), *Reflections on Multiple Modernities*, 2002.(쉬무엘 N. 아이젠슈타트, 『다중적 근대성의 탐구』, 임현진 외 옮김, 나남출판, 2009.) 그리고 다음의 논의들도 참고. H. Joas (Hg.), *Vielfalt der Moderne – Ansichten der Moderne*, Fischer, Frankfurt/M., 2012.

수용한다고 하더라도, 그래서 우리가 우리 사회에 구현된 것과 같은 근대성이 일차적으로 서구적 근대성의 수입과 이식의 과정에서 형성된 것임을 인정한다고 하더라도, 우리의 근대성은 서구의 그것과 언제나 어떤 방식으로든 다를 수밖에 없다.

이런 맥락에서 우리는 근대성이 어떤 본질적 실체나 불변적 정체성을 갖고 있을 것이라는 전제를 거부해야 한다. 근대성은 지역이나 국가에 따라 다를 수밖에 없는 다양한 사회 영역들과 역사적 흐름들과 문화적 경향들의 밀고 당기는 길항작용의 구조화 속에서 다양한 모습으로 드러날 수 있다고 보아야 한다. 예를 들어, 과거 동구 및 소련, 그리고 중국이나 북한에서의 사회주의 실험도 나름의 근대성의 기획이라고 해야만 근대성을 그 전체로서 파악할 수 있지 않을까? 또 남미 여러 나라나 이슬람 사회들의 근대성은 어떤가? 우리는 세계적 수준에서의 근대성의 형성과 확장 과정을 상황과 맥락에 따라 매우 다양한 방식으로 표현되고 다양한 모습으로 나타날 수 있는 복합적인 운동 과정으로서 파악해야 하며, 우리의 근대성도 바로 그런 과정의 산물로 이해해야 한다. 그동안 우리 사회의 근대성 담론 일반은 이런 가능성에 눈을 돌리지 않음으로써 이론적으로 막다른 골목에 다다랐다는 게 내 생각이다.

'혼종 근대성'으로서의 한국 근대성과 그 '유교적' 특색

그런데 인간의 사회적 실천은, 앞 장에서 이미 얼마간 해명한 대로, 기본적으로 '문화적 실천'이다. 때문에 우리는 우리 사회에 구현된 근대성의 본성을 제대로 이해하기 위해서는, 물론 서구적 유형의 근대성이 끼친 압도적인 영향과 작용을 무시하지 않으면서, 우리의 고유한 전통과 문화, 특히 유교 전통이 갖는 규정성과 역할에 대해 주목해야 한다. 관건은 이 땅에서 이루어진 사회적 실천이 빚어낸 전통적인 것과 서구적인 것, 국지적인 것과 세계적인 것의 혼재와 착종의 의미와 고유한 동학을 어떻게 포착해 낼 것인가이다. 나는 바로 이런 맥락에서 우리의 근대성은 바로 하나의 '혼종 근대성(hybrid modernity)'[47]이며, 그것도 하나의 '유교적 근대성(confucian modernity)'으로 이해되어야 한다고 여긴다.

사실 우리의 것과 같은 근대성이 서구의 그것과 여러 가지 면에서 다르다는 점은 아주 당연하다. 아주 강한 보편주의자인 하버마스조차도 그런 사실 자체를 부정하지 못했다. 실제로 그는 일본의 근대성을 평가하면서 바로 그런 문화의 역할에 주목해 다중적 근대성을 이야기한 적이 있다. 그에 따르면, "일본은 한편으로는 자신의 문화적 원천들을 고수하고 그로부터 열정적으로 무언가를 끌어내면서도, 동시에 근대화의 도전에 대응하는 아방가르드의 역할을 맡은 첫 동양 제국이었다. 이 창조적인 성취는 우리가 지금 다중적 근대성이라고 부르는 것의 최초의 예시다."[48] 아마도 이런 지적은 우리에게도 비슷한 방식으로 타당할 것이다.

물론 하버마스의 이론 체계 안에서 그런 다중적 근대성이 어떤 식

---

47) 이 표현을 나는 전후 일본에서의 전통과 근대성의 관계를 바라보는 다양한 시각 중에서 볼프강 슈벤트커(Wolfgang Schwentker)가 카토 슈이치(Kato Shuichi)나 타케야마 미치오(Takeyama Michio)의 입장을 소개하면서 붙인 개념에서 따 왔다. 참고: Wolfgang Schwentker, "Culture Identity and Asian Modernities in Postwar Japanese Thought, 1945~60", 동아시아 사회학 국제학술대회(2006.11. 부산) 발표문.

48) 재인용: Mishima Kennich, "Some reflections on multiple, selective and entangled modernities and the importance of endogenous theories", 동아시아 사회학 국제학술대회(2006.11. 부산) 발표문.

으로 위치 지워질 수 있을지는 매우 불분명하다. 도대체 그 "창조적인 성취"의 결과는 어떻게 이해되어야 할까? 아니, 그것은 도대체 어떻게 가능했을까? 그리고 여기서 일단은 서구를 전범으로 삼는 근대성의 이념형적인 모델은 여전히 유지된다고 보아야 할까? 아니면 어쩌면 우리는 문제를 달리 보아야 하지 않을까? 그러니까 일본이나 우리의 경우 하버마스가 가정하는 규범적인 근대성의 기획 자체가 애초부터 존재하지 않았다고 보아야 하지 않을까?

오히려 우리는 우리에게는 처음부터 서구의 그것과는 다른 우리만의 근대성 기획이 있었는지도 모른다고 해야 하지 않을까? 그러니까 우리의 문화 전통이 단순히 미분화되고 덜 합리화되어 있었던 것만이 아니라, 나름의 방식으로 근대화라는 과제를 상상하고 그것을 추동하는 나름의 근대성에 대한 이념과 기획을 만들어내었을 수도 있다고 보아야 하지 않을까? 그렇지 않고는 폭력적 근대 기획과 전통의 저항이라는 대립 구도 속에서 우리 근대화의 과정은 차라리 좌초할 수밖에 없지 않았을까?

여기서 우리는 무엇보다도 고유의 문화 전통과 외부에서 주어진 근대성의 '창조적' 매개와 결합의 문제와 마주친다. 아마도 우리와 같은 비서구 사회의 근대성을 이해하는 데서 중요한 것은 전통적인 문화적 생활양식과 개인들의 삶의 틀을 규정하는 가치체계가 자본주의적 근대성의 사회조직 원리나 삶의 문법과 상호작용하고 조응하는, 막스 베버식으로 말해서 어떤 '선택적 친화성'의 관계가 어떻게 성공적으로 창출되었는가를 파악하는 것이 될 것이다. 우리의 근대화가 전통을 절멸시키고 대신 서구적 근대성을 수입하여 그것을 완전히 대체한 그런 방식으로 이루어지지 않았다면, 우리의 성공적 근대화는 전통이 근대성의 논리에 적응하고 근대성이 전통과 만나 변형되는 그런 과정이었다고 보아야 할 것이다. 그러나 아마도 그와 같은 결합은 기계적이라기보다는 '유기적'이었을 것이다. 그러니까 우리의 근대화 과정에서 전통적이며 전근대적인 문화가 근대성의 논리를 조건 지으면서도 또한 동시에 근대화의 결과로 스스로 변화하는 과정을 겪으면서 서로 선택적 친화성을 갖도록 상호작용하고 조응하게 되는 그런 과정이 있었을 것이라는 이야기다.

아마도 우리는 우리의 유교적 문화 전통이 단지 소극적이고 수동적으로만 외부로부터 주어진 근대화의 압력에 반응했던 것이 아니라 서구적 근대성에 저항하면서도 매우 적극적으로 그것과 협력하고 심지어 궁극적으로는 그것을 지향하기까지 하는, 말하자면 진화적인 적응의 과정을 거쳐 왔다고 보아야 할 것이다. 여기에 어떤 폭력적인 과정이 없었던 것은 아니겠지만, 아니 완전히 없었을 수도 없겠지만, 서구적 근대성과 우리의 문화 전통은 어쨌든 다른 지역에서는 전범을 찾아보기 힘든 방식으로 매우 성공적으로 결합하고 조응하게 되었다고 보아야 한다는 것이다.

그러나 이 과정에서 우리의 유교 전통은 원래의 날 것 그대로의 모습으로 남아있지는 않지만 여전히 '유교적'이라고 할 수 있고, 반대로 일단은 서구를 모델로 하는 근대성도 서구 그대로의 것은 아니겠지만 그래도 '근대적'이라고 할 수 있는 그런 방식으로, 또는 우리의 유교 전통은 전근대적 존재 맥락을 벗어나 매우 '근대적'이 되고 반면 발생론적으로 서구적 유래를 갖는 근대성은 상당히 '유교적'이 되는 그런 방식으로, 두 계기가 상호 조응하고 친화적으로 결합하게 되었을 것이다.

이런 식으로 문제에 접근한다면, 아마도 우리 근대성의 고유함은 바로 그렇게 서구적 근대성과 우리의 문화 전통이 관계 맺어온 매우 복잡한 방식과 상호 적응의 과정에 의해 규정된다고 할 수 있을 것이다. 다시 말해 우리의 근대성은 "축적된 시간의 작용(전통)과 확장된 공간의 영향(서구)이 상호 작용하는 총체"[49]로서 이해될 수 있다는 것이다. 그리고 이런 의미에서 우리는 우리의 독특하고 고유한 근대성을 유교 전통과 서구적 근대성의 복잡한 착종 또는 어떤 문화적 '이종교배'[50]의 산물로 이해할 수도 있을 것이다. 우리의 근대성을 전통과 서구적 근대성이 독특한 방식으로 접합된 혼종 근대성이라고 이해해야 한다는 것은 바로 이런 차원에서이고, 이 혼종 근대성은 유교적 특색을 보이고 있는 것이다.

우리의 근대성도 서구 근대성의 영향 또는 압력 아래서 서구와 비슷한 시장, 관료제, 시민사회, 해방된 개인 등과 같은 근대 사회의 구성 요소들을 갖게 되었다고 할 수 있다. 그러나 계속 지적한 대로 그런 요소들의 서구와의 유사성은 말하자면 하나의 가족 유사성일 뿐이며 그런 요소들의 결합 방식이나 사회적 작용 방식은 여러 가지 차원에서 서구에서와는 다른 논리와 문법을 따르고 있다고 이해해야 한다. 그리고 여기서 근대화 과정에서 나름의 진화적 적응과 변화를 겪은 우리의 유교적 문화 전통이 바로 그런 고유한 근대성의 논리와 문법을 규정했다고 이야기할 수 있을 것이다. 이런 의미에서 그리고 아마도 단지 이런 의미에서만, 우리의 근대성은 유교적인 특

---

49) 김경일, 『한국의 근대와 근대성』, 백산서당, 2003, 19쪽.

50) 이 표현에 대해서는 참고: 이환, 『근대성, 아시아적 가치, 세계화』, 문학과 지성사, 1999, 151쪽 아래.

색을 갖는 근대성, 곧 유교적 근대성인 것이다.[51]

아무리 우리가 근대화를 일차적으로 자본주의적 산업화와 그에 따른 경제구조의 변화라는 관점에서 접근할 수밖에 없다 하더라도, 그러한 경제적 차원은 문화적 차원 없이는 온전하게 이해될 수 없다. 근대는 경제적이고 기술적일 뿐만 아니라 또한 문화적이기도 하다. 심지어 '형이상학적'이고 '철학적'이기도 하다. 그것은 말하자면 현대자동차와 삼성전자만이 아니라 또한 사람들의 삶의 태도이기도 하고 그들의 정체성과 자기이해의 의미지평이기도 하다. 문화 없는 경제나 정치는 없다. '근대인'들도 나름의 방식으로 '철학자'들이다. 그런데 우리에게는 다름 아닌 유교 전통이 매우 독특한 방식으로 우리 근대성의 문화적이고 형이상학적이며 철학적인 지평을 구성했다고 할 수 있다.

우리의 근대화 과정에서 유교는 서구 근대의 영향으로 뒤늦은 근대화 과정에 휩쓸린 많은 비서구 사회들이 제각기 나름의 방식으로 겪을 수밖에 없었던 근대 경험이 고유하게 한국적인 형식으로 발현되도록 만든 규정인자라 할 수 있다. 또는 유교는 근대화의 압박 속에 있던 우리 사회의 성원들이 수많은 새로운 역사적 도전과 과제 앞에서 그것들을 집합적으로 지각하고 그것들에 대응하는 과정에서 발전시킨, 말하자면 어떤 집합적인 "역사적 주체성"의 출발점 또는 토대를 이루고 있다고 할 수 있다. 아무리 우리의 근대성이 서구적 근대성의 강력한 영향과 격렬한 작용을 통해 촉발되었다 하더라도, 그런 영향과 작용조차도 단지 전통적인 유교적 문화 원천을 토대로

---

51) 나와는 다른 방식으로 유교적 근대성을 이해하는 시도는 참고: 김상준, 『맹자의 땀, 성왕의 피』, 김상준, 「대중 유교로서의 동학－'유교적 근대성'의 관점에서」, 『사회와 역사』, 68호.

해서만 관철되었다고 보아야 하는 것이다.

이런 방식으로 유교적 근대성을 이야기하는 것은 여러 오해를 불러일으킬 수 있다. 이런 오해를 방지하기 위해 몇 가지 논점에 대해서는 처음부터 분명히 해 둘 필요가 있겠다.

우선, 여기서 우리가 근대화 과정에서 유교의 역할을 이해할 때, 그것이 반드시 매우 의식적이거나 '공식적인' 차원에서만 이루어진 것으로 파악해서는 안 된다. 오히려 우리는 유교가 일차적으로는 우리 사회 근대화 과정에서 비트겐슈타인적인 의미의 '배경'처럼 작용했다고 이해해야 한다. 다시 말해 유교는 비록 완전히 의식적이거나 이론적인 수준에서가 아니더라도 암묵적이거나 무의식적으로, 또는 기든스(A. Giddens)가 말하는 '관행적 의식'(practical consciousness)[52]의 수준에서 작동하고 있다고 보아야 한다.

이 수준의 의식은 대부분의 사회 성원에 의해 명시적이고 잘 정리된 방식으로 수용되는 것이 아니라 매우 단편적으로만 인지될 수도 있다. 그러나 바로 이 수준의 의식이야말로 사람들의 표피적인 의식의 근저에 놓여 있으며 좁은 명시적인 의식보다 훨씬 넓고 두텁게 그들의 일상적인 행위를 지배한다고 할 수 있다. 유교는 무엇보다도 바로 이런 차원에서 근대화 과정에 참여한 우리 사회의 성원들이 그 바탕 위에서 세계와 삶을 이해하고 실천의 지침을 끌어내는 그런 문화적 지평을 제공했다고 할 수 있다.

다음으로 우리가 문화 전통의 중요성을 강조하고 우리 근대성의 유교적 성격을 이야기한다고 해서, 그것이 우리가 '유가 사회철

---

52) 안소니 기든스, 『사회구성론』, 황명주 외 옮김, 자작아카데미, 1998, 27쪽 아래.

학'[53]이라고 부를 수 있는 이념이나 이상이 그 자체로 유지되면서 우리 사회의 근대화 과정을 주도하고 규정했다는 식의 이야기로 오해되어서도 안 된다. 우리는 우리의 근대화 과정에서 고전적인 유가 사회철학을 대신할 수 있는 자유주의나 사회주의 같은 서구의 정치 사상들이 수입되었고, 그것도 단순히 개인의 수준에서가 아니라 거대한 정치 운동으로까지 발전했던 역사를 잘 알고 있다. 또 우리는 오늘날 우리 사회에서 가장 강력한 영향력을 행사하고 있는 종교 중의 하나가 다름 아닌 서구에서 유래한 기독교라는 사실도 잘 알고 있다.[54] 그밖에도 우리는 수많은 비유교적인 외래의 사상 사조나 문화가 우리의 근대화 과정에 커다란 영향을 미쳤다는 점을 쉽게 부정할 수 없다. 요점은 유교 사상과 철학의 주도성에 관한 것이 아니다.

요점은 우리 사회 성원들이 그와 같은 외래 사상 사조나 문화를 수입하는 과정에서도, 예컨대 좋은 사회의 이상이라든가 국가의 역할이라든가 훌륭한 지도자상이라든가 바람직한 인간관계의 이상이라든가 개인적 수준에서의 '좋은 삶'이 어떤 것인가 등에 관한 문제들과 관련하여, 오랫동안 자신들을 지배해 왔던 어떤 유교적 프레임을 배경으로 해서만 그렇게 했다는 것이다.

가령 우리나라에서 자유주의를 내세우는 주류 정당(한나라당―새누리당)은 여러 가지 차원에서 매우 반자유주의적인 정치 양식과 정책을 가지고 있다. 이 당과 그 지지자들이 인권이나 관용이나 도덕적 개인주의 같은 자유주의의 핵심 가치들을 제대로 수용하고 있는

---

53) 참고: 이상익, 『유가사회철학연구』, 심산, 2001.

54) 예를 들어, 고미숙은 한국 근대성의 발현 과정에서도 기독교가 "근대성 전반을 가로지르며 모든 지층에 깊은 흔적과 영향력을 행사하는 인식론적 중추의 역할을 수행"했음을 주장한다. 고미숙, 『한국의 근대성, 그 기원을 찾아서―민족·섹슈얼리티·병리학』, 책세상, 2001, 151쪽.

것처럼 보이지는 않는다. 오히려 많은 부분 유교적 유래를 갖고 있고 또 유교적으로 정당화되는 국가주의나 가부장주의적 권위주의 및 가족주의 등이 여전히 이 당과 그 지지자들의 정치적 인식 체계를 규정하고 있는 것처럼 보인다. '사회주의'를 표방하는 북한의 유교적 수령-세습 체제도 비슷한 맥락에서 이해될 수 있을 것이다.[55] 심지어 나는 오늘날의 한국 기독교는, 원래의 기독교 전통에서라면 꿈에도 상상할 수 없을 가족주의적 목사직 세습이나 입신출세를 위한 기복성 등에서 확인할 수 있듯이, 상당한 정도로 유교 문화에 의해 침윤되어 있는 유교화된 기독교라고 생각한다.

한마디로 말해서 우리는 유가 전통이라는 배경 말고는 우리와는 다른 맥락과 조건 그리고 다른 지적, 문화적 전통 위에서 발전된 서구의 사회 및 정치사상이나 종교 등을 이해하고 수용할 다른 출발점을 갖고 있지 못했던 것이다.[56] 그리고 바로 그런 한에서 외래의 사상 사조나 문화는 우리 식의 변형을 겪을 수밖에 없다.

나아가 여기서 우리는 유교가 전통적인 형식 그대로 그리고 고전적이고 이상적인 유교의 가르침 그대로 우리의 근대화 과정에서 규정적 역할을 이해했다고 이해해서도 안 된다. 앞서도 잠시 언급했지만, 우리는 유교가 근대화 과정에서 전통적인 형식 그대로 유지되었다기보다는 외부로부터 가해진 근대화의 압박을 수용하면서 일종의 진화적 적응의 과정을 거쳐 근대 사회의 조건에 맞게 수정되고 변형

---

55) 박노자는 오리엔탈리즘에 대한 우려 때문에 상식화된 북한 지배체제의 유교적 성격에 대한 논의의 타당성을 부정하려 하지만, 북한의 지배체제를 유교적이라고 규정한다고 해서 그것이 반드시 오리엔탈리즘에 빠지는 것은 아니다. 박노자, 「북한은 과연 유교적 왕국인가」, 한겨레21, 2003.12.25. 제489호.

56) 나는 이런 차원을 인권 이념의 수용과 관련하여 논의한 적이 있다. 참고, 장은주, 『인권의 철학』, 앞의 책, 제1장 참조.

되었다고 이해해야 한다. 우리는 유교가 가지고 있는 의리나 명분을 중시하는 사상이나 이윤추구행위 일반, 특히 공업 및 상업 활동을 경시하는 사상, 개인의 이해관계에 대한 멸시 등과 같은 내용이 자본주의적 근대성과 조화하기 힘들다는 점을 잘 알고 있다. 이 점에 대해서는 앞으로 좀 더 살펴보겠지만, 우리는 이런 내용이 갖는 유교를 전통 그대로 문제 삼아서는 안 된다.

우리에게 문제가 되는 유교는 말하자면 근대화된 세속적 유교다. 이 근대적인 유교는, 버거(P. Berger)의 구분을 빌어서 말한다면,[57] 일반적으로 자본주의적 근대성과 많은 점에서 대척점에 서 있다고 평가되는 어떤 '사대부나 유교적 관리의 유가 사상'이 아니라 '보통 백성의 일상 윤리로서의 유가 윤리'나 '속류 유가 사상(vulgar confucianism)'의 유교다. 그러니까 이 유교는 전근대적 사회관계가 해체되고 사회 전체가 근대적인 방식으로 조직되는 방향으로 변화되는 과정에서도 일반적 사회 성원들의 의식과 관습과 사고 및 행위 방식을 규정하면서 근대적인 사회관계와 제도의 논리와 문법에 적응하게 된 그런 유교다. 아마도 우리는 이를 어떤 근대화 과정에서 발전한 '속화(俗化)된 유교' 정도로 이해할 수 있을 것이다.[58]

마지막으로 아마도 이와 같은 유교적 특색을 가진 근대성은 단순히 한국만이 아니라 일본, 중국, 북한, 대만, 싱가포르, 베트남 등 유교 문화권 전체에서 다소간 비슷한 방식으로 확인할 수 있을 것이라는 점도 지적해 두기는 해야겠다. 우리가 서구 여러 나라의 서로 다

---

57) P. Berger, *Secularity: West and East*, 김요기, 「유가 윤리와 경제 발전」, 412쪽 아래에서 재인용.

58) 나중에 우리는 본래의 유교 이념이 우리 근대성이 만들어낸 병리의 치유라는 맥락에서도 좋은 자원을 제공해 줄 수 있음을 보게 될 것인데, 그 속화된 유교는 이와는 다른 차원에서 이해되어야 한다.

른 역사와 제도와 전통과 상황 등에도 불구하고 그것을 기본적으로 동일한 근대성의 틀 속에서 이해할 수 있듯이, 세계의 다른 지역의 다중적 근대성들도 다소간 동질적인 특징들을 지니는 하나의 틀 속에 묶어 이해하는 것도 가능할 것이다. 가령 우리는 남미 여러 국가의 근대성을 서구 나라들의 그것에 대비되는 하나의 동질적 틀 속에서 이해할 수 있을 것이고,[59] 마찬가지 맥락에서 우리가 속한 동아시아 여러 국가의 근대성도 유교 문화 전통의 공유라는 바탕 위에서 다소간 동질적인 성격을 가진 것으로 볼 수 있을 것이다.

그러나 이러한 다소간의 동질성이 다시 개별 국가들에서 유교 전통이 가졌던 규정력, 역사적 경험, 주체들의 지향, 지리적이고 지정학적인 조건 등 다른 다양한 요소들의 작용 때문에 충분히 다양한 차이들을 만들어 낼 것임은 너무도 당연하다. 비록 나의 유교적 근대성 개념은 유교 문화권 전반에 얼마간 적용될 수 있겠지만, 문제의 이런 차원에 대한 체계적인 논의는 여기서의 관심사는 아니다. 그리고 나는 일단 한국 사회의 근대 경험을 토대로 해서만 문제에 접근할 수밖에 없다.

개인과 사회를 매개하는 유교적 방식과 '개인' 없는 근대성

이제 우리 근대성의 특별히 유교적인 성격을 좀 더 분명하게 확인해 보기로 하자.

버거는 동아시아 사회들의 성공적인 자본주의적 경제 발전에 대

---

59) 참고: E. Dussel, *The Underside of Modernity*: 앞의 책 및 엔리케 두셀, 『1492년 타자의 은폐: '근대성 신화'의 기원을 찾아서』, 박병규 옮김, 그린비, 2011.

한 문화론적 설명의 맥락에서 위에서 언급한 속류 유가 사상의 내용으로서 계층 의식과 가족에 대한 헌신의 태도, 그리고 기강과 절약의 규범 등을 들었다.[60] 아마도 우리는 이러한 내용을 일반화시켜 단지 경제 조직이나 운영 원리에 대해서만이 아니라 정치나 사회 등의 다른 근대적 사회 영역의 조직 및 운영 원리에 대해서도 적용할 수 있을 것이다. 우리 사회는 경제 영역에서 말고도 수많은 근대적 사회조직 원리와 제도 등을 서구로부터 수입했지만, 그것들은 서구적인 것 그대로 우리 사회 속에 자리 잡지 않았고 전통문화와의 상호 작용 속에서 변형되었거나 아니면 아예 새로운 모델로 만들어졌다고 할 수 있다. 다름 아닌 바로 그와 같은 유교의 문화적 내용들이 그런 변형과 새로움의 성격을 각인시키고 있다고 할 수 있는 것이다.

여기서 우리는 우리 사회 성원 개개인들이 사회적 관계들 및 제도들과 매개되는 특별히 유교적인 방식 일반에 주목할 필요가 있다. 버거가 지적하는 가족중심주의, 조화와 계층적 규율 및 기강의 규범에 대한 순종 등과 같은 유교적 특성은 바로 이 개인과 사회의 특별히 유교적인 매개 방식과 관련되어 이해될 수 있을 것이기 때문이다. 개인과 사회의 특별히 유교적인 매개 방식은 무엇보다도 인간의 사회적 삶의 양식을 기본 단위로서의 '개인'으로부터가 아니라 사람과 사람 사이의 관계로부터 이해하는 유가적 인간관이 문화적, 사회 제도적으로 구현되어 나타나는 양식을 살펴보면 분명하게 드러난다.

일반적으로 전통적 유교 사회는 '예치시스템'이라 부를 수 있는 사회질서 원리를 가지고 있었다고 평가된다.[61] 여기서 개인들의 '내

---

60) 김요기, 앞의 글, 414쪽.

61) 미소구치 유조 외, 『중국의 예치시스템: 주희에서 등소평까지』, 동국대 동양사연구실 옮김, 청

(內)'와 사회 질서라는 '외(外)'를 연결해 주었던 것은 바로 '예'라고 할 수 있는데, 그것은 개개 사회 성원들과 사회 질서의 유기적 조화를 가능하게 하는 문화적 장치였다고 할 수 있다. 여기서 한 사회 성원의 인격적 완성은 예의 성실한 이행, 곧 어떤 내면적이며 고유한 도덕적 세계의 지평 확보보다는 외적으로 검증받고 평가될 수 있는 행동 규범의 완수와 연결되어 평가된다. 그리고 바로 이런 예를 정치와 사회 일반의 조직 원리로 만듦으로써 전통 유교 사회는 개인에서 가족을 거쳐 국가에 이르기까지 위계적이면서도 안정적인 사회 질서를 만들어 내었다.

그런 예치의 시스템 속에서 사람들은 서양의 개인과는 다른 방식으로 사회 질서와 관계를 맺었으며, 또 당연하게도 다른 방식으로, 서양에서는 개인의 형성을 전제했던, 자본주의적 근대화 과정에 포섭되었을 것이다. 서양의 개인은 나름의 맥락 속에서 문화적으로 형성된 것이며, 따라서 그런 형성을 가능케 했던 문화적 전제가 없는 유교 문화권에서는 동일한 방식으로 개인이 형성되지 않은 것은 너무도 당연한 이야기일 것이기 때문이다. 우리는 여기서 유교적 사회 속에서는 서양과는 다른 나름의 방식으로 개인과 사회의 매개 또는 결합의 방식이 있을 것이기에, 서양적 모델을 일반화하여 유교 사회를 이해하려 해서는 안 된다는 점을 뚜렷하게 확인할 수 있다.

이토 타키유키는 이 점을 푸코의 근대적 주체 형성론과의 대비를 통해 보여준다.[62] 그에 따르면, 푸코의 섹슈얼리티 역사에 대한 분석은 서양에서 주체가 형성되는 과정의 역사에 대한 분석으로 이해

계, 2001.
62) 참고: 같은 책, 161쪽 아래.

될 수 있다. 그 과정에서 예컨대 목자(=사제형 권력) 대 신도(=양 떼)의 관계 속에서 이루어지던 섹슈얼리티에 대한 고해는 개인의 '주관성'을 분명하게 드러내어 개인이 자신의 의식에 대해 지니는 관계를 구조화하는 것과 관련된 것으로 이해할 수 있다. 그 과정에서 권력은 개인형성적 권력으로 이해될 수 있으며, 기독교 사회에서는 부르주아 사회의 성립보다 훨씬 이전에 그 종교적 권력을 통해 '개인이 자신에 대해 터득한 의식'이라는 의미에서 개인이라는 존재가 형성되었다고 할 수 있다.

그러나 유교는 다르다. 유교는 예, 곧 "개인 혹은 개인이 속하는 사회적 범주 모두에게 부과할 수 있는 규칙의 총체"[63]를 통해 개개 사회 성원들과 사회 질서의 유기적 조화를 추구했다고 할 수 있다. 여기서 한 사회 성원의 인격적 완성은 예의 성실한 이행, 곧 어떤 내면적이며 고유한 도덕적 세계의 지평 확보보다는 외적으로 검증받고 평가될 수 있는 행동 규범의 완수와 연결되어 평가된다. 그리고 바로 이런 예를 정치와 사회 일반의 조직 원리로 만듦으로써 전통 유교 사회는 개인에서 가족을 거쳐 국가에 이르기까지 위계적이면서도 안정적인 사회 질서를 만들어 냈던 것이다. 우리의 맥락에만 초점을 두자면, 다시 말해 유교에는 개인형성적 작용이 없는 것이다.

푸코식으로 말한다면, 유교 전통은 '주체화=종속화(subjectification)' 의 계기를 알지 못한다. 유교적 개인들은 그런 계기 없이 사회 질서의 의미 및 가치 체계를 깊숙이 내면화하고 사회적 규율과 기강의 논리를 자발적으로 수용함으로써 조화로운 사회의 성원이 되고자 한다. 여

---

63) 같은 책, 165쪽.

기에 어떤 홉스적 개인이나 칸트적인 도덕적 주체 또는 헤르더의 진정성 있는(authentic) 개인은 들어설 자리가 없다. '나'는 언제나 가족의 일원이며 '정명(正名)'의 도덕적 과제를 인식하고 국가에 충성을 다함으로써 사회 질서와 조화해야 하는 처음부터 끝까지 사회적인 개인이다.[64] 자유와 자율의 주체라는 규범적 의미에서의 '개인'이 없기에 그것과 추상적으로 대립하며 개인이 그 관계를 어떻게 설정할 것인가를 고민해야 하는 '사회'도 없다. 사회가 개인의 자유에 대해 가할 수 있는 간섭과 침해의 한계 같은 것에 대한 밀(J. S. Mill)이 제기한 것과 같은 물음도 아예 불가능하다. 유교적 개인은 말하자면 "'내'와 '외'의 쌍방에서 일정한 '질서' 속"[65]에 존재하는 개인, 철저하게 사회적 관계 속에 통합된 개인이라고 할 수 있다.

이제 문제는 이런 것이다. 그렇다면 어떻게 동아시아의 유교 사회들에서는 서양 사회들에서와 같은 개인 형성의 과정 없이도 자본주의적 근대성의 성취가 가능했다는 것인가? 결국, 우리는 여기서 유교 사회에서는 서양과는 다른 방식의 근대적인 개체와 사회의 매개 방식이 있었다고 보아야 하며, 바로 그 바탕 위에서 서구와는 다른 유형의 근대성, 곧 규범적 의미에서의 개인이 존재하지 않는 <'개인'(주의) 없는 근대성>이 실현되었다는 가설을 제기할 수밖에 없는 것이다.

---

64) 이런 맥락에서, 위에서 언급한 박노자의 유교 이해에도 일정한 영향을 미친 것으로 보이는, 드 배리(Th. de Barry)(『중국의 '자유' 전통. 신유학사상의 새로운 해석』, 표정훈 옮김, 이산, 1998) 식으로 중국의 자유주의 전통에 관해 이야기하는 것은 문화적 맥락의 차이를 무시한 것이라고 평가될 수밖에 없다. 배리가 강조하는 중국 전통의 자발성은 일정한 이론과 신념 체계의 진리성을 일단 수용한 상태에서 이것을 실천화하는 논리로, 서양적인 자유나 자율의 이념과는 다른 것이다. 참고: 미소구치 유조 외, 『중국의 예치시스템』, 앞의 책.

65) 같은 책, 212쪽.

물론 우리는 그와 같은 전통적 유교 사회의 예치시스템이 근대화 과정의 시작 이후에도 원형 그대로 지속적으로 유지되었다고는 말할 수 없다. 그러나 우리는 '문화 지체' 또는 '장기 지속'을 통해 그와 같은 유교적 사회 질서 및 개인 정체성 형성의 논리가 변형된 형태로나마 우리의 근대화 과정 자체를 지배했을 뿐만 아니라 심지어 근대성의 성격 자체를 규정했다고 말할 수 있다. 오늘날의 우리 사회와 같은 포스트-유교 사회에서는 전통적인 '가족-신분 사회-왕조 국가'의 체계를 성공적으로 대체한 '가족-회사-개발독재 국가' 같은 식의, 말하자면 '포스트-예치시스템'이 근대화의 과제를 감당했다고 할 수 있기 때문이다. 단적으로 예를 들어 '○○ 가족' 같은 기업 이데올로기나 이른바 '회사 인간'으로서의 개인들의 정체성 이해 방식은 그와 같은 포스트-예치시스템의 산물이라고 말할 수 있는 것이다.

　　여기서 유교적 사회 질서 형성의 논리가 근대적인 산업화나 관료 체계의 구축 논리와 반드시 배타적인 것이라고만 보아야 할 합리적 이유는 전혀 없다. 자본주의와 민주주의는 상호 필연적인 조응 관계는 갖지 않으며 오히려 적대할 수도 있다. 반대로 자본주의적 산업화와 근대화가 유교적 포스트-예치시스템 같은 규율 체제 아래에서 훨씬 성공적이고 효율적으로 진행될 수 있다는 것은 단지 경험적으로만이 아니라 이론적으로도 충분히 설명 가능하다. 질서에 대한 존중은 그 자체로 결코 반자본주의적이지도 반근대적이지도 않다.

　　이렇게 말할 수 있을지 모른다. 다시 푸코식으로 말하자면, 유교적 권력은 개인화-주체화의 계기가 없는 상태에서도 '권력의 미시물리학'이라는 관점에서 충분히 창조적이고 '생산적'으로 근대적 사회 질서를 창출하고 유지해 내는 데 성공할 수 있었다. 오히려 그런 권력은 서구적 근대 권력이 개인들의 주체화에 맞서 고안해낼 수밖에 없었다고 가정되는 온갖 종류의 사회 성원들의 '신체 길들이기'를 위한 미시적이고 일상적인 기술 같은 것들을 자생적으로 터득하거나 서구적 근대로부터 수입하여, 개인화─주체화의 저항이 없는 바로 그만큼, 훨씬 더 적은 사회적 비용을 지출하면서 스스로를 관철시킬 수 있었다.[66] 우리의 근대성은 이처럼 개인(주의) 없는 근대성이다.

'현세적 물질주의'와 유교의 근대적 본성

지금까지 우리의 논의는 우리 근대성의 유교적 성격에 초점을 맞추었다고 할 수 있다. 그러나 이제 반대의 측면에서 유교가 도대체 어떻게 근대적일 수 있는지에 대해서도 물어보아야 한다. 또 지금까지의 우리의 논의가 개인과 사회의 매개 방식과 관련한 유교적 근대성의 형식적 차원을 살펴보았다고 할 수 있다면 이제 우리는 그 내용적 차원에 대해서도 물어보아야 한다. 개개인을 지배하는 유교적 좋은 삶의 이념이나 바람직한 사회의 이상 같은 도덕적 지향이 근대성과 서로 조응하고 결합하여 친화성을 가질 수 있을까? 농업 중심의 전근대적 사회를 지배했던 유교가 자본주의적 시장 경제의 문화

---

66) 나는 이런 맥락에서 박정희 시대의 권위주의적 근대화 과정에 대한 우리 사회 대중들의 광범위한 '동의'를 설명하기 위해 임지현 등이 내놓은 이른바 '대중독재론'을 둘러싼 논의들은 우리 근대화 과정의 유교적 성격을 함께 고려하여야만 좀 더 완전한 것이 될 수 있다고 생각한다. 참고: 임지현·김용우 엮음, 『대중독재 2. 정치종교와 헤게모니』, 책세상, 2005, 「Ⅲ. 한국의 대중독재 논쟁」 부분. 이에 대해서는 다음 장에서 다시 논의할 것이다.

적 전제나 기반 같은 것으로 이해될 수 있을까?

이제 우리는 이런 차원에서의 유교의 성격에 대한 지금까지의 일반적인 통념과 대결해야만 한다. 왜냐하면, 그런 통념에 따르면 유교야말로 동아시아 사회 일반의 '정체성'의 주범이거나 최소한 유교 그 자체가 '봉건적'이고 '전근대적'인 것은 의심의 여지 없는 출발점이기 때문이다. 따라서 만약 근대화 이후의 사회 발전 단계에서도 유교가 문제가 된다면, 그것은 다름 아닌 어떤 전통의 '잔재'나 그 '극복'의 차원에서 문제될 수밖에 없을 것처럼 보이기 때문이다. 도대체 어떻게 유교가 근대적일 수 있다는 말인가?

우리는 이런 맥락에서 문화 일반과 자본주의적 근대성의 본질적 연관성에 주목했던 막스 베버의 유교 해석에 주목해 볼 필요가 있다. 비록 그의 시각 역시 결론적으로만 보면 유교에 대한 대부분의 통념과 본질적으로 다르지 않고 또 그의 기본 관심은 기독교적 서양에서는 자본주의가 잘 발전할 수 있었지만 왜 중국에서는 그러지 못했는가를 확인하는 데 있기는 했지만, 그의 유교 해석은 우리가 그에 대해 적절한 수정을 가할 수 있다면 우리의 유교적 근대성을 이해하는 데 아주 중요한 실마리를 제공해 줄 수 있을 것처럼 보인다.

우선 한 가지 분명히 해 두자. 서양에서는 프로테스탄티즘에서 배태된 자본주의 정신 덕분에 자본주의가 발전할 수 있었지만, 유교적 중국에서는 바로 그 유교 때문에 천민자본주의를 뛰어넘는 근대적인 합리적 자본주의의 발생이 방해를 받았다는 베버의 이른바 '유교 테제' 그 자체에 대한 평가가 여기서의 나의 관심사는 아니다. 그 문제에 대해서는 그동안 여러 방향에서의 논의들이 있었다.[67] 내가 맞게 보고 있다면, 그런 논의들은 이제 대체로 그동안의 동아시아 여러 사회의 성공적인 자본주의 경제 발전을 경험적 토대로 삼아 유교가 오히려 서양의 자본주의 발전에서 프로테스탄티즘이 했던 역할을 기능적으로 대체하고 있다는 식의 가설을 둘러싸고 쟁점을 만들어 내고 있는 것처럼 보인다. 여기서 나는 이 문제를 둘러싼 기존의 논의들을 반복하며 평가하려 하거나 복잡한 베버 해석의 문제를 다루려 하지는 않을 것이다.

몇 가지 논점만 확인해 두자. 나는 많은 사람이 생각하듯 동아시아 여러 나라의 최근의 성공적인 자본주의적 발전이 베버의 유교 테제를 전면적으로 반증하고 있다고 보지 않는다. 베버의 유교 테제는 유교적 중국에서는 자본주의가 왜 <내재적인 논리에 따라서는> 발전할 수 없었는지를 설명하는 데 초점을 두고 있었고, 그 점은 역사적으로 확인된 분명한 사실이다. 그리고 베버의 테제를 정면으로 반박하며 동아시아 사회의 자본주의 발전에서 유교의 긍정적 역할을 주장하는 논의들이 사실은 자본주의 발전과 문화의 관계에 관한 철저하게 베버적인 출발점 위에 서 있다는 것도 확인해 두자. 나는 동아시아 사회들이 유교 사회들<이기 때문에> 거기서 자본주의가 훨씬 더 성공적이고 급속하게 발전할 수 있었다는 가설은 사실은 문화, 특히 보통 사람들의 일상적 윤리적 에토스와 자본주의 경제의 논리가 서로 친화적이고 조응할 수 있어야 자본주의가 잘 운용될 수 있을 것이라는 베버적인 접근법을 매우 철저하게 전제한다고 생각한다. 그러니까 지금까지 유교 자본주의론을 주창하는 많은 논의는 말하자면 '베버로 베버 뒤집기'를 통해 유교와 성공적인 자본주의

---

67) 무엇보다도 참고: 김요기, 「유가 윤리와 경제발전」 및 전태국, 「M. Weber의 유교 테제와 한국 사회」, 한국이론사회학회 2003 춘계학술대회 발표문.

발전의 상관성을 보이려 했다는 것이다. 그런데 나는 그런 논의들과는 조금 다른 방식으로 베버의 입론을 바탕으로 유교의 근대적 성격을 이해해 볼 수 있다고 생각한다. 내 생각에 베버는 조금은 뒤틀린 출발점 위에서도 유교의 어떤 '준-근대성'을 뚜렷이 인식하고 있었다.

베버는 유교 사회가 일단 어떤 식으로든 자본주의를 수용한 뒤에는 자본주의를 잘 발전시킬 수 있을 것임을 정확하게 예견하기도 했는데, 이 점부터 보자. 그에 따르면, "중국인은 예측컨대 기술적으로나 경제적으로나 근대적인 문화지역에서 완전한 발전에 도달한 자본주의를 <자기의 것으로> 할 수 있는 능력을, 일본인과 같은 정도로(,) 어쩌면 일본인보다 더 많이 가졌을지도 모른다. 중국인이 자본주의의 여러 요구에 대해서 본래부터 <재능이 없다>고 생각할 수 없다는 것은 명백하다."(강조는 베버)[68] 나의 관심사는 오히려 바로 이런 예견과 관련되어 있다. 그러니까 베버가 유교 문화의 어떤 특성에 주목해서 이런 예견을 하게 되었는지를 자본주의적 근대성과 유교 문화의 상관관계에 관한 우리의 좀 더 일반적인 논의 맥락에서 이해해 보자는 것이다.

어쩌면 나의 관심사는 유교 문화와 자본주의 발전의 관계와 관련한 베버 해석 문제에서 그동안 크게 주목을 끌지 못했던 것처럼 보이는 주변적인 문제라고도 할 수 있지만, 나는 오히려 바로 여기에 유교의 참된 사회적 본성을 이해하기 위한 실마리가 있지 않을까 한다. 내가 볼 때 베버는 유교 문화와 그에 기초한 사회 질서가 서양의 중세나 봉건 시대를 뛰어넘어 서구 근대성과 일정하게 비견될 수 있

---

68) 막스 베버, 『유교와 도교』, 이상률 역, 문예출판사, 1990, 351쪽.

는 수준에 다다랐음을 그 본질에서 통찰하고 있었다.[69] 그러니까 베버는 유교가 단순히 중세적이거나 봉건적이거나 전근대적이지만은 않으며, 비록 그 자체로 서구적인 방식으로 근대적이지는 않지만, 서구적인 의미에서 중세적이거나 봉건적인 차원을 뛰어넘는 어떤 문화논리를 갖고 있었다는 점을 인식하고 있었다는 것이다.

그것은 무엇보다도 그가 현세와의 긴장 대립을 특징으로 하는 서양의 프로테스탄티즘의 윤리와 비교하여 유교에 대해 그것이 "무조건적인 세계긍정과 세계적응 unbedingte Weltbejahung und Weltanpassung" 이라는 윤리적 태도를 가르치고 있음을 지적하면서 그 귀결을 추적하는 데서 잘 드러난다.[70] 그런 태도는 그 핵심에서 이렇게 요약될 수 있다. "현세는 있을 수 있는 세계 중에서 최선의 세계이며, 인간의 본성은 그 소질에 있어서 윤리적으로 선하다. 그리고 이 세계 속에 있는 인간들은 모든 사물에 있어서와 같이 정도에 있어서는 차이가 있지만, 원칙적으로는 서로 동일한 성질을 지녔으며, 여하튼 무제한적으로 완성의 능력을 지녔고 도덕을 실행하기에 충분하였다. 오래 된 고전에 입각한 철학적·문헌적 교양은 자기완성의 보편적 수단이며, 교양의 부족과 그 주요 원인인 불충한 경제생활이 모든 부덕의 유일한 근원이었다."[71]

---

69) 최근 들어 서구의 '중세'나 '봉건제' 개념으로는 포착되기 힘든 전통 유교 사회의 근대적 성격에 대한 많은 연구가 쏟아져 나오고 있다. 조선 왕조의 여러 제도나 사회 발전 수준이 결코 서양의 기준에 따라 봉건적이라고 파악될 수 없으며 오히려 매우 근대적이고, 그래서 이런 의미에서 '유교적 근대'를 이야기할 수 있다는 미야지마 히로시의 연구를 참고. 미야지마 히로시, 『나의 한국사 공부』, 너머북스, 2012, 특히 318쪽 이하. '과거 제도'의 근대성에 주목하여 동아시아적 유교 사회 일반의 '잃어버린 근대성'에 대해 논의하고 있는 알렉산더 우드사이드의 논의도 참고할 만하다. 알렉산더 우드사이드, 『잃어버린 근대성: 중국, 베트남, 한국 그리고 세계사의 위험성』, 너머북스, 2012. 이에 대해서는 다음 장에서 다시 다룰 것이다.

70) 베버, 앞의 책, 327쪽.

71) 같은 책, 325쪽.

베버의 유교 해석의 출발점은 유교가 기독교적인 의미의 종교가 아니라는 데 있는 것처럼 보인다. 유교에는 내세나 구원의 관념이 없다는 것이다. 베버에 따르면, "유교도는 무교양이라고 하는 야만 상태로부터의 <구제> 이외에는 어떠한 것도 원하지 않았다."[72] 그렇다면 내세나 기독교적인 의미의 구원 관념 같은 것을 가지지 못한 유교도는 어떤 차원에서 인간의 바람직한 윤리적 지향을 설정했을까? 베버는 유교에서는 현세에서의 인간적 자기완성이야말로 인간이 추구해야 할 가장 근본적인 윤리적 지향이 될 수밖에 없는 것으로 이해한다. 게다가 유교는 인문학적 교양이라는 전제만 마련된다면 원칙적으로 모든 사람에게 평등하게 개방되어 있는 그런 자기완성의 가능성을 가르치기에 사회의 모든 성원을 동일한 윤리적 지향으로 포섭하기에 충분하다고 이해한 듯하다. 나아가 그는 유교 문화에서의 경제적 부의 의미와 가치도 바로 이런 윤리적 지향의 연장선상에서 이해하는데, 다름 아니라 경제적 부는 인간의 도덕적 완성의 수단을 활용할 수 있기 위한 전제라는 의미와 가치를 갖는다는 것이다.

나는 이런 베버의 유교 이해가 모든 면에서 제대로 되고 올바르다고 여기지는 않는다. 그러나 그의 유교 이해가 프로테스탄티즘과 대비되는 유교의 특징을 서양 문화의 관점에서 잘 드러내고 있다는 점을 부인하기는 쉽지 않아 보인다. 그는 유교나 중국 사회에 대해 충분히 제대로 된 지식을 가지고 있지는 못한 것처럼 보이며 또한 오리엔탈리즘의 혐의도 짙다. 그러나 그는 유교의 문화적 특질과 그것이 자본주의적 근대성의 발전에 대해 지니는 가능한 함축에 대해 제

---

72) 같은 책, 326쪽.

한된 틀 안에서나마 아주 적절하게 포착하고는 있는 것처럼 보인다. 우리는 베버가 강조한 유교의 면모들이 유교의 진짜 정수나 본질은 아니라고 말할 수 있을지는 몰라도 유교가 베버가 확인한 그런 면모들을 가지고 있지 않다고는 말할 수는 없을 것처럼 보인다.

어쨌든 베버의 지적처럼, 그와 같은 유교의 윤리적 지향이 자본주의의 발생을 방해했으리라는 점을 이해하기는 어렵지 않을 것처럼 보인다. 베버의 지적처럼 유교는 세계에 대한 강렬한 긴장 의식을 가르치지 않았기 때문에 그로부터 전통에 대한 숭배나 신성화가 결과했고, 또 이런 것이 자연과학적 합리성의 발전을 방해할 뿐만 아니라 (베버적 의미에서) 유교 사회 일반의 합리화를 일정한 수준에서 묶어 두었을 것이다. 또 비슷한 맥락에서 위계적이고 신분적인 질서에 대한 철저한 순종의 문화를 낳았을 것이며, 군자라는 도덕적 이상에 대한 추구는 자본주의 발전에 필수적이었을 이윤 동기나 전문가 문화 같은 것들이 발전하는 것을 방해했을 것이다. 그러나 우리는 유교의 윤리적 지향이 단선적으로 반자본주의적이고 반근대적이라고 할 수는 없을 것처럼 보인다.

확실히 유교는 군자의 이상 같은 것을 추구하면서 영리욕이나 이윤 동기 같은 것에 매우 적대적인 태도를 가르치고 있기는 하다. 그러나 베버가 볼 때 유교는 실제로는 인간의 도덕적 자기완성에 대한 윤리적 지향 자체 때문에라도 경제적 부와 같은 물질적 차원에 상당한 정도로 가치를 부여했고, 바로 이런 점이 그가 일단 자본주의가 도입되고 난 후에는 중국에서 자본주의가 아주 급속하게 발전할 수 있으리라고 여겼던 근거가 되었을 것이다. 사실 이와 같은 물질적 차원의 중요성을 강조한 데 대해서는 유교의 경전들에서 아주 쉽게 발견된다. 가령 '항산(恒産)'이 없으면 '항심(恒心)'도 있을 수 없음을 설파한 유명한 맹자(孟子)의 가르침도 바로 이런 맥락에서 이해될 수 있다.

위에서도 잠시 살펴보았지만, 베버에 따르면 유교에서는 교양과 교육이라는 인간의 도덕적 자기완성을 위한 수단을 확보하기 위해서라도 물질적 부는 반드시 필요한 전제다. 가난 같은 것은 '부덕의 유일한 원인', 따라서 극복해야 할 악이기까지 하다. 그러나 그뿐만이 아니다. 다른 한편으로 유교에서는 인간의 덕의 성취, 유덕의 결과는 현세에서의 세속적 성공과 물질적 부를 통해 말하자면 '입증'되는 것으로 이해될 수도 있다. "덕의 보답으로서 그(유교도)가 기대한 것은 현세에서의 장생, 건강 및 부이며, 죽은 다음에는 평판이 좋은 이름을 남기는 것이었다."[73]

그뿐만 아니다. 베버는 다름 아닌 바로 그런 윤리적 지향의 논리 맥락에서 "직접 손에 잡힐 정도로 명백하고 유용하지 못한 모든 것에 대한 지식욕의 배척 또는 결여"[74]에서 결과한 속류 실용주의, 벤담에나 비견될만한 "현세 긍정적인 공리주의",[75] "<영리욕>과 부에 대한 높은, 심지어는 전적인 존중"[76]을 낳은 극단적인 "실리주의(물질주의; Materialismus)"[77] 같은 문화 요소들을 발견한다. 이런 시각에서 보면 겉으로는 의리명분 따위만을 중시하는 것처럼 보이는 유교 문화가 사실은 그 이면에서 물질적 행복과 복지에 대한 강렬한

---

73) 베버, 앞의 책, 326쪽.
74) 같은 책, 330쪽.
75) 같은 책, 343쪽.
76) 같은 책, 345쪽.
77) 같은 책, 343쪽.

추구를 어떤 본질적인 속성 같은 것으로 지니고 있는 것으로 이해될 수 있다. 그래서 베버는 "물질적인 안녕이 문화국가에서 그처럼 궁극적인 목적으로 강조된 적이 <결코> 그리고 <어디에서도 없었다>"[78](강조는 베버)고 단언할 수 있었던 것이다. 과연 이런 윤리적 지향이 반자본주의적이고 반근대적일까? 그리고 이를 단순히 베버의 유교 문화에 대한 오해의 산물이라고만 볼 수 있을까?

물론 베버 자신의 일차적 관심은 유교의 바로 그런 물질적 행복 같은 것에 대한 강렬한 지향에도 불구하고 매우 역설적이게도 중국에서는 자본주의가 발전할 수 없었다는 점을 보여주는 데 있다고 해야 한다. 그래서 우리는 그런 의도가 사실은 중국 문화를 폄훼하고 싶은 어떤 오리엔탈리즘적인 관점에서 출발했다고 말할 수 있다. 그러나 그런 지향이 실제로 유교 사회에 상당한 정도로 지배적임이었음을 부정할 수는 없을 것이고 또 그것이 그 자체로 결코 자본주의에 적대적이라고도 할 수는 없을 것이다. 베버의 지적처럼 그런 요소들은, 무슨 '자본주의 정신' 같은 것을 낳을 수 없었을지는 몰라도, 최소한 일단 자본주의가 수용된 바탕 위에서는 자본주의를 보통 사람들의 일상생활에서 추동하고 재생산하기에는 충분한, 아니 매우 충분한 문화적 전제를 이룬다고는 할 수 있을 것이다. 그리고 이는 사실 우리가 자본주의화된 오늘날의 포스트-유교 사회 속에서 어떤 문화적 자명성으로 확인하고 있는 바이기도 하다.

더구나 베버에 따르면, 유교 윤리는 "인간을, 매우 의도적으로 그 자연 발생적인 또는 사회적 상하관계에 의해 주어진 정의적(情意的)

---

78) 같은 책, 337쪽.

관계 속에 놓(으며)", "인간과 인간의 관계, 즉 군후와 신하, 상관과 부하, 아버지 및 형과 아들 및 동생, 스승과 제자, 친구와 친구 간의 그러한 정의적 관계에 의해 만들어진 인간적인 공순 의무 이외의 어떠한 사회적 의무도 알지 못한다."[79] 아마도 삼강오륜의 원리 같은 것을 염두에 두면서 한 지적일 것이다. 실제로 이런 유교 윤리는, 앞에서 유교 문화에서 개체와 사회의 관계 문제를 논의하면서 살펴본 대로, 어떤 맥락에서는 자본주의적 근대성의 발전에 훨씬 더 효율적으로 기능할 수도 있다.

세계긍정과 현실적응을 향한 유교적인 윤리적 지향은 전근대적인 사회관계 안에서는 개인들에게 위계적 사회질서에 대한 절대적 순응과 전통과 관습에 대한 무조건적인 긍정에 대한 도덕적 강제로 작용했을 것임에 틀림없다. 그리고 그런 차원에서, 베버의 지적처럼 유교 사회들은 자신의 힘으로는 자본주의적 근대 사회를 "창조"(schaffen)해 낼 수 없었을지도 모른다.[80] 그러나 다른 한편으로 우리는 그런 윤리적 지향이 적어도 강제된 자본주의적 근대화의 압력 속에서라면 그 근대화 과정을 촉진시킬 수 있는 모든 근본적인 문화적 요소를 다 함축하고 있음을 어렵지 않게 확인할 수 있다. 베버가 이 세계 그 어느 곳에서도 발견할 수 없었다고 평가한 유교 사회의 경제적 복리에 대한 매우 적극적인 가치평가가 그것이고, 나아가 물질적 재화에 대한 매우 강렬한 공리주의적, 실용주의적 태도가 그러하며, 유교적 사회 성원 일반의 물질주의적 윤리적 지향이 그렇다.

우리는 틀림없이 유교의 근대적 본성을 논의하면서 위에서 강조

---

79) 같은 책, 341쪽.
80) 참고: 같은 책, 351쪽.

했던 그런 물질주의적인 문화 논리를 그 자체로 어떤 이상적인 유교의 가르침으로부터 바로 연역해 낼 수는 없다. 공리주의적인 욕망의 긍정 같은 것은 원래의 고전적인 유교적 가르침과는 매우 거리가 멀 뿐만이 아니라 심지어 대립적이기까지 하다. 그리고 유교는 적어도 기독교적인 의미에서는 종교적이라고 할 수 없고 매우 '철학적'이라고 해야 하는데, 이 유교는 아무런 보상이 없더라도 사람답게 살아야 함을 가르친 "보상 없는 비극적 세계관"[81]이었지 결코 덕의 성취가 곧 물질적 행복 따위로 입증된다는 식의 세계관을 전제한다고는 볼 수도 없다. 그래서 우리는 이런 차원에서 베버의 오리엔탈리즘적인 편견을 지적할 수 있고 베버가 지나치게 편향된 유교 이해를 가지고 있었다고 말해야 한다.

그러나 앞의 논의에서도 강조한 적이 있지만, 우리의 논의 맥락에서 문제되는 유교는 어떤 사대부들의 유교나 유교의 고전적 가르침 그 자체라기보다는 보통 사람들의 일상적인 삶의 양식을 규정했던 속류 유가사상이라고 이해해야 한다. 현세적 인간관계 속에서의 인정 획득의 성공을 통해 표현되는 인간의 도덕적인 완성에 대한 추구는 통속적인 수준에서는 매우 쉽게 세속적인 "입신양명"에 대한 추구의 논리, 곧 입신출세주의로 자연스럽게 변질될 수 있다.

어쩌면 전통 중국 사회에서의 유교의 문화논리를 해석하는 데서 베버는 틀렸을지 모른다. 우리는 유교가 그 본래의 정신에서는, 예컨대 궁극적으로는 '의주종리(義主從利)'와 자기수양을 통한 도덕적 완성을 가르치고, 심지어 입신양명에 대한 강조조차도 바로 그런 차원에 머물러 있어야 함을 강조하는 사상이라는 점을 잘 알고 있다.

---

81) 김교빈, 「죽음에 대한 유교의 이해」, 『철학연구』, 제75집, 철학연구회, 2006, 1쪽 아래.

그러나 최소한 근대화의 압력을 받아 전근대적 질서의 쇠퇴와 함께 그 문화적 진정성이 더 이상 작동하기 힘든 사회관계 속에서라면, 유교적 문화논리의 공리주의적-물질주의적 발전은 상당히 자연스러워만 보인다.

아마도 그런 문화 논리는, 하나의 전근대 사회의 이데올로기였던 유교가 그 사회적 토대와 함께 그 형이상학적-정치적 후광을 잃어버리고 난 뒤 남긴, 말하자면 세속화된 근대적-윤리적 핵심을 이루는 것이라고 말할 수 있을 것이다. 어떤 '성스러움'을 잃어버린 사회관계 속에서의 현세적 인간관계 안에서의 성공적인 인정에 대한 추구를 고무하는 유교의 윤리적 지평은, 그 세속화-근대화된 형식에서는, 궁극적으로는 물질적 행복의 정도 같은 것을 통해 확인될 사회적 위신과 평판에 대한 추구의 논리로 자연스럽게 발전할 수 있었을 것이다. 그래서 그런 문화 논리는 부르디외적 의미에서 자본주의적 사회 질서에 의해 구조화되었으면서도 동시에 그것을 구조화하는 실천적 아비투스 같은 것이 유교 사회에서는 다른 사회들에서는 찾아보기 힘든 방식으로 매우 효율적이고 성공적으로 형성되기 위한 배경을 이루고 있었다고 말할 수 있을 것이다.

또 나는 베버가 무조건적인 세계긍정과 세계적응을 향한 유교의 윤리적 지향이 서양 기독교의 종교성에 비견될만한, 그러나 매우 다른 종교성이 표현된 결과라는 점을 충분히 통찰하지는 못했다고 생각한다. 우리가 만약 유교의 종교성을 어떤 절대적 유일신에 대한 신앙과는 다른 차원에서 일종의 '내세계적 초월(this-worldly transcendence)'에 대한 추구라는 관점에서 이해될 수 있다는 논의들을 수용할 수 있다면,[82] 우리는 베버가 유교에서는 현실과의 긴장 의식이 전적으로 결여되어 있었다는 데서 출발하여 유교 문화가 자신의 힘으로 자본주의적 근대성을 발전시킬 수 없었을 것이라고 평가한 부분에 대해 충분히 이의를 제기할 수 있을 것이다.

그러나 내 생각에 유교의 근대적 본성에 대한 우리의 논의 맥락에서만 보면 베버는 매우 중요한 지점에서 유교가 지닌 준-근대성을 통찰하고 있었고, 유교의 종교성에 관한 논의는 오히려 그런 통찰을 더 강화시켜 줄 것처럼 보인다. 만약 우리가 유교의 강렬한, 그러나 기독교와는 다른 종류의 종교성을 확인할 수 있다면, 그런 종교성은 적어도 근대화 과정 개시 이후의 사회적 맥락에서 유교 문화가 자신의 근대적 본성을 더욱더 잘 발휘할 수 있도록 했음이 틀림없다. 여기서 중요한 것은 초월적 세계와의 긴장을 결여한 '무조건적인 세계 긍정과 세계적응'이라는 현세지향적-윤리적 지향이 종교적으로 수용된다면 그런 지향이 개인들의 삶의 방향 설정 전체를 규정할 정도로 더욱더 강력하게 작용할 것이라는 점이다.

앞서 지적한 대로, 그런 지향은 개인들로 하여금 궁극적으로는 물질적 행복 따위로 확인될 세계의 현세적 인간관계 속에서의 인정 획득의 성공(입신양명)에서만 개인의 자기완성에 대한 전망을 갖게 한다.[83] 곧 '현세적 물질주의'라 할 만한 문화적 문법이 지배적이 된다.[84] 전근대적 신분 질서 따위가 사라진 곳에서라면 더욱 그럴 것

---

82) 참고: 김상준, 「조선 후기 사회와 '유교적 근대성'의 문제」, 『대동문화연구』, 제42집, 2003. 또 조금 다른 맥락이지만 현상계와 구분되는 초월계를 상정하는 서양문화와는 달리 동양문화는 인간의 내면에 초월의 계기를 상정하는 '내향적 초월'을 특징으로 한다는 논의는 참고: 위잉 스, 『동양적 가치의 재발견』, 김병환 옮김, 동아시아, 2007.

83) 가라타니 고진은 일본의 자본주의 발전을 분석하면서, 베버가 서양의 자본주의 발전과 관련하여 프로테스탄티즘에 부여한 역할을 일본인들의 '입신출세주의'에서 찾고 있다. 참고: 가라타니 고진, 『근대문학의 종언』, 조영일 옮김, 도서출판b, 2006, 74쪽 아래. 그에 따르면, "입신출세주의는 근대일본인의 정신적 원동력"(75쪽)이다.

이다. 만약 그런 성공이 이제 유교적 개인들에게는 어떤 종교적 구원의 차원과 같은 것일 수도 있다면, 그리고 반대로 그러한 노력의 실패는 단순히 불운의 문제 같은 것이 아니라 궁극적으로는 금수만도 못한 존재가 되는 것, 곧 비인간으로 전락하고 만다는 것을 의미할 수도 있다면, 그것은 그만큼 그런 윤리적 지향이 개인들의 삶의 모든 측면을 매우 강력한 구속력을 가지고 지배할 수 있음을 의미할 것이고, 나아가 그런 개인들이 만들어 내는 사회관계와 질서의 논리도 더욱더 결정적인 수준에서 규정할 수 있음을 의미할 것이다.

어쩌면 이제 베버적 인식 그 자체의 올바름에 대한 평가를 떠나, 우리는 이렇게 말할 수 있을지 모른다. 비록 유교는 그 자체의 추동력으로 근대 사회를 건설해낼 수는 없었지만, 일단 어떤 식으로든 근대화의 압력을 받아들이고 난 뒤에는, 그것은 근대성의 동학을 자신의 문화 논리 속으로 빨아들여, 마치 근대성 자체가 그때부터는 자신의 본질적인 문화적 정체성이라도 형성하는 듯이, 그 동학을 가속화할 수 있는 그런 문화적 자장을 형성할 수 있었다. 아마도 이것은 유교가 근대친화적인 본질을 갖고 있었지만, 아니 어떤 의미에서는 그 자체로 이미 충분히 근대적이기도 했지만, 전근대 사회의 질서 논리의 강력한 압박 덕분에 제대로 활성화시킬 수는 없었던 어떤 문화적 원천을 가지고 있었기 때문에 가능했을 것이다. 다른 식으로 말한다면, 유교는 서양의 근대라는 불과 만남으로써 비로소 그 근대적 본성을 완전하게 드러나게 해 줄 어떤 문화적 기름을 가지고 있었는지도 모른다.

---

84) 정수복에 따르면, 이 현세적 물질주의는 한국인의 가장 근본적인 문화적 문법의 구성요소의 하나로 그 문화적 뿌리는 무교, 그리고 그것과 결합한 유교에 있다. 그에 따르면, 유교의 현세적 삶에 대한 강조는 쉽게 세속적 구복에 대한 추구와 연결될 수밖에 없다. 정수복, 위의 책, 110쪽 아래 참고.

제3장 유교적－근대적 정체성의 도덕적 지평과 한국 근대성

　한국의 근대성은 유교적 특색을 띠고 있다. 그러나 이것은 '보편적인' 서구적 근대성에 대비하여 '특수한' 근대성이 아니다. 이것은 우리가 무반성적으로 보편적이라고 상정한 그런 근대성이 사실은 결코 보편적인 것이 아니며, 또한 한국의 근대성도 그런 의미에서는 결코 특수하지 않다는 것을 의미한다. 내가 이 책에서 도구로 삼고자 하는 '방법으로서의 한국'은 그와 같은 보편성/특수성의 패러다임이 아니라 우리가 살아내고 있는 '지금, 여기'의 삶의 현실에 대해 구성적인 '실천의 문법'을 규명하도록 요구한다.

　물론 틀림없이 여기에는 아마도 궁극적으로는 인간의 자연적 본성에 뿌리를 두고 있을 보편적인 요소가 있는 반면에, 고유한 역사적 맥락이나 문화적 배경 때문에 우리에게만 특수하게 나타나는 요소도 있을 것이긴 하다. 그러나 우리에게 진짜 중요한 것은 그 보편적인 것과 특수한 것이 나름의 방식으로 직조되는 실천적 과정에 대해 재귀적 의미를 지니는 일종의 성찰적 조감(鳥瞰)이다. 개인적인 수준에서만이 아니라 집합적인 수준에서 우리 사회적 주체들이 삶을 살아내는 데서 작동시키는 구체적인 문법에 대한 자기 의식화를 통해 이 삶의 양식이 지닌 병리의 뿌리를 캐고 그것을 치유할 수 있는 실마리를 찾아보자는 것이다.

이런 출발점은 우리로 하여금 자본주의나 국민국가와 같은 '구조'나 '체계'의 차원 그 자체보다는 전체로서의 근대적 삶의 양식을 날마다 늘 새롭게 구성해 내는 우리 근대적 주체들의 '도덕적 지평'에 주목하게 한다. 왜냐하면 인간의 사회적 실천의 가장 기본적인 동인을 형성하는 것이 바로 그러한 도덕적 지평이기 때문이다. 단순한 개인의 판단과 선택의 차원보다는 무엇보다도 일정한 문화적 습성을 통해 형성되고 재생산되는 그 지평은 각 개인의 삶에 의미와 가치를 부여하고 삶의 방향을 지시해 주는 것으로, 그들을 특정한 좋은 삶에 대한 지향을 축으로 동시대적 실천 공간 속의 다른 사람들과 엮어 다소간 유기적인 연관을 지닌 집합적 실천의 장으로 이끌어 낸다. 때문에 사회적 실천의 이 문화적─도덕적 지평이야말로 전체로서의 삶의 양식의 특색을 규정한다고 할 수 있다. 이제 앞 장에서 살펴본 개인과 사회를 매개하는 유교적 방식과 현세적 물질주의의 문화 문법이라는 배경 위에서 형성된 유교적 한국 사회의 도덕적 지평의 얼개를 그려보고 그것이 한국 근대성을 어떤 특별한 모습으로 주조했는지를 살펴보기로 하자.

유교적-근대적 정체성과 자본주의적 근대성

자본주의적 근대성은 그 자본주의적 경제와 상응하고 조응하며 친화성을 갖는 적절한 가치지평과 문화 없이는 발전할 수 없다. 여기서 그 양자의 관계는 마르크스식의 '토대'와 '상부구조'의 관계 같은 것이라기보다는 두 요소가 서로 적극적이고 능동적으로 상호 작용하며 서로를 강화하는 그런 관계다. 자본주의는 예를 들어 공리주의나 소유적 개인주의에 바탕한 삶의 유형에 대한 새로운 사회적 가치평가 없이는 발전할 수 없다. 꼭 베버가 분석한 바 있는 초기 자본주의의 발전 맥락에서 프로테스탄티즘의 경제 윤리의 역할 같은 것만이 아니더라도, 오늘날의 자본주의에서 생산중심주의라든가, 공리주의라든가, 소비주의적 삶의 태도라든가 하는 따위의 문화적 가치지평이 얼마나 경제생활에 순기능적으로 작동하는지를, 따라서 그런 문화적 가치 지평 없이는 오늘날의 자본주의가 제대로 작동하기 힘들 것이라는 점을 이해하는 것은 어려운 일이 아니다.

이런 연관이 성립하는 것은 사회는 결국 사람들의 행위를 통해 구성되며, 그 사람들의 행위는 단순히 경제적 이해관계 같은 것에 의해서만 아니라 무엇보다도 사람들을 지배하는 문화적 가치지평에 의해 틀 지워지기 때문이라고 할 수 있다. 사회적 행위자들은 바로 그런 문화적 가치지평을 통해 인간으로서 좋은 삶이 어떤 삶인지, 인간답게 사는 것은 어떤 것인지, 어떤 삶이 성공한 삶인지, 무엇을 해야 하고 무엇을 하지 말아야 할지, 무엇이 자신에게 정말 가치 있고 의미 있는지 등의 문제에 대해, 말하자면 어떤 '도덕적 지도'(moral map)를 갖게 되고 바로 그 도덕적 지도의 인도에 따라 자신들의 삶을 조직한다. 사람들의 행위를 직접적으로 규정한다고 이해되는 물질적 이해관계 같은 것도 그 도덕적 지도라는 필터를 통해서만 인지되고 평가된다.

그런데 그런 도덕적 지도는 단순히 개인들의 삶의 이상이나 목표와 같은 개별적이고 표층적인 수준과 관련된 것이라기보다는 매우 심층적인 수준에서 그리고 시공간적으로 매우 광범위한 사회적 지평 전체에 걸쳐 형성되고 작동되는 것이다. 근대성은 바로 그런 사회 지평을 개념화한 한 예라 할 수 있다. 그러니까 우리는 근대성이라는 개념으로 아우를 수 있는 문화사적 지평 전체에 걸쳐 매우 심층적인 수준에서 수많은 사람이 함께 나누어 갖고 있는 어떤 평균적이고 전형적인 윤리적 가치 지평에 관해서 이야기할 수 있다는 것이다.

그런 가치 지평은 매우 심층적인 수준에서 개개인들의 표층적인 윤리적 자기이해, 곧 정체성을 규정한다고 할 수 있다. 학자나 공무원이나 정치가나 사업가와 같이 우리 개개인들은 매우 다양한 정체성을 갖고 살아간다. 그러나 그 개개인들은 '근대인'으로서 모두 동일한, 최소한 다소간 중첩되고 엇비슷한 '심층적 정체성'을 갖고 있다고 할 수 있다. 테일러는 바로 이런 수준의 근대인들의 심층적 정체성을 '근대적 정체성'(modern identity)[85]이라고 이름 붙인다. 이제 우리는 다름 아닌 바로 그와 같은 근대적 정체성이 그것을 갖고 있는 사회적 행위자들이 실천적으로 구성하는 근대적인 사회적 관행, 제도, 경제 및 정치 구조와 상호 조응하고 영향을 미치는 상호구성

---

85) 참고: Charles Taylor, *Sources of the Self. The Making of the Modern Identity*, Cambridge Univ. Press, 1989. 또 이 개념에 대한 간결한 논의는 참고: Charles Taylor, "Legitimation Crisis?", *Philosophical Papers, B.2. Philosophy and the Human Sciences*, Cambridge, 1985.

적 관계를 형성하고 있다고 이해할 수 있다.

테일러에 따르면, 서구적 근대성의 문화적 중핵은 두 가지다. 하나는 좋은 삶의 이상과 관련하여 '평범한 삶의 긍정'[86]을 축으로 서구에서 진행된 가치 체계의 전도 과정이고, 다른 하나는 그가 '자연주의'[87]라 부른 것과 관련된 내면성의 원리들이다. 그는 서구 근대 사회의 발전과정을 추상적인 합리화 과정 그 자체로서보다는 바로 이와 같은 두 중핵을 중심으로 한 거대한 문화적 변동 과정으로 이해하는데, 이런 접근법은 우리의 유교적 근대성의 성격을 이해하는 데 좋은 실마리를 제공한다.

평범한 삶의 긍정이라는 도덕적 지평은 서구 전통 사회의 덕−윤리적 지평에 대한 일종의 안티테제로 이해될 수 있다. 전근대 사회를 규정했던 도덕적 지평은 인간의 욕망에 대한 이성적 통제의 이상에 의해 규정되었다고 할 수 있다. 그러나 근대는 그런 이상을 거부하고 자연스러운 인간적 욕망을 억제의 대상이 아니라 충족시켜야 할 대상으로 이해하고 그에 따라 평범하고 일상적인 인간적 삶의 다양한 양태들을 긍정하고 평가절상하는 데로 나아간다.

한편 테일러에 따르면, 서구에서 근대적 정체성이 지닌 또 다른 가장 큰 특징은 그 정체성의 지평이 '내적 지평'이라는 데 있다.[88] 근대 이전의 사람들은 스스로를 더 큰 질서의 한 부분으로 이해했다. 그 질서의 바깥에서 사람들은 단지 그림자나 빈껍데기에 불과했다. '나는 누구인가?'의 질문에 답하기 위해 사람들은 그들이 놓인

---

86) Ch. Taylor, *Sources of the Self*, 1.3절 참조.

87) 같은 책 참조.

88) Charles Taylor, "Legitimation Crisis?", 258쪽.

외적인 지평을 물어야 했고, 그 지평이 닫힌 상태에서는 그 물음에 답할 수가 없었다. 가족과 신분을 통해서만 사람들은 의미 있는 존재가 될 수 있었다. 근대적 정체성의 지평이 내적으로 되었다는 것은 사람들이 자신들의 삶의 의미 지평을 더 이상 그런 외적 질서와의 연관 속에서가 아니라 자신들의 내면적이고 <본성적인(자연적인; natural)> 충동이나 목적, 영감 따위의 충족과 관련시키기 시작했다는 것을 의미한다. 근대적 정체성의 이상은, 예컨대 어떤 '가문의 영광'이나 신분적 영예의 획득 같은 것이 아니라, '내 자신의 본성(자연)의 충족'이다.[89] 당연히 공동체는 사라지고 일차적으로 자신의 정서적인 만족으로 이해된 자기실현의 이상이 중심축을 형성하게 된다. '자연(본성)에 걸맞은 삶'이라는 이러한 서구적－근대적 정체성의 이상은 두 개의 버전을 갖는다.

한 버전의 자연주의[90]는, 아마도 공리주의적 자연주의라 할 수 있는 것으로, 사람들의 자연적 욕구의 최대한의 효율적인 충족을 목적으로 한다. 이 버전에 따르면, 우리는 외적 자연을 효율적으로 지배함으로써, 그리고 그 결과로 많은 것을 생산해 냄으로써, 우리 자신의 자연적(본성적)－물질적 욕구를 충족시킬 뿐만 아니라 자율적이고 합리적으로 행위하는 주체인 우리 자신의 가치를 빛낼 수 있는 그런 존재가 된다. 이것은 앞서 말한 평범한 삶의 긍정과 연결될 뿐만 아니라 근대 사회의 생산주의나 소비주의 문화 및 무한 축적의 이상의 이면에 놓인 좋은 삶의 이상이라 할 수 있다.

다른 버전의 자연주의는,[91] 아마도 낭만주의적 자연주의라 할 수

---

89) 같은 글, 262쪽.
90) 참고: 같은 글, 265쪽 아래.

있는 것으로, 역시 인간의 자연(본성)에 초점을 두고 있지만 어떤 물질적 욕구 같은 것이 아니라 진정한 자기 자신의 내면의 요구에 충실한 삶을 목적으로 한다. 여기서는 '나만의 느낌'이나 '나의 내면의 목소리'를 따르고, 진정하며 순수하고 고귀한 욕구의 충족을 추구하는 것이 삶의 이상이다. 이 버전의 관점에서 보면 공리주의적 삶의 태도는 진정한 인간의 자연(본성)이나 자기 자신에 대한 접촉의 상실만을 결과하는 잘못된 삶의 태도의 전형이다. 이 버전에 따른 근대적 정체성은 첫 번째 버전의 안티-테제로서 생산주의나 소비주의 등을 비판하는 사회운동의 바탕에 놓여 있다.

우리가 앞 장에서 베버를 매개로 살펴본 대로 우리의 유교 전통은 나름의 근대적-도덕적 지평을 발전시킬 잠재력을 가지고 있었다. 그리고 그것은 이제 나름의 근대적 정체성의 형성으로 이어진다고 할 수 있을 것이다. 아마도 우리가 '유교적'이라고 규정할 수 있을 그런 근대적 정체성은 물론 서양 사회에서와는 다른 형성과정과 문화적 원천들을 가졌다. 그리고 그런 근대적 정체성을 매개로 형성된 근대 사회의 유형이 우리의 경우 서양의 그것과는 완전히 동일하다고 할 수도 없다. 그러나 그것은 우리의 근대 사회의 형성과 발전을 위한 적절하고도 충분한 문화적-도덕적 전제들을 마련해 주고 있는 것처럼 보인다.

테일러적 인식을 배경으로 놓고 보면, 우리의 유교적 근대성은 서구적 근대성과는 상당히 다른 도덕적 지평을 체현한 주체들에 의해 발전되었음을 큰 어려움 없이 확인할 수 있다. 아마도 앞 장에서 살

---

91) 참고: 같은 글, 269쪽 아래.

퍼본 유교적 근대인들의 현세적 물질주의는 서구적 근대가 일으킨 문화적 변동 과정의 결과 나타난 평범한 삶의 긍정이라는 가치 지평과 일정한 방식으로 상응한다고 볼 수 있다. 그러나 공동체적 연관의 약화 속에서 성장한 자율 이념의 바탕 위에서 개인들의 내적 지평 안에 뿌리내린 자연주의적인 서구적-근대적 정체성이 그대로 유교 문화권의 근대적 정체성이라고는 말할 수 없다. 앞 장에서 살펴보았듯이, 유교적 근대성은 '개인' 없는 근대성이며 이러한 근대성에서 서구적-근대적 정체성의 내적 지평은 원천적으로 낯설다. 여기서 우리는 유럽적 근대성과는 다른 우리 근대성의 유교적 형상의 핵심적 기원을 확인할 수 있지 싶다.

사실 테일러의 논의에서도 초점은 단순히 근대적 정체성이 개인주의적이라는 데 있는 것이 아니라 그런 개인주의가 물질적 행복에 대한 추구나 축적과 소비에 대한 긍정적 태도와 같은 자본주의적 근대성의 문화적 전제를 만들어낼 수 있었다는 데 있다고 볼 수 있다. 우리는 유교적 문화권에서는 그런 개인주의가 없더라도, 그래서 서양의 문화 발전의 논리와는 다른 방식으로, 그와 같은 자본주의적 근대성의 문화적 전제를 발전시킬 수 있었다고 할 수 있다. 어떤 의미에서는 물질적 행복에 대한 적극적인 추구 같은 것은 유교의 일상적-문화적 본질이라고 할 수 있다. 서양에서와는 똑같은 방식으로는 아니지만, 유교 문화권에서 공리주의적인 유형의 근대적 정체성의 형성은 사실은 너무도 자연스럽고 따라서 손쉬운 과정의 결과라고 할 수 있을 정도로 유교적인 도덕적 지평은 근대적-물질주의적 지향을 갖고 있었던 것이다.

아마도 우리는 이렇게 말할 수 있을지 모른다. 유교적인 근대적 정체성을 가진 사람들은 개인의 성공적이고 좋은 삶을 위한 개인적이고 내면적인 지평은 알지 못한다. 그들의 근대적 정체성의 지평은 서양에서라면 '여전히'라고 말했을 그런 방식으로, 외적인 가족과 집단과 사회적 영예 같은 것을 향해 있다. 그러나 그 지평은 이제 더 이상 봉건적이고 신분적인 의무 관계나 도덕 같은 것으로만 차 있지 않다. 그 지평은 장생이나 건강이나 물질적 풍요 같은 것을 통해 삶의 성공이 확인되는 매우 자본주의적이고 근대적인 도덕적 지평이다.

또는 이렇게 정리해 보자. 우리 근대성의 역사 속에서는 공리주의적—자연주의적 문화 경향을 비판하고 견제했던 낭만주의적—자연주의적 근대적 정체성 같은 것의 흔적은 찾아보기 힘들다. 우리의 유교적 근대성의 문화 논리는, 예를 들어 테일러가 그런 낭만주의적—자연주의의 원조쯤으로 파악하는 루소가 그의 『인간불평등기원론』 같은 데서 막 발생하고 있던 근대적 서양 사회를 관찰하면서 묘사하고 비판했던 '진정성'(자기 진실성) 없는 속물적 외형주의의 문화 논리와 크게 다르지 않다.[92] 그러나 우리의 근대 문화에서는 그런 낭만주의적 '루소'는 찾아보기 힘든 반면에, 수많은 '벤담'만 쉽게 발견할 수 있다. 우리 동양 문화 전통에서라면 유교가 아닌 불교나 노장 사상 전통이 어떤 대응 관계를 보여줄 수 있을 텐데, 안타깝게도 우리는 그런 전통의 의미 있는 근대적 부활을 알지 못한다.

이런 인식을 바탕으로 보면, 유교적인 동아시아 사회 일반에서 아주 빠른 속도로 성공적인 자본주의적 근대화가 이루어졌다는 사실이 단순히 어떤 우연의 산물이 아니라는 점을 쉽게 이해할 수 있을

---

92) 참고: 장 자크 루소, 『인간불평등 기원론』, 주경복·고봉만 옮김, 책세상, 2003, 139쪽.

것처럼 보인다. 유교적인 문화적−심층적 정체성, 곧 유교적−근대적 정체성을 가진 동아시아적 근대인들은 서구의 근대인들과는 얼마간 다른 도덕적 지평 위에서 자연 및 다른 인간과 사회와 국가에 대한 얼마간 다른 윤리적 태도와 지향을 가지고 있다. 그리고 그런 유교적 근대인들은 서구의 근대인들과는 다른 방식의 사회적 교류 형태, 관습, 여러 사회 제도, 경제 활동의 방식과 정치운영의 방식 등을 구현하고 체현했다. 그렇다면 바로 이러한 유교적−근대적 정체성의 도덕적 지평이 우리 사회에서 (그리고 아마도 동아시아 사회 일반에서) 자본주의의 성공적 발전의 비밀을 풀 수 있는 열쇠다.

앞 장에서 본 대로, 서양에서와는 달리 내세나 구원의 관념이 없는 유교에서는 그 속화된 수준에서는 현세에서의 번영과 그에 따른 사회적 인정이야말로 인간이 추구해야 할 가장 근본적인 윤리적 지향이라고 여긴다. 경제적 부의 의미와 가치도 바로 이런 윤리적 지향의 연장선 상에서 이해가능하다. 여기서는 원칙적으로 모든 사람은 평등하게 그런 자기완성의 가능성을 가지는 것으로 이해된다. 비록 이런 방식의 문화 논리는 전근대 사회에서 제대로 자본주의적 근대성을 낳거나 그것과 결합되지는 못했지만, 오늘날 어떤 식으로든 근대화가 이루어진 후의 조건에서는 그것은 매우 성공적으로 근대성의 문화논리로 작동하여 자본주의의 성공적 번영을 가능하게 했던 것이다.

유교적−근대적 정체성은 유교 전통의 강력한 자장 속에 살아가는 개인들에게 특별한 종류의 '이상화된 자아the idealized self'[93]에

---

93) 이 개념은 다음에서 빌려 왔다. 리처드 세넷, 『뉴캐피탈리즘』, 유병선 옮김, 위즈덤하우스, 2009.

대한 상(像)을 갖게 한다. 유교적 자아는 한마디로 '관계 지향적 자아'다. 앞 장에서 살펴본 대로 유교 전통에서는 개인은 처음부터 사회 질서의 의미 및 가치 체계를 깊숙이 내면화하고 사회적 규율과 기강의 논리를 자발적으로 수용해야 하는 조화로운 사회의 성원 정도로만 이해되었다. 유교 전통과 서구적 근대성의 이종 교배를 통해 발전한 동아시아의 근대적 문화 환경 속에서도 이런 문화적 이해는 창조적으로 진화되었다.

그것은 근대적 조건 속에서 개인들로 하여금 서구의 근대에서처럼 개인적 차원의 구원이나 '자기실현' 같은 가치가 아니라 가족같이 서로 대면하고 직접적으로 접촉하는 '구체적 타자'와의 관계 그리고 자신이 속한 사회적 조직이나 공동체 속에서의 인정 획득이라는 가치 추구를 지향하게 해 주었다. 이와 같은 이상화된 자아상에서는 적절하고 잘 작동하는 관계 맺기 및 관리의 능력, 사회적 의무와 책임감의 수용, 무엇보다도 조직이나 공동체 내부에서의 다른 성원들과의 화합과 조화, 나아가 개인이 처한 환경 속에서의 유연한 적응의 능력 등과 같은 개인의 이상적 자질이 강조된다. 가령 우리 사회에서 많은 사람이 '기러기 아빠'를 누구든 본받아야 할 훌륭한 가장의 모범으로 생각하고, '멸사봉공'이 매우 훌륭한 가치라고 여기며, 이른바 '회사 인간' 같은 형식의 정체성 이해를 성공의 관점에서 부추기는 것도 이런 맥락에서 이해할 수 있다.

그뿐만 아니다. 전통적으로 유교에서는 교육(무엇보다도 인문적 교양)이 사람들 사이의 도덕적 평등의 전제가 된다고 가르쳤다. 곧 교육받지 않으면 제대로 된 인간, 다른 이들과 평등한 지위에 있는 인간이 될 수 없다고 가르쳤다. 이런 문화적 논리는 이제 근대적 조건에서 개인들로 하여금 끊임없는 자기계발과 성취에 대한 내적 동기를 개인들의 좋은 삶의 전제로 삼게 만들었다. 여기서 물질적 행복은 윤리적 자기완성 노력에 따른 자연스러운 보상으로 이해될 수 있다. 따라서 서구에서처럼 단순히 어떤 본능(욕망/쾌락)이나 (내적) '자연'에 대한 최대한의 충족이라는 동기가 아니라 개인의 자기완성에 대한 열망 속에서 세계의 현세적-구체적 인간관계 속에서 인정을 얻어야 한다는 동기에 따른 물질적 행복에 대한 추구가 유교적 사회들의 근대성을 지배했다고 할 수 있다. 앞서 설명한 대로, 이런 식의 문화 논리는 베버가 말하는 식의 서구의 프로테스탄트 윤리 같은 것과는 다르지만, 때로는 더 강렬한 생산 및 축적과 소비에 대한 긍정적 태도라는 근대성의 문화적 전제를 창출할 수 있었던 것이다.

이러한 문화논리는 앞의 관계 지향적 자아 이해와 결합하여 사회적 결속과 의무 또는 책임 등과 결합된 부와 성공의 추구로도 표현되었다. 그러니까 사회적 관계로 확장된 가족적 이상은 조직과 집단의 강한 결속력과 응집력을 낳은 반면, (1997년 외환위기 이후 결정적으로 뒤틀리기는 했지만) 종신고용체제나 높은 수준의 기업 복지 등을 가능하게 하였다. 이것은 개인적 욕망을 자제하게 하고 규율의 자발적 수용을 가능하게 하여 근대화 및 경제 성장 과정의 사회적 비용을 줄임으로써 우리 사회의 급속한 근대화와 경제성장에 매우 순기능적으로 작용했음이 틀림없다.

이렇게 우리 사회에서 자본주의를 성공적으로 발전시켰던 도덕적 지평은 결코 통상적인 의미로 '아시아적'이라기보다는 오히려 매우 '서구적'이라고 할 수밖에 없다. 우리의 이른바 '동도(東道)'는 사실 그 근대적 형식에서는 어쩌면 '서도(西道)'보다 훨씬 더 물질주의적-

물신주의적일 수도 있다는 것이다. 다시 말해 유교적-아시아적 가치들은 그 근대적 형식에서는 그 자체로, 그러니까 어떤 이식된 것으로서가 아니라 내적 본성에 비추어 매우 '서구적'이었던 것이다.

유교적 메리토크라시 이념의 근대적 도덕질서

그런데 근대성은 단순히 자본주의적 시장 경제의 발전하고만 관련된 것이 아니다. 그것은 또한 인간적 삶의 다른 차원들에 대한 새로운 방식의 조직화를 의미하기도 한다. 다시 찰스 테일러의 논의를 빌리자면, "서구 근대성의 핵심(은) 사회의 도덕 질서(moral order)에 대한 새로운 개념화"에 있다.[94] 곧 사람들이 서로 서로 어떻게 관계 맺고 어떤 원칙들에 따라 모듬살이를 조율해야 하는지 등에 대한 사람들의 일정한 규범적 기대나 전망의 변화가 서구 근대성을 구성한다는 것이다. 그에 따르면, 애초 몇몇 사상가들의 아이디어에서 출발했지만, 점차 사회 전체로 확산된 서구의 근대적인 '사회적 상상'[95]은 그 핵심적인 도덕 질서관의 변화를 통해 근대성의 중심축이라 할 수 있는 '시장 경제'와 '공론장' 그리고 '주권을 가진 인민(self-governing people)'을 만들어 내었다. 그 도덕 질서관은 개인들의 상호 존중과 상호 봉사, 상호 이익, 그리고 평등의 원칙들을 담고 있다. 우리의 유교적 근대성에서도 그에 상응하는 도덕질서관의 변화를 확인할 수 있을까?

---

94) 테일러, 『근대의 사회적 상상』, 앞의 책, 7쪽.

95) 테일러는 이를 "사람들이 자신의 사회적 실존에 대해 상상하는 방식, 사람들이 다른 이들과 서로 조화를 이루어가는 방식, 사람들 사이에서 일이 돌아가는 방식, 통상 충족되곤 하는 기대들, 그리고 그러한 기대들의 아래에 놓인 심층의 규범적 개념과 이미지들"이라고 규정한다(43쪽).

나는 서구적 근대성을 형성했던 그와 같은 도덕질서관이 꼭 서구적인 양상 그대로는 아니지만, 우리의 근대화 과정에서도 얼마간 중요한 사회 진보의 동력이었다고 여긴다. 또 반드시 서구적인 사회적 상상을 일방적으로 수입하는 형식으로 그러한 도덕질서관이 우리의 근대화 과정에서 자리 잡게 된 것도 아니라고 본다. 그래서 전통 사상이 지닌 민주적 잠재력 같은 것에 대해서도 얼마든지 의미 있게 말할 수 있다고 생각한다. 이에 대해서는 나중에 다시 논의하게 될 것이다.

그러나 우리는 일단 유교 전통의 강력한 영향 위에서 우리의 근대성을 고유하게 규정했던 나름의 도덕 질서관이 있었음을 먼저 확인해 둘 필요가 있다. 막스 베버의 지적처럼 유교 문화는 독자적인 힘으로 자본주의적 근대성을 창조해 내지는 못했지만, 단순히 전근대적이지만은 않았다. 그것은 어떤 의미에서는 서구적 근대성보다 더 근대적이며 심지어 서구적 근대성의 발전에서 어떤 모범이 되기까지 했다고 할 수 있는 문화적 요소 또한 갖고 있었다. 다름 아닌 유교적 메리토크라시(meritocracy)[96] 이념이 그것이다. 비록 이 이념은 서구적 근대성에서도 강력한 사회구성적 역할을 수행하기는 했지만, 유교 문화권에서 그것은 서구적 근대성에서와는 다른 방식으로 그리고 더욱더 결정적인 방식으로 그러한 역할을 한 것처럼 보인다.

메리토크라시는 부와 권력과 명예 등과 같은 사회적 재화를 어떤 사람의 타고난 혈통이나 신분이나 계급 같은 것이 아니라 오로지 능

---

96) 이에 대해서는 다음을 참조: M. Young, *The Rise of Meritocracy*, 2008, S. White, *Equality*, Polity Press, Cambridge, 2007, 53쪽 이하 및 D. Miller, *Principles of Social Justice*, Harvard University Press, Cambridge/London, 1999, 177쪽 이하. 이에 대한 나의 자세한 논의는 다음을 참고하라. 장은주, 『정치의 이동』, 앞의 책, 특히 제3장.

력에 따라 사람들에게 할당하자는 이념으로, 근대적 자본주의 사회 일반을 <사실적이면서도 규범적으로> 지배하고 있는 분배 정의의 한 이상이라 할 수 있다. 나의 이해에 따르면, 이 이념은 '기회의 균등'이라는 원칙과 결부된 일정한 평등주의적 전제 위에서 사회 성원들 사이의 '합리적 불평등'을 정당화하고 또 산출한다. 그리고 바로 이런 맥락에서 이 이념은 서구에서는 고전적 자유주의에서부터 진보적 자유주의 및 사회민주주의, 그리고 심지어 사회주의에 이르기까지의 다양한 정치적－이념적 스펙트럼의 근간을 형성했다. 고전적 자유주의가 단순히 '형식적인' 기회 균등에 주목하는 메리토크라시 이념을 발전시켰다면, 진보적 자유주의나 사회민주주의는 좀 더 '실질적인' 메리토크라시를 추구했다.

그런데 이 이념은 사실 서구에서보다는 유교적 동아시아 사회에서 먼저 발전되었고 또 여기에서는 그만큼 오랜 전통으로 확고하게 자리 잡고 있었다.[97] 무엇보다도 우리나라를 포함한 동아시아 사회들은 서구에서는 찾아보기 힘들었던 '과거(科擧) 제도'와 그에 기초한 관료체제를 가지고 있었는데, 이 과거제도는 적어도 그 이념상으로는 가장 뛰어난 능력을 가진 사람에게 공직을 분배한다는 원칙에 기초한 매우 메리토크라시적인 인재 선발 방식이었다고 할 수 있다.[98] 앞 장에서 살펴본 대로, 우리의 유교적 근대성에서는 '입신양명'(입신출세주의)의 이념 같은 것이 서구 자본주의의 발전에서 프로테스탄티즘의 에토스가 수행했던 역할을 대신했다고 할 수 있다.

---

97) 알렉산더 우드사이드, 『잃어버린 근대성들』, 민병희 옮김, 너머북스, 2012.

98) 왈처 역시 이런 이해를 갖고 있다. 마이클 왈처, 『정의와 다원적 평등. 정의의 영역들』, 정원섭 외 옮김, 철학과 현실사, 1999, 232쪽 이하.

유교적 메리토크라시 이념은 바로 그러한 입신양명의 이념과 결합하여 유교적 주체들을 아주 효율적이고 적극적인 근대적 주체로 변모시켜내는 데 기여함으로써 자본주의적 근대화를 성공적으로 완수시키는 데 결정적인 문화적 원동력으로 작용했다. 이 메리토크라시라는 유교 전통 속의 '잃어버린 근대성'[99]은 서구의 압박에 따른 근대화 과정에서 새롭게 '재생된' 유교적-근대적 문화 자원이라 할 수 있다.

유교적 조선 왕조의 정당화 이데올로기이기도 했던 이 메리토크라시 이념은 유교적 전통의 준-근대적 본성을 다시 한 번 확인시켜준다. 비록 신분 사회라는 근본적 제약 위에서 작동했고 현실에서는 자주 그 이념의 핵심이 왜곡되고 퇴색했던 것처럼 보이기는 하지만, 이 이념은 전통 사회에서도 능력에 따른 인재 선발 원칙의 실현을 통해 유교적 정치 질서의 합리성과 정당성을 지속적으로 확보하는 데 커다란 기여를 한 것처럼 보인다.

당연하게도 이 이념은 근대화 과정에서 사라지거나 퇴조하기보다는 오히려 신분제의 철폐라는 조건 위에서 더욱더 강력하게 사회적 주체들의 실천적 상상력을 사로잡으면서 유교적 근대 사회 형성에 구성적으로 작용한 것처럼 보인다. 그 이념은 무엇보다도 근대화된 유교 문화권 일반의 강력한 교육열에서 확인할 수 있듯이, 주체들의 '자기계발의 의지' 같은 것을 강력하게 불러일으키는 방식으로 유교적 근대성의 문화적 중심축의 역할을 했다고 할 수 있다.

그런데 여기서 내가 주목하고 싶은 것은, 우리의 유교적 근대성에

---

99) 알렉산더 우드사이드, 앞의 책.

서는 이 메리토크라시 이념이 심각한 사회적 위계와 불평등을 정당화하는 문화 논리를 내장하고 있고 또 실제로 그 반민주적 문화 논리가 엄청난 힘으로 사회를 지배하고 있는 것처럼 보인다는 사실이다.[100] 이런 배경 위에서는 서양 근대성에서 발전된 바와 같은 식의 민주적 평등주의가 그 발전을 위한 충분한 토양을 찾기 힘들 것이다. 나중에 보겠지만, 이는 우리 사회에서 민주주의가 제대로 발전하지 못하게 한 문화적–도덕적 원천이라고 할 수 있다.

사실 이는 이 이념 자체의 가능한 함축이기도 하다. 그 이념은 그 내적 논리에 따라 사회적 경쟁 체제에서 승리한 자들의 이데올로기로서 승자독식을 정당화하면서 '일등만 기억하는 더러운 세상'을 만들어 낼 수 있다.[101] 그것은 자칫, 어떤 사회나 시대 조건 속에서 자의적으로 평가되고 설정된 특정한 능력을 여러 이유로 제대로 발휘할 수 없거나 발휘하지 않은 사람들을 사회적으로 배제시키면서 사회적 불평등을 타고난 자연적 재능의 탓으로 돌리고 궁극적으로 정당화하는 방향으로 나아갈 수도 있다.

서구, 특히 유럽의 많은 사회에서는 일정한 민주주의적 평등주의의 문화적 반작용을 통해 그러한 내적 논리의 전개가 일정하게 견제되고, 또 어느 정도는 그 메리토크라시 원칙이 오히려 사회 성원들 사이의 민주주의적 평등 상태의 실현과 보호를 위한 지렛대로도 작용했다고 할 수 있다. 이는 서구의 진보적 자유주의나 사회민주주의

---

100) 메리토크라시 이념은 합리적 불평등의 정당화 수준을 넘어 심지어 사회적 불평등을 '자연화'한다고까지 할 수 있을지 모른다. 그러니까 불평등을 사회 구조와 과정의 귀결로서가 아니라 개인의 타고난 능력의 차이에 기인하는 것으로 이해한다는 말이다. 이런 개념화는 Souza가 브라질의 근대성을 분석하면서 사용한 표현에서 따왔다. 참고: J. Souza, *Die Naturalisierung der Ungleichheit. Ein neues Paradigma zum Verstaendnis peripherer Gesellschaften*, Wiesbaden, 2008.

101) 참조: 장은주, 앞의 책, 특히 제4장.

가 경쟁 관계에 들어서기 전에 작동하는 사회적 배경의 영향력을 차단해야 한다는 실질적 메리토크라시의 이념을 가장 중요한 축으로 삼아 복지국가를 지향하고 건설해 왔다는 점에서 확인할 수 있다. 그러나 우리의 유교적 근대성에서는 메리토크라시 이념이 그와 같은 방향으로 작동하기보다는 그 이념이 지닌 사회적 불평등의 정당화 논리를 거의 날 것 그대로 발현시킨 것처럼 보인다. 이는 어느 정도는 유교적 도덕 이해 그 자체의 함축인 것처럼 보인다.

이것이 반드시 필연적인 함축이라고 볼 수는 없지만, 유교의 도덕적 관점은 기본적으로 규범적이고 당위적인 평등의 이념보다는 각 개인의 도덕적 자기 계발(배움과 수양)의 정도에 따른 차별 대우를 정당하고 합리적인 것으로 여긴다.[102] 유교에서 사람들 사이의 평등은 일차적으로 자연적이고 생물학적인 평등이다. 누구든 동일한 자연적-생물학적 속성을 갖고 태어난다. 그러나 이것은 말하자면 사회화 이전의 평등이고 전(前)-도덕적 평등이다. 모든 인간이 동일한 자연적 본성을 갖고 있다는 출발점이 모든 인간은 평등하게 대우받아야 하며 모두가 전 생애에 걸쳐 동일한 권리를 가져야 한다는 것을 함축하지는 않는다. 왜냐하면, 사람들은 자신들의 자연적 본성을 실현하고 도덕적으로 성숙한 정도를 보이는 데서 차이를 보이기 때문이다. 당연하게도 그러한 차이에 따른 차별 대우가 합리적이다.

물론 도덕적 자기계발의 정도에 따른 차별 대우를 주장하는 유교의 이런 이해가 그 자체로 곧바로 근대적-메리토크라시적 차별 대

---

102) 이에 대해서는 참조: Julia Tao, "Die Natur des Menschen und das Fundament der Moral. Eine chinesisch-konfuzianische Perspektive", Hans Joas (hg.), *Vielfalt der Moderne – Ansichten der Moderne*, Fischer 2012.

우의 이념이나 불평등의 자연화 논리로 이어진다고 보는 것은 무리일 것이다. 유교는 오히려 인간적-자연적 본성의 평등에서 출발한다. 그러나 이런 이해가 자본주의적 시장 경제와 만나서 <실질적인 사회 조직의 원리가 되면서> 아주 쉽게 메리토크라시적인 사회적 위계의 시스템을 낳고 정당화하는 논리로 변질될 수 있으리라는 점은 어렵지 않게 짐작할 수 있다. 도덕적 수양의 정도라는 것은 기본적으로 객관적이고 투명하게 판단될 수 없는 성질의 것이고, 근대화와 더불어 사회관계의 어떤 물질주의적 합리화가 진행됨에 따라 그와 같은 도덕주의적 이해는 아주 쉽게 생산주의적-공리주의적 이해로 바뀌게 되었을 것이다. 그러니까 도덕적 자기계발의 정도가 아니라 사회적 생산과 물질적 번영에 대한 기여 그리고 그것을 가능하게 하는 능력의 정도가 개인을 평가하는 잣대로 작용하고 그에 따른 불평등 대우도 정당화되게 되었을 것이다. 유교적 가치 지평의 근대적 속화(俗化)의 결과라 할 수 있을지 모르겠다.

물론 우리 사회에서도 '사촌이 땅을 사면 배가 아프다'는 속담 같은 데서 확인할 수 있는 강력한 평등주의 지향이 없지는 않다. 우리 사회의 높은 대학 진학률이나 이른바 '아파트 공화국' 현상 같은 것도 우리 사회 성원들의 강한 평등주의 지향을 드러낸다고 볼 수 있다. 그러나 안타깝게도, 이미 조선 시대 말기 '온 나라 사람 양반되기'[103] 열풍 같은 데서도 확인되었던 이런 평등주의적 지향은 도덕적 개인들의 평등한 존엄성에 대한 인정이라는 보편적-규범적 성격을 갖기보다는 유교적 문화 논리가 배태한 사회적 인정 투쟁, 곧

---

103) 참고: 김상준, 「온 나라가 양반되기-조선 후기 유교적 평등화 메커니즘」, 『사회와 역사』, 63집, 2003.

'구체적 타자'의 네트워크 안에서 이루어지는 지위의 과시 또는 출세 경쟁의 다른 모습일 뿐인 것처럼 보인다.

어쨌든 전통적인 유교적 메리토크라시 이념은 근대화된 조건 속에서 민주적-평등주의적 지향과 결합되기보다는 사회적 불평등의 정당화 논리의 성격을 더 강하게 갖게 된 것처럼 보인다. 유교적 문화 전통에서는 모든 사람에 대한 평등한 대우의 요구는 모든 인간의 평등한 자연적 속성에 대한 존중의 차원 너머에서는 오히려 부당한 것으로 인식된다. 때문에 사회적 관계의 차원에서는 결국 개인의 자기계발을 위한 노력의 정도와, 아무나 노력만 한다고 안철수나 김연아가 될 수는 없을 것이기에, 더 중요하게는 개인의 본래부터 타고난 자연적 재능이 개인들의 위상을 결정하며, 또 그런 위상에 따른 차별 대우가 합리적이고 정당하다고 인식되는 것이 오히려 자연스럽다. 물론 이와 같은 메리토크라시 이념의 작용은 본질적으로 이데올로기적인 것으로, 사회의 실질적인 과두특권 체제와 비대칭적 권력관계의 클렙토크라시(kleptocracy)적 성격을 은폐하는 것이긴 하지만 말이다.[104]

유교적-정치적 근대성의 양태

전체적으로 보아 우리의 유교적 근대성의 도덕적 지평은 서구적 근대성의 그것과 겹치면서도 다르다. 한편으로 우리는 '우리 안의 옥시덴트'에 주목해야 한다. 유교적 전통의 배경 위에서 발전된 현

---

104) 장은주, 앞의 책, 제4장 참조.

세적 물질주의는 어떤 면에서는 서구적 유형의 공리주의를 훨씬 능가하는 방식으로 작용한 자본주의적 시장 경제 발전을 위한 문화적 초석이었다. 그러나 다른 한편으로 '개인'이 부재했던 유교적 근대성의 도덕적 지평에서는 서구 근대성에서 정치적 근대성을 추동했던 도덕질서관이 충분한 발전 토양을 갖지 못했고 사회적 불평등의 정당화 논리로 변질된 메리토크라시 전통은 사회 성원들 사이의 평등한 상호 존중 이념의 착근을 방해했다.

내 생각에 메리토크라시와 결부된 이와 같은 도덕적 지평은 우리 사회에서 심각한 교육병리를 생산해 내고[105] 거대한 사회경제적 불평등과 '갑-을 관계' 같은 것이 상징하는 우리 경제생활의 야만성을 정당화할 뿐만 아니라 우리 사회의 정치적 근대성의 형성에서도 심각한 규정력을 발휘했다. 그리고 이와 같은 근대적으로 속화된 유교 전통의 무서운 생명력은 우리 사회의 근대성의 형성과정을 지배했던 특별한 종류의 집합적 문화 심리, 니체의 개념을 빌려 쓰자면, 일종의 집단적 '르상티망(ressentiment)'의 심리에 의해 강화되었다.[106] 서구를 경외하며 모방하고 따라 잡으려 하면서도 다른 한편에서는 서구적인 것을 거부하고 배척함으로써 어떻게든 스스로의 우월성을 확인받고 싶어 하는 그런 독특한 집합적-문화적 심리 말이다.

앞 장에서 살펴본 대로, 우리 사회에서 진행된 근대화 프로젝트는 그 근본 프레임 자체가 유교적 문화 지평의 바탕 위에서 세워졌다고

---

105) 참조: 같은 곳 그리고 장은주, 「한국 사회에서 메리토크라시의 발흥과 교육 문제」, 『사회와 철학』, 제21집, 2011.
106) 이런 접근에 대해서는 나의 『인권의 철학』, 앞의 책, 제1장 참고.

할 수 있다. 개화기 이래 우리 사회의 '근대화' 주도 세력은 늘 그 과제를 유교적 가치 질서를 바탕으로 하는 "동도서기"와 같은 틀 속에서 이해했다. 이때 그들의 몸에 밴 유교 전통은 우리의 후발 근대화 과정의 문화적 동기를 제공했고 그 프로젝트 자체를 이해하는 문화적, 이데올로기적 지평을 제공했다. 그러니까 우리의 근대화 프로젝트는 끊임없이 서구적 근대성의 규범적 이념과 기획을 그대로 이해하여 수용했다기보다는 그것을 어떤 유교적 이상 사회의 이념이나 지향, 좋은 삶에 대한 유교적인 이해나 인간관의 바탕 위에서 우리의 방식으로 변형시켜 이해하고 수용하려 해왔다.

그러나 이는 도덕적–문화적 차원에서 특별한 지평을 형성했다. 무엇보다도 인권과 민주적 평등주의 같은 보편적 가치를 단지 서구적인 것일 뿐이라며 근거 없이 폄훼하고 전근대적 가치와 전통에 대한 일그러진 보호 의식을 발동시키는 식으로 말이다. 박정희의 이른바 '한국적 민주주의론'이나 우리나라에서도 최근까지 폭넓은 지지를 받았던 '아시아적 가치론' 같은 것은 정확히 그런 시도의 연장선에서 이해될 수 있다. 최근까지 이어진 박정희에 대한 거의 종교적인 숭배나 그의 딸에 대한 대중들의 정치적 열광과 지지도 바로 이런 맥락에서 이해될 수 있다.

그런데 그와 같은 근대화 프레임은 단순한 이데올로기로서만 머문 것이 아니라 근대화 과정에서 우리 사회 성원들의 삶의 양식을 그 가장 중요하고 근본적인 측면에서 규정했다. 우리의 후발 근대화 과정은 서구적 근대성의 영향과 압박 속에서 일차적으로는 그것의 기술적이고 제도적인 측면을 추격하고 모방하는 과정이었다고 할 수 있다. 그러나 그 추격과 모방은 서구적 근대성을 가능하게 했던 문화적 전제들을 대부분 결여하고 있는 상태에서, 다시 말해 다른 문화적 전제들 위에서, 심지어 이 다름이 오히려 더 낫다는 믿음과 함께 진행되었다. 시장 경제와 국민국가와 같은 제도적 형식들은 근대화를 위해 꼭 필요한 것으로 여겨졌지만, 그것들은 어떤 공유된 사회적 상상의 다차원적 확산의 결과로서가 아니라 일제에 의한 식민지화와 분단 및 그에 따른 전쟁이 가져온 생존의 위협 앞에서 억지스럽게라도 모방하고 어떻게든 적응해야만 하는 대상들일 뿐이었다.

그런 맥락에서 대다수 인민에 대한 유교적 - 권위주의적 훈육 또는 '길들이기'[107]가 이루어졌고 인민들도 그것을 어떤 자연스럽고 불가피한 것으로 받아들였다. 그런 것들을 평가할 다른 문화적 - 도덕적 지평을 알지 못했던 탓이다. 예컨대 일제의 '교육칙어'나 박정희의 '국민교육헌장'은 바로 근대화의 맥락에서도 타당하다고 주장된 삼강오륜의 정신과 충효사상을 근간으로 그와 같은 규율화의 과제를 수행했다.[108] 개인의 절대적 자기희생과 가족이나 조직 및 국가에 대한 헌신, 갈등의 회피, 단결과 질서와 규율 같은 것이 강조되었고, 충효의 도덕이 지시하는 것과 같은 '위계의 존중과 권위에 대한 순응'의 태도나 규칙 같은 것이 그 자체로 도덕으로 자리를 잡았다. 우리의 근대인들은 바로 이러한 문화적 - 도덕적 지평 위에서 새로운 종류의 근대적 인간으로 주조되어 가족을 꾸리고 직장생활을 하며 경제를 경영하고 정치 제도와 조직을 운영했던 것이다.

이 바탕 위에서 피식민화의 경험, 뒤이은 분단과 전쟁, 가난 등과

---

107) 이는 푸코적 의미에서다. 푸코적 관점에서 식민지배의 성격을 연구한 다음을 참조. 김진균 외, 『근대주체와 식민지 규율 권력』, 문화과학사, 1997.

108) 이런 가치들이 본래의 유교 정신과는 무관하고 오히려 일제의 왜곡이라는 데 대한 논의는 참고: 배병삼, 『우리에게 유교란 무엇인가』, 녹색평론, 2012.

같은 현대사의 조건들은 우리의 근대적 삶의 양식이 아주 기묘하고 특징적인 삶의 문법을 창조해 내고 확산시키도록 만들었다. 그것은 한마디로 '항시적 비상 상황'의 삶의 문법이라 할 수 있다. 그 항시적 비상 상황에서는 사람들의 삶은 '영원한 피난민'의 그것이 되고, 그리하여 '무슨 짓을 하더라도 살아남는 게 최고'라는 '걸인의 철학'(백낙청)이 지배적인 사회 철학이 된다. 여기서는 개인들에게 사회적 삶 전체가 맹목적 생존 경쟁과 엄격한 (자기) 규율의 필요라는 프레임 속에서 인지된다. '힘 숭배'나 약육강식의 논리와 권위주의의 내면화는 생존을 위한 절대적 필요다. 공적인 삶은 공동화(空洞化)되고 도구화되며 근본적으로 사사화(私事化)된다. 당연하게도 동료 시민들에 대한 상호 존중과 협동 또는 연대의 문화는 제대로 설 자리를 갖지 못한다.

내 생각에 이와 같은 한국 근대성의 도덕적－문화적 지평과 그 삶의 문법이 우리의 근대인들에게 심어 놓은 '체화된 이성(embodied reason)'은 적어도 테일러가 묘사하고 있는 바와 같은 발전 과정과 내용을 갖는 공론장이나 인민주권 개념 같은 것에 대해 적대적이거나 최소한 그것들을 낯설어할 수밖에 없다. 도덕적 개인주의를 전제해야만 온전하게 수용될 수 있을 것 같은 인권 이념 같은 것도 마찬가지다. 우리의 유교적 근대화 과정은 연고주의, 가족주의적 특수주의("패거리주의"), 다양성에 대한 불관용, 권위주의 및 전체주의적 동원 문화, 국가주의 등과 같은 전근대적 문화 요소들을 강력하게 온존시킨, 아니 그것들을 성공의 비밀로 가진 특징적 근대성을 만들어 내었던 것이다.

흔히들 지적하곤 하는 '우리 안의 파시즘'[109]이나 '대중 독재'[110]

같은 현상은, 그리고 오늘날 우리 사회를 지배하는 (단순히 기득권에 대한 집착만으로는 설명하기 힘든) 강건한 생활 보수주의와 영남의 지역주의적 보수주의는 바로 이런 배경 위에서만 온전히 이해될 수 있을 것이다. 그리고 최근 '독재자의 딸'이 민주적 선거를 통해 대통령으로 선출된 사건의 비밀도 바로 여기에 있을 것이다.

한마디로 민주주의적 가치와 이념은 우리의 유교적 근대성에 온전하게 내재적인 것이 아니다. 그것들은 우리 근대성의 삶의 조건과 경험에 충분히 부합하지 못한다고 배척되거나, 최소한 주변화되었다. 우리의 근대인들은 그것들을 자연스럽게 여길 새로운 '사회상'[111]을 발전시킬 기회를 충분히 갖지 못했다. 대신 어떤 민족주의적이고 물질주의적인 부국강병의 이상과 유교적-메리토크라시적으로 정당화되는 능력에 따른 불평등 사회의 이상이 지배적이게 되었다. 이런 문화적-도덕적 지평 위에서 민주주의가 제대로 형성되고 작동할 까닭이 없다.

이렇게 우리의 민주주의는 그야말로 (규범적 개념으로서가 아니라 사실적 개념으로서) '한국적 민주주의'다. 헌정 체제, (비교적) 공정한 선거, 평화적 정권교체의 정착, 삼권 분립의 상황, 활성화된 공론장 등만 보면 비교적 성숙한 민주주의 체제인 것처럼 보이지만, 그 체제를 움직이는 도덕적-문화적 지평과 그 삶의 문법은 민주주의와 쉽게 조화되기 힘든 방식으로 형성되어 있다. 당연히 그 민주주의는 회수를 넘어오면서 탱자가 되어 버린 귤 같은 것일 뿐이다. 우

---

109) 권혁범 외, 『우리 안의 파시즘』, 삼인, 2000.

110) 임지현·김용우 엮음, 『대중독재 2: 정치종교와 헤게모니』, 책세상, 2005.

111) "사회상이란 바로 희망하는 목표를 갖고 기존의 어떤 도덕적 배경에 의지하면서 함께 모여 하나의 정치적 실체를 이룬 개인들의 상을 말한다."(테일러, 앞의 책, 14쪽)

리의 민주주의는 기껏해야 유사 민주주의다. 이런 도덕적 지평 위에서는 민주주의는 기껏해야 어떤 '결손 민주주의(Defekte Demokratie)' 이상의 것이 되기 힘들어 보인다.

이는 독일의 비교정치학자 볼프강 메르켈(Wolfgang Merkel) 등이 민주주의와 권위주의 사이에 있는 제한적 민주주의, 곧 선거 제도의 존속에도 불구하고 통상적인 민주주의 체제에서라면 기대되는 광범위한 기본권 보장과 권력 분립 등에서 장애를 보이고 있는 지배체제를 가리키기 위해 사용하는 개념인데,[112] 한국의 민주주의는 전형적인 이 결손 민주주의의 한 유형에 속할 것이다. 이 결손 민주주의의 한 유형은 정부가 의회를 우회할 수 있고 사법부에 영향력을 행사할 수 있는 '위임 민주주의(Delegative Demokratie)'인데, 실제로 크루아상(A. Croissant)은 한국의 민주주의를 이 유형의 하나로 본다.[113]

그런데 크루아상의 그와 같은 평가는 국민의 정부 시기까지를 대상으로 한 것인데, 정부의 성격 그 자체보다는 이른바 '제왕적 대통령제' 같은 한국 민주주의의 헌법적 설계상의 결함을 반영하고 있다고 보인다. 그러나 내가 볼 때 우리 민주주의의 상황은 그보다 훨씬 나빠 보인다. 특히 이명박 정권 이래 정부가 시민들의 기본권 침해 행위를 버젓이 자행하고 충분히 독립적이지 못한 사법부가 이를 추인 또는 방조해 온 일 등을 생각해 보면, 한국 민주주의의 결손성은

---

112) 이 결손 민주주의의 정의(定義)는 이렇다. "누가 지배할지를 규제하는 포괄적으로 기능하는 선거제도가 존재하기는 하지만, 제대로 작동하는 민주주의에서라면 자유, 평등 및 통제를 보장하기 위해 불가결한 나머지 부분 제도들의 기능 논리가 방해를 받아, (그 민주적 선거 제도가 필요로 하는―필자) 보완적 지지를 잃어버린 지배체제" Wolfgang Merkel (et.al.), *Defekte Demokratie. Band 1: Theorie.* Oplanden; Leske+Budrich, 2003, 66.

113) Aurel Croissant, "Delegative Demokratie und Präsidentalismuis in Südkorea und auf den Philippinen", *WeltTrends Nr. 29,* Winter 2000/2001.

그런 결함을 훨씬 넘어서는 것으로 보인다. 메르켈 등의 모델에서 그 결손 민주주의의 또 다른 한 유형으로는 좀 더 악질적인, 곧 권위주의와의 경계가 희미해져 버린 '비자유 민주주의(Illiberale Demokratie)'가 있는데,[114] 안타깝게도 한국의 민주주의는 이제 이 유형으로 전락해 버렸다고 해야 마땅할 것처럼 보인다. 아이로니컬하게도 '자유 민주주의'를 무슨 신줏단지 모시듯 한다는 정치 세력이 집권하고 있는 동안에 말이다.

우리 민주주의의 이런 결손성은 당연하게도 우리 사회가 민주정치를 통해 해결해야 마땅할 수많은 문제를 방기하거나 오히려 심화시키는 결과를 낳았다. 사회권을 포함한 기본권 보장의 정도도 미약할 뿐만 아니라, 무엇보다도 고삐 풀린 시장에 대한 통제가 실패하여 이른바 '갑—을 관계'가 만연하고 대기업의 전방위적인 경제 지배가 강화되며 사회경제적 양극화는 끝없이 심화되는 등의 일들이 벌어지고 있다.[115] 때문에 시민들은 자신들이 겪고 있는 이 땅에서의 삶의 불안과 고통을 민주정치가 적어도 견딜 수 있을 만하게는 다스려낼 수 있을 것이라는 기대나 전망을 갖지 못하고 아예 정치에서 등을 돌리고 있다.

우리 정치적 근대성의 일그러짐은 단순히 제도적 수준에서만 확인되는 것은 아니다. 여기서는 '자유주의'나 '사회주의' 같은 수입된 서구 근대성의 주류 정치사상들조차 아주 특이한 모습과 방식으로 자리를 잡게 된다. 서구 근대성에서의 발생 및 발전 맥락을 공유하

---

114) 푸틴의 러시아 같은 국가가 이에 속한다.

115) 최장집의 영향력 큰 『민주화 이후의 민주주의』(2010, 후마니타스)라는 책은 이렇게 시작한다. "나는 민주화 이후 한국 사회가 질적으로 나빠졌다고 본다."(8) 그는 특히 계급 간 불평등 구조의 고착화 및 그에 따른 사회이동의 기회 축소 경향을 두고 이런 평가를 한다.

지 못하는 한국의 자유주의와 사회주의는 여러 차원에서 일그러지 거나 사회적 삶의 현실에 착근되지 못한 채 겉돌고 있다. 어쩌면 당연한 일일 수도 있지만, 많은 이들이 자유주의나 사회주의 같은 서구 유래의 정치사상과의 동질성을 놓치지 않으려 하는 모습을 보이는 것이 의아할 따름이다.

'개인'의 '자유'라는 가치 위에 축조된 서구의 자유주의가 개인 없는 한국의 근대성에 뿌리를 내리지 못하는 것은 어쩌면 당연하다. 자유주의는 '형식적 메리토크라시'를 지향하는 특정한 분배정의의 이상과 연관 지어 이해될 수도 있다.[116] 이것은 형식적인 기회균등만 차별 없이 보장된다면 시장 경쟁을 통한 불평등한 부의 분배도 충분히 정의롭다고 정당화될 수 있다고 여긴다. 사실 이 '경제적 자유'에 대한 강조가 서구 자유주의의 출발점이기도 했다. 만약 우리가 자유주의를 이런 측면에 초점을 두고 이해할 수 있다면, 우리의 근대성에서도 자유주의는 일정한 문화적-도덕적 토대를 갖고 있다고 볼 수는 있다. 메리토크라시의 이념은 본래부터 유교적이며 또한 우리 근대성의 핵심적 특질이자 원동력이었으니 말이다. 그러나 우리의 '유교적 자유주의'는 개인의 자유나 그에 기초한 정치적 자유와 정의의 가치를 모른다.

우리나라의 정치적 정체성이 그냥 민주주의여서는 안 되고 꼭 '자유민주주의'여야 한다고 주장하면서도 국가보안법 같은 전형적인 반자유주의적 법률을 신성화하기까지 하는 자칭 자유주의자들을 보라. '정치적 자유주의'를 강조하고 '진보적 자유주의'를 지향한다는

---

116) 다음을 참조: 장은주, 『정치의 이동』, 앞의 책, 195쪽 이하 및 「한국 진보적 자유주의 전통의 민주적-공화주의적 재구성」, 『사회와 철학』, 제23집, 사회와 철학 연구회, 2012.

세력도 만만치는 않지만, 그 세력의 자유주의 역시 충분히 자유주의적이라고 보기는 힘들다. 명백한 역사적 정당성과 긍정성에도 불구하고 그 자체로는 쉽게 자유주의와 조화하기 힘들어 보이는 '호남 지역주의'라는 토대가 없었다면 그 세력의 규모도 지금 같지 않을 수도 있다.

한국 자유주의의 그와 같은 지형은 서구에서라면 사회주의 전통과 연결될 우리 사회의 (좁은 의미의) 진보 진영의 정치적 정체성 또한 일정하게 규정했다고 할 수 있다. 유럽의 근대성에서 사회주의 전통은 그 주된 흐름에서 '사회민주주의'라는 중도 좌파 노선으로 수렴되었다. 그 노선은 자유주의라는 토양 위에서 그 자유주의의 참된 계승과 심화를 내세우며 발전했다. 그러나 우리의 경우 진보 이념은 그와 같은 방향으로 발전하지 못했는데, 자유주의의 저발전이라는 배경을 염두에 두면 그런 상황은 아주 자연스러워 보인다.

우리 진보 진영에서는 그런 자유주의 전통과는 사실상 전혀 무관하고 전형적으로 유교적인 북한의 '3대 세습'을 지지하거나 그에 대해 침묵하는 것이 옳다고 보는 분파가 다수를 형성하고 있다. 우리는 최근 일련의 통합진보당 사태의 와중에 이 진보 분파가 어떤 정치 문화 속에서 진보 정치를 추구해 왔는지를 너무도 생생하게 확인한 적이 있다. 그 분파의 정치적 문화는 위계와 권위에 대한 맹종과 패권주의, 그리고 그에 따른 성찰적 합리성의 부재를 특징으로 하는 바, 그것은 정확히 우리의 유교적 근대성의 삶의 문법 바로 그것이다.

공화주의적 배경을 지닌 민주적 법치의 이념 또한 마찬가지다. 내가 볼 때 우리의 근대성을 지배해 온 법치의 이념은 최근까지도 '법치에 대한 법가주의적 모델'[117]이라 할 만한 것에 따른 권위주의적 법치의 틀에 갇혀 있다.[118) 여기서 법치는 자유의 실현이 아니라 피지배 인민에 대한 가장 효율적인 통제와 정치적 목적 실현의 수단이라는 차원에서, 그러니까 '법의 지배'(rule of law)가 아니라 '법을 수단으로 한 (억압적) 지배'(rule by law)로서 이해된다. 인민은 민주적 법치에서처럼 자신들이 모두 참여해서 만든 법에만 복종함으로써 어느 누구에도 예속되지 않은 자유의 삶을 살게 되는 것(루소)이 아니라 법이라는 권력의 강제 수단을 가진 사람들에게 종속된다. 법은 기본적으로 단지 강제법이고 법률가는 권력자다. 법의 지배는 단지 법을 수단으로 한 억압적 지배이자 법률가들의 지배다. 여기서 법치는 자유의 제도화를 위한 것이 아니다.

나는 한국의 근대성에서 구현된 것과 같은 법치(의 외양을 띤 지배체제)를 어떤 타락한 민주주의의 형식으로서의 '주리스토크라시(Juristocracy)'라고 규정하고 싶은데,[119) 이것은 단순히 정치화된 사법부의 부당한 권력체제만을 의미하는 것이 아니라 우리 사회 지배 세력이 민주주의와 법치의 외피 속에서 사법부는 물론 입법부와 행정부를 포괄하여 넓은 의미의 법률전문가들을 핵심 에이전트로 삼아 법을 수단으로 하여 수행하는 억압적 지배체제라고 할 수 있다. 나는 이것이 일제에 의한 식민지적 근대화나 박정희 시대의 파시즘적 근대화 과정에서 구축되고 강화된 것이긴 하지만 기본적으로는 유교적 조선의 오랜 메리토크라시적 관료지배체제 전통의 배경 위

---

117) 여기서 '법가'는 유교와 전혀 다른 전통이 아니다. '외유내법(外儒內法)'이라는 말에서도 알 수 있듯이 유교적 사회들은 법가적 법치 모델을 완전히 버리지 않았다.

118) 참조: 장은주, 「주리스토크라시」, 『철학과 현실』, 2009 여름, 81호.

119) Hirschl은 나와는 다른 맥락에서 현대 민주주의 일반에서 '정치의 사법화' 현상을 두고 이 개념을 사용한다. R. Hirschl, *Towards Juristocracy: The Origins and Consequences of the New Constitutionalism*, Harvard University Press, 2007.

에서만 온전하게 이해될 수 있다고 여긴다. 사회합리화의 과정에서 발전한 서구식 관료체제에 기초한 국민국가 모델이 수입되면서 속류 유교적으로 변형된 것이다.[120] 어쩌면 이와 같은 주리스토크라시는 우리가 이룩한 정치적 근대성의 본질적인 한 양상이라고까지 할 수 있을지 모른다.

내가 볼 때 이와 같은 우리의 일그러진 정치적 근대성의 양태 배후에는 근대화된 속류 유교적 사회적 상상과 그 바탕에 놓인 유교적-근대적 정체성이 있다. 우리의 경우 근대적 정체성은 서구에서와 같은 방식으로 발전하지 않았다. 앞 장에서 살펴본 대로, 유교적 근대성은 개인 없는 근대성이며 이러한 근대성에서 근대적 정체성의 내적 지평은 원천적으로 낯설다. 유교적인 근대적 정체성을 가진 사람들은 개인의 성공적이고 좋은 삶을 위한 개인적이고 내면적인 지평은 알지 못한다. 그들의 근대적 정체성의 지평은 외적인 가족과 집단을 향해 있다. 그들에게는 가족과 집단의 번영과 풍요, 그리고 그 틀에서 인정받는 개인의 성공이 어떤 유사 종교적인 최고선이다. 이런 정체성이 만들어 내는 모듬살이의 양식에 대한 사회적 상상에서 우리가 서구를 통해 알고 있는 인권, 개인의 도덕적 자율의 존중, 관용, 민주주의적 평등, 연대와 같은 민주적 가치들은 제대로 된 도덕적 위상을 가지기 힘들다. 우리 유교적 근대성의 불편한 진실이다.

---

120) 이는 우리 법률전문가들의 전근대적 자기정체성 이해에서도 잘 드러난다. 우리나라에서 사법고시 등에 합격해서 공인된 법률전문가로 활동하게 된다는 것은 저 옛날 과거 시험에 합격하는 것과 기본적으로 동일한 차원에서 이해된다. 그것은 정의의 실현이나 인권 수호의 동기 같은 것과 관련된 것이 아니라 무엇보다도 '입신양명' 또는 '출세'의 문제다. 우리 법조인들은 스스로를 기본적으로 고급 '국가 관료'로서 이해하지 주권자 인민의 '피고용인'이나 시민사회적 '서비스맨'으로서 이해하지 않는다. 법조인이라는 봉건색 창연한 일본식 한자어가 법률가들이 스스로를 칭하는 개념이 된 것만 보아도 그 점은 분명해 보인다.

제4장 한국 근대성의 정당성 위기

　서구의 근대성과는 다른 우리의 혼종적－유교적 근대성의 기본 특징과 여러 면모를 밝혀 보려 했던 지금까지의 논의는 어떤 서구중심주의적 시각에서 서구의 근대성을 '보편'이나 '정상'으로 상정하고 일방적으로 우리의 근대성을 그로부터 일탈하고 왜곡된 어떤 것이라는 투로 규정하기 위한 것이 아니다. 다양한 근대성의 어떤 '다름'을 확인하고, 근대성에 대한 유럽중심주의적 이해 너머에서 그것을 제대로 사유할 수 있는 이론적 접근법을 모색해 보자는 것이 일차적인 초점이었다고 할 수 있다.

　우리의 근대는 서구의 근대와는 다른 발전 과정을 겪었고, 다양한 요소들의 다른 배치 상태 위에서 진행되었으며, 얼마간 다른 발전 동학을 가지고 있다. 무엇보다도 근대인으로서 살아가고 있는 한국인들은 서구의 근대인들과는 얼마간 다른 도덕적 지평 위에서 자연과 다른 인간과 사회와 국가 등에 대해 다른 윤리적 태도와 지향을 가지고 있다. 그런데 다름은 어떤 존재자의, 말하자면 '예술적 고유성'에 대한 표현이고 그 다름을 체현하고 있는 존재자는 존중과 배려의 대상이지 차별과 상대적인 우열평가의 대상이 아니다. 그런 면에서 우리의 근대성은 일단 그저 서구의 근대성과는 다른 근대성일 뿐이라고 해야 한다. 삶과 문화의 '양식'의 차이를 '질'이나 '수준'의 차이로 혼동해서는 안 될 것이다.

그러나 다른 한편으로 우리는 '서양 대 동양', '물질 대 정신', '개인 대 공동체' 하는 식의 익숙한 이분법 속에서 이제 반대 방향에서 우리의 유교적 근대성이 서구의 근대성보다 더 우월하며 그것이 심지어 서구적 근대성의 한계와 병리를 치유할 대안이기까지 하다는 식의 접근법도 마찬가지로 거부해야 하는 이유도 좀 더 분명하게 가질 수 있다. 문제는 이 땅에 사는 이들의 삶의 아픔과 고통이다. 그런 시각은 자칫 그 아픔과 고통이 오로지 서구적 근대성의 제국주의적 유산의 결과일 뿐이라는 식의 터무니없는 문화적 민족주의로 우리를 이끌 우려가 있다. 유럽적 근대성의 한계나 모순을 직시하되, 그리고 그 식민주의적 유산의 어두운 함축도 충분히 비판적으로 자각하되, 우리 근대성에 고유한 어두운 그림자는 그것대로 인식할 수 있어야 한다.

그런데 이 유교적 근대성의 그림자는 단순히 통상적인 근대성 담론이 문제 삼는 것처럼 이성이나 계몽의 과잉 또는 과소 같은 이유 때문에 생겨난 것은 아니다. 내가 볼 때 우리 근대성의 그림자는 근본적으로 그것이 제공하는 삶의 조건들이 전체적으로는 우리 사회 성원들 대다수에게 여전히 '인간다운 삶'이나 '존엄한 삶'의 가능성을 결코 충분하고 적절한 방식으로 제공해 주지 못할 뿐만 아니라 오히려 그들에게 삶의 실패나 인간 존엄성의 훼손과 모욕에 대한 염려와 불안의 의식만을 증대시키고 있다는 데서 성립한다. 서론에서부터 살펴보았던 이 땅의 삶의 위기는 바로 이런 배경 위에서만 제대로 인식되지 싶다. 그러나 이런 위기는 우리가 근대성에 대한 새로운 개념을 만들어낼 수 있을 때에만 제대로 포착될 수 있다. 이 장에서는 우선 지금까지의 논의들을 바탕으로 드디어 근대성을 이해하는 대안적인 접근법을 가공해 보고, 그 관점에 비추어 우리의 유교적 근대성이 노정하고 있는 문제들과 병리들을 진단해 보기로 하자.

근대성 개념의 세계화

근대성에 대한 유럽중심주의적 이해를 극복하자고 하면서, 나는 우리'만'의 개별적인 근대성을 파악할 수 있는 이론 틀 같은 것을 찾아야 한다고 주장하고 싶지 않다. 우리는 여기서 매우 복잡하고 까다로운 이론적 곡예를 감당해야 한다. 우리가 필요로 하는 근대성 개념은 서구적 근대성 모델의 부당한 일반화나 절대화로부터 출발해서는 안 된다. 이미 앞에서도 잠시 언급했지만, 사실 그 점은 우리나라의 맥락을 떠나서라도 너무도 명백하다. 우리의 근대성만이 서구의 근대성과 다른 것이 아니라, 예컨대 이슬람 지역이나 남미의 여러 사회는 물론 북한이나 현대 중국 같은 사회도 그와 같은 서구적 근대성을 모델로 해서는 제대로 인식될 수 없다.[121]

---

121) 현대 중국의 현실에 비춘 서구 근대성 담론의 한계에 대한 비판적 논의는 참조: 왕 후이, 『죽은 불 다시 살아나-현대성에 저항하는 현대성』, 김택규 옮김, 삼인, 2005 참조.

그러나 만약 우리가 서구와는 다르고 고유한 근대성을 이야기하면서 그 다름과 고유함의 차원을 매우 좁은 일국적 차원에만 묶어둔다면, 우리는 나라마다 다른 무수히 많은 다중적 근대성을 이야기할 수밖에 없을 것이다. 이런 방식의 접근법은 너무도 세세한 개별 사회의 차이에만 주목함으로써 근대성이라는 개념을 갖고 할 수 있는 일이 사실은 아무것도 없게 만들어 버릴지 모른다. 우리의 근대성도 어쨌든 서구적 근대성의 영향과 압박에 의해 적어도 촉발된 혼종 근대성이며, 오늘날 많은 사회가 가족유사성의 방식으로 공유하고 있는 근대성이라는 큰 삶의 양식의 틀을 어떤 식으로든 포섭하지 못하는 근대성 이론의 의의가 무엇일지는 의심스럽다. 새로운 근대성 개념과 이론이 필요해 보인다.

해방 철학을 발전시키고 있는 아르헨티나 출신 철학자 엔리케 두셀에 따르면, 서구의 근대성은 '1492년', 곧 유럽인들의 아메리카 대륙 '정복'과 함께 시작되었다.[122] 여기서 유럽 근대성의 '탄생'은 아메리카 대륙의 원주민 및 문화와의 만남, 통제, 굴복, 폭력적 지배라는 '은폐'와 맞물려 있는 것으로 이해된다. 때문에 우리가 근대성을 제대로 사유하기 위해서는 유럽중심주의에서 벗어나 '근대성의 배면(Underside of Modernity)'[123]을 함께 포괄하는 어떤 '통근대성(transmodernity)'[124]의 관점에서 사유하지 않으면 안 된다. 비록 우리가 여기서 이런 논의 전체에 대해 세세한 고찰을 필요로 하지도

---

122) 엔리케 두셀, 『1492년 타자의 은폐: '근대성 신화'의 기원을 찾아서』, 박병규 옮김, 그린비, 2011.

123) E. Dussel, *The Underside of Modernity: Apel, Ricoeur, Rorty, Taylor and the Philosophy of Liberation*, HumanitY Books, 1996.

124) 두셀, 『1492년』, 앞의 책, 4쪽.

않겠고 그의 접근법 전체에 동의할 필요도 없겠지만, 이런 논의는 우리에게도 많은 시사를 준다.

두셀과 같은 방식으로 근대성의 구체적인 전개 과정을 전 세계적인 지평에서 포괄적으로 사유하게 되면, 무엇보다도 우리는 유럽에만 시선을 고정시킬 때 우리가 마주하게 되는 합리적이고 해방적인 근대성 개념뿐만 아니라 그 근대성 개념에 들어 있는 폭력의 정당화라는 비합리적 신화도 함께 사유할 수 있다. 그리고 우리는 근대성을 서구가 내적으로 갖고 있던 조건에서'만', 그러니까 오로지 서구의 문화와 역사와 사회적 제도 등의 조건 위에서만 발전한 것으로서가 아니라 그것이 타자에 대한 폭력적 지배와 그 타자의 희생이라는 전제 위에서 탄생한 것이라는 인식을 가질 수 있다. 그리하여 근대성을 서구 고유의 것으로만 인식함으로써, 근대화를 서구화와 등치시키고 비서구 사회들은 서구의 역사 발전 경로를 보편화하면서 그 경로를 따르고 있거나 따라야만 마땅하다는 식으로 사유하는 발전주의의 오류를 극복할 수 있다. 나아가 우리는 이렇게 근대성을 세계적 지평 속에서 사유함으로써 유럽에만 초점을 둔 근대성 개념과 이해의 맹점 또는 한계도 드러낼 수 있게 될 것이다.

우리는 근대성에 대한 유럽중심주의적 시각을 극복할 수 있어야 한다. 근대성은 유럽만의 고유한 것도 아니며 또 유럽적 근대성만을 그 전범이나 모델로 이해할 필요도 없다. 때문에 우리는 유럽적 근대성 기획에 무턱대고 포섭되지도 말아야 하지만, 그렇다고 역시 기본적으로 유럽적 근대성만을 중심 배경으로 해서 전개되는 대항 담론이나 탈근대의 기획 같은 것에 현혹되어서도 안 된다. 또 유럽적 근대성에 구현된 이성이나 합리성의 계기를 절대화해서도 안 되겠지만, 그렇다고 탈근대 기획 일반의 반이성주의나 반합리주의의 과도함에 사로잡히기를 단호히 거부할 수 있어야 한다. 서구중심주의적 관점과 근대성의 이면이 지닌 한계와 모순을 직시하되 근대성이 지닌 해방적 잠재력을 극대화할 수 있는 새로운 이론적 시각을 발전시켜야 한다.

물론 두셀식 접근법 역시 우리에게는 여전히 낯선 시각의 산물이다. 우리나라를 포함한 동아시아 사회들의 경우 아메리카 대륙과는 역사적 상황과 배경이 많이 다르다. 신석기 시대를 뛰어넘는 수준의 문명을 발전시키지 못했던 아메리카 대륙에서와는 달리, 여기서는 한때 유럽 지역의 수준을 훨씬 능가했던 발전 수준을 지닌 과학기술 문명과 유럽적 시각과 잣대로 단순히 전근대나 봉건이라고만 할 수 없는 고유한 도덕적-정치적 질서가 발전해 있었다. 더구나 이 지역은 역사적으로 유럽의 근대적 발전에 많은 영향을 끼치기도 했고 최근에는 서구 지역에 비견되거나 심지어 부분적으로는 능가하기까지 하는 수준의 경제 발전을 이루었다. 때문에 우리는 이 지역에 대해 두셀처럼 어떤 '종속 이론' 유의 시각을 통해 근대성의 문제에 접근할 수는 없다. 우리는 우리 나름의 시각을 발전시켜야 한다.

이런 맥락에서 김상준이 최근 들어 발전시키고 있는 이른바 '중층근대성론'은 매우 흥미롭다.[125] 그 역시 '근대성=서구성, 근대화=서구화'라는 통상적인 등식에 의문을 품는 데서 출발한다. 이런 등식에서는 보편적인 것으로 상정된 서구의 근대성을 특권화함으로써 비서구적 근대를 운명적으로 불완전한 근대로 파악할 수밖에 없다.

---

125) 김상준, 「중층근대성: 대안적 근대성 이론의 개요」, 『한국사회학』, 제41집 4호, 2007년, 242~279쪽. 또 참조: 『맹자의 땀, 성왕의 피』, 아카넷, 2011, 제1장.

그러나 그는 근대성 표출 양식의 다양성·복수성에 주목하면서 고전적 근대성이론에 대한 대안으로서 제시되는 아이젠슈타트의 다중적 근대성론에도 만족하지 못한다. 그 이론의 근대성 개념이 불분명할 뿐만 아니라 그 이론 역시 근대성의 기원을 서구에 둔다는 것이다. 그는 다른 대안을 제시한다. 우리의 논의 맥락에서 필요한 만큼만 간단히 살펴보자.

그의 대안 근대성론은 매우 거시적이고 포괄적인, 말하자면 통인류사적인 접근법을 갖고 있다. 그에 따르면, 유럽적 근대성을 근대성 그 자체라고 이해하면 안 된다. 근대성은 장기적인 역사 흐름 속에서 중층적으로 형성되어 왔다고 보아야 한다. 먼저 윤리종교와 윤리철학 등에서 표현되는 '초월성'과 '세계성'이라는 근대성의 원형적 계기를 가진 '원형 근대성'은 유럽뿐만 아니라 중동, 그리스, 인도, 중국 등에서 광범위하게 존재했다. 이런 원형 근대성은 그 발전의 최종 단계에서 유럽에서만이 아니라 여러 문명권에서 동시적으로 '역사적 근대'(아직 비자본주의 단계의 초기 근대를 포괄하는 근대)를 발전시킨다. 유럽적 근대성의 세계화 이전에 나름의 양식을 지닌 초기 근대가 비서구 문명권에서 다양한 형태로 전개되고 있었다는 것이다.

예컨대 중국의 송-원 연간의 사회경제적, 정치문화적 전개 양상은 서유럽보다 훨씬 압도적인 초기 근대의 모습을 보여준다. 물론 그 단계에서 아직 후진적이던 서유럽은 다른 문명권이 발전시킨 문화의 광범위한 창조적 수용을 자양분 삼아 발전한 뒤, 특히 식민 지배를 매개로 '본격 근대' 단계에 진입하여 '식민-피식민 근대성'이라는 새로운 발전 단계를 개시했다. 그리고 마지막으로 원형적 근대성과 식민-피식민 근대성의 복합 구성의 기반 위에서 오늘날의 후기(탈) 식민시대의 '지구 근대성'이 전개되고 있다. 이 세 층위는 단선적 발전 관계가 아니고 서로 연동되고 침투하며 상호 간 교직하는 가운데 각 문명권에서 근대성 진행의 다양한 경로와 양상을 서로 다르게 드러내고 있다.

여기서 유럽적 근대성은 원형도 전범도 아니다. 세계의 여러 문명권은 나름의 근대성의 역사와 전개 양상을 가지고 있을 뿐이다. 막스 베버가 오직 서구에서만 완성되었다고 평가한 전사회의 합리화로서의 근대성, 곧 합리적 자본주의, 합리적 법-행정체계(법치국가), 그리고 합리적 사회분화의 세 계기를 갖는 근대성은 서구적 근대성의 양상조차 포괄하지 못할 뿐만 아니라 비자본주의적이고 비자유주의적인 경로로 발전한 근대성의 다양한 전개를 제대로 담아내지 못한다.

김상준은 여기서 "성속의 통섭전도, 즉 성이 속을 통섭했던 세계에서 속이 성을 통섭(統攝, encompass)하는 세계로의 이행"126)이라는 근대성에 대한 대안적 개념을 발전시킨다. 여기서 성(聖)과 속(俗)은 현세초월적 가치와 제도를 나타내는 타세성(otherworldliness)과 현세내재적 가치와 제도를 표현하는 차세성(thisworldliness)의 구분을 말하는데, 자연과 사회제도가 초월적인 '성'의 관점에서가 아니라 '속'의 관점에서, 다시 말해 인간의 힘에 의해 변형되고 구성되는 것으로 인식되는 것이 통섭전도다. 이 "성과 속, 그리고 성속의 통섭양상과 그 전도양상은, 구조적으로 상동이지만, 그 내용에 있어서는 문

---

126) 같은 글, 258쪽.

명에 따라 각각 문화적인 차별성을 갖는다.”[127] 유럽의 종교개혁은 그러한 통섭전환의 한 예이기는 하지만 유일한 예는 아니다. 역사적 근대를 발현시킨 그 통섭전환은 오히려 역사적으로 훨씬 이전인 중국의 송-원 연간에서도 그리고 우리의 조선 후기에서도 관찰된다.[128]

나는 김상준의 이런 새로운 접근법이 전체적으로 '근대성의 유럽 물신주의'[129]를 극복하고 유럽적 근대성을 오직 하나의 하위 범주적 사례로서만 포섭하는 포괄적 근대성 개념을 발전시키려는 매우 의미 있는 시도라고 평가한다. 우리는 다름 아닌 이런 노선에 머물러야 한다. 유럽적 근대성을 특권화하지 않고 비서구적 근대성에도 정당한 자리를 확보해 주는 것, 그러나 그렇다고 우리의 유교적이고 아시아적인 근대성을 신비화하지 않는 것, 그리하여 동서 모두를 아우르면서도 근대성의 현재적 상태의 한계와 문제들에 대한 민감한 비판의식을 놓치지 않는 것, 우리의 새로운 근대성 개념은 바로 이런 계기들을 담아낼 수 있어야 한다.

그러나 나는 그의 접근법에 대해 한 가지 근본적인 불만을 갖고 있다. 그것은 그의 새로운 근대성 개념에는 다름 아니라 사회적 삶의 양식이 산출하는 병리와 역설 같은 것에 대한 비판적 성찰이라는 계기가 충분하게 드러나 보이지 않는다는 것이다. 물론 그도 '이단의 역사'로서의 근대성에 관해 이야기한다.[130] 그리하여 "계급착취의 역사(마르크스), 도구합리성에 갇힌 쇠우리의 역사(베버), 홀로코

---

127) 같은 글, 260쪽.
128) 같은 글, 267쪽.
129) 같은 글, 246쪽 아래.
130) 김상준, 앞의 글, 272쪽.

스트의 역사(호르크하이머, 아도르노), 기율과 감시의 역사(푸코, 포스트모더니즘)" 및 "비서구에 대한 수탈과 배제의 역사(종속이론, 포스트식민주의론)" 등과 같은 '비판적 진단'을 '근대성의 중핵'으로까지 인식한다. 그러나 그러한 진단에서 작동하는 비판적 이성의 계기가 도대체 무엇이며 그것이 어디에 있고 어떻게 작동하는지는 아직은 불투명해 보인다. 내 생각에 이런 불투명성을 제거하려면 우리는 근대성 개념 안에 처음부터 말하자면 전 인류적 지평을 갖는 보편적인 규범적 차원을 내장시킬 필요가 있어 보인다. 다름 아니라 전 세계의 대부분의 나라가 수용하고 있는 「세계인권선언」 같은 데서 표현된 모든 개인의 '존엄의 평등'에 대한 지향이 그와 같은 차원에 자리할 수 있을 것처럼 보인다.

근대성: 존엄의 평등에 대한 미완의 기획

지금까지의 논의들을 통해 우리는 근대성을 오로지 서구만을 모델로 해서 이해해서는 안 될 것임을 여러 각도에서 확인해 왔다. 우리는 두셀의 지적처럼 신화적으로 은폐된 그 폭력적 배면도 인식해야 하고 김상준의 논의에서처럼 그 기원과 발전의 중층성도 새롭게 접근할 수 있어야 한다. 유교적 근대성에 대한 나의 지금까지의 논의는 그것이 어떻게 서구와는 다른 근대성의 발전 동학과 문화 논리를 내장하게 되었는지를 확인해 주었다.

그러나 우리는 다른 한편에서 적어도 오늘날 전 세계적인 수준에서 확인되는 다양한 근대성들이 기본적으로 서구적인 근대성의 확산 과정에서 발전해 왔음을 부정할 수는 없다. 그리고 우리 사회를 포함한 지구 상의 대부분의 사회는, 반(反) 근대성과 탈−근대성에 대한 다양한 논의와 시도에도 불구하고, 그와 같은 서구적 모델의 근대성을 모방하거나 최소한 그것을 일종의 반면교사로 삼아 나름의 삶의 양식을 모색하고 있다. 근대성은 충분히 현재적이고 충분히 보편적이다.

그래서 나는 근대성에 대한 유럽물신주의를 극복하려는 노력은 단순히 그 유럽적 기원이나 그에 따른 서구 사회들의 역사적 우월성이라는 전제를 부정하거나 비판하는 데 그쳐서는 안 될 것이라 생각한다. 그와 같은 성찰적 노력 자체가 서구적 근대성의 자장(磁場) 안에 있을 수밖에 없는데다, 서구적 근대성 모델의 현재적 중심성은 부정될 수 없는 엄연한 역사적 사실이기 때문이다. 내 생각에 더 중요하게 필요한 것은 유럽적 근대성의 올바른 '지방화'이며, 세계 다른 지역의 근대성을 단순히 유럽적 근대성의 어떤 이식의 산물로서가 아니라 또한 그 지역 내부로부터의 적극적이고 주체적인 창조의 결과로서도 이해하는 접근법이다. 그리고 바로 이런 세계화된 지평 속에서 근대성의 참된 본성을 새롭게 사유해 보는 것이다.

다중적 근대성론을 제기하는 아이젠슈타트에 따르면, "근대성의 핵심은 세상에 대한 해석, 혹은 카스토리아디스(Cornelius Castoriadis)의 용어를 따르자면 독특한 사회적 상상, 존재론적 시각, 독특한 문화 프로그램 양식이 결정화(crystallization)되고 발전되는 것으로서, (⋯) 전례 없는 개방성과 불확실성을 핵심으로 하는 새로운 제도적 형성체의 발전과 결합된다."[131] 이런 이해에서 보면 근대성에서는

---

131) 앞의 책, 23쪽.

사회적, 존재론적, 정치적 질서의 전제와 정당성에 대한 합리적 '성찰성'(reflexivity)[132]과 사회를 적극적으로 형성할 수 있는 인간의 '자율성'[133]이라는 문화적 계기의 발전이 아주 중요하고, 나아가 전통적인 정당성 이해 방식이 붕괴된 정치 질서에 대한 인간적 구축을 위한 사회적 노력[134]이 그 필연적 연관 축으로서 함께 파악된다.

나는, 이미 김상준이 지적한 대로, 근대성의 중층성을 무시하고 그 기원을 서구에서만 찾는 그의 시각에는 문제가 있다고 여긴다. 또 근대성을 새로운 유형의 (다양한 변형을 가지지만 전 세계를 포괄하는) '개별적 문명'으로 보자는 그의 제안도 근대성의 형성과 발전에서 '문화적 차이'의 역할을 과소평가하게 되지는 않을지 의심한다. 그러나 근대성을 다중적으로 이해하려 하고 또 그것을 일종의 문화적−정치적 기획으로 이해하자는 그의 제안은 단순히 서구적 근대성뿐만 아니라 우리의 것과 같이 그것과 '같으면서도 다른' 근대성의 이해를 위해서도 좋은 출발점을 제공해 줄 수 있다고 여긴다.

아이젠슈타트의 제안을 변용시켜 말한다면, 나는 근대성의 본성을, 로베르토 웅거(Roberto Unger)의 표현을 탈맥락적으로 차용하는 것이지만, 세계의 실천적 구성성이라는 본성에 대한 인간적 '주체의 각성'[135]이라는 차원에서 이해해 볼 수 있을 것으로 생각한다. 여기서 내가 말하는 주체의 각성은 무엇보다도 사람들이 사회의 질서나 인간적 삶의 양식을 종교나 전통의 권위에 의해 단순히 주어진 것으

---

132) 25쪽.
133) 27쪽.
134) 28쪽 이하.
135) 로베르토 웅거, 『주체의 각성』, 이재승 옮김, 앨피, 2012.

로서가 아니라 인간적 주체의 비판적 성찰과 집합적 노력을 통해 일정한 방식으로 변형하고 구성해 낼 수 있는 것으로서 인식하고 그러한 인식을 실천하는 것을 말한다. 이것은 한마디로 세계를 구성하는 인간적 실천의 중심성에 대한 각성이라고 할 수 있을 것이다.[136] 그런 의미에서 근대성이란 기본적으로 하나의 사회 질서나 삶의 양식의 인간적-주체적 구성을 위한 문화적-정치적 '기획'(project) 또는 '프로그램'(program)이다.

이런 이해는 우리의 것과 같은 피식민 근대성의 고유성과 다름을 유럽중심주의 너머에서 무엇보다도 그 내적 주체성과 창조성의 계기에 주목하여 접근하게 하면서도, 동시에 그동안 계몽이나 합리성 같은 틀을 통해 이해된 유럽적 근대성의 참된 문화적 전제도 좀 더 보편적인 수준에서 이해할 수 있게 해 줄 것이다. 아마도 김상준이 말하는 '성-속의 통섭 전도'라는 것의 핵심도, 어떤 신성성에 대한 인간적 세속성의 우위가 확립되었다는 차원에서, 바로 이런 맥락에서 이해될 수 있을 것이다.

그러나 나는 여기서 상당한 역사적-경험적 검증의 부담을 지닌 포괄적 논의를 전개시킴으로써 새로운 근대성 개념을 확정하려는 방식의 논의는 하지 않으려 한다. 대신 지금까지의 논의를 바탕으로 근대성을 세계적 지평 위에 놓고 사회 성원들의 주체로서의 각성에서 출발하는 문화적-정치적 기획으로 이해해야 한다는 큰 방향을 전제하면서 근대성 개념의 올바른 규범적 지평에 관한 논의에 집중하려 한다. 다른 사회이론적 수준에서 근대성의 발전 과정을 어떻게

---

136) 물론 자연에 대한 합리적 인식의 발전 또한 바로 이런 차원에서 이해될 수 있겠지만, 우리의 논의 맥락을 위해 일단 논외로 한다.

이해하든지 간에, 근대성 개념이 담고 있거나 담을 수 있는 규범적 지평을 제대로 확보하고 정당화할 수 있어야만 우리가 이 개념을 가지고 하려 했던 우리의 삶의 양식 전반에 대한 비판적 성찰이라는 과제에 충실할 수 있을 것이기 때문이다. 그와 같은 정당화된 규범적 지평이 없이는 많은 신니체주의적 탈근대 담론에서 그런 것처럼 근대성에 대한 우리의 비판적 시대진단은 모호하고 자의적인 취향의 문제로 전락해 버릴 수도 있다. 그러나 우리는 여기서도 매우 까다로운 과제를 앞에 두고 있다.

한편으로 우리는 우리의 새로운 규범적 지평에 대한 모색이 다시 서구중심주의의 혐의를 받거나 어떤 추상적 보편주의의 늪에 빠지는 것을 경계해야 한다. 무엇보다도 만약 그 모색이 보편성의 이름으로 우리의 전통과 현재적 문화에 대해 단순히 외부적이고 초월적인 방식으로 주어지는 것일 때, 그것은 우리의 사회적 삶의 현실을 개선하는 데 도움이 될 수 있는 의미 있는 사회비판의 형식이 되지 못하고 공허한 이상주의 정도로 낙인찍히고 말 것이라는 점을 잊어서는 안 된다. 때문에 우리의 모색은 우리의 문화적 전통과 자원의 비판적 재구성으로부터도 지지받을 수 있는 방향으로 가야 한다. 다시 말해 우리의 사회적 병리와 위기에 대한 진단과 비판의 준거는 또한 우리 근대성의 동학에 내재적인 것이기도 해야만 하며, 그 치유와 극복의 방향은 우리 근대성에서 '내재적 초월'의 형식으로 확인될 수 있는 것이어야만 한다.

그러나 다른 한편으로 우리의 새로운 모색은 어떤 문화상대주의의 늪에 빠져서도 안 된다. 그 방향에서는 우리는 우리의 유교적 근대성의 모든 면모에 대한 무차별적인 긍정과 현상추수적인 용인을 강요받지 않을 수 없다. 그래서 우리 근대성의 어떤 면모들에 대한 정당한 비판조차도 그 시각이 단지 우리에게 낯설어 보이는 서구적 배경 위에서 발전되었다는 이유로 배척하는 그런 식의 오류를 피할 수 없을 것이다.

우리는 우리 근대성의 다양한 면모 중에서 무엇이 좋고 나쁜지를 가려낼 수 있는, 그러나 단순히 서양의 것이나 동양의 것이라고만은 할 수 없는 규범적 잣대를 가져야만 한다. 그리하여 서양의 것이든 동아시아의 것이든 근대적 삶의 양식 일반을 비판적으로 평가할 수 있는 근대성 개념을 가공해낼 수 있어야 할 것이다. 그래서 우리는 그런 개념에 비추어, 우리가 이룩한 근대적 삶의 양식이, 한편으로는 동서의 전근대적 삶의 양식과 비교하여 분명한 도덕적 진보를 보여주고 있음을 확인할 수 있으면서도, 다른 한편으로는 그런 삶의 양식조차 우리가 도달해야 할 규범적 이상에는 여전히 미치지 못하는 불완전한 상태에 있음을 진단할 수 있어야 할 것이다.

나는 여기서 통상적인 서구 담론에서처럼 단순히 어떤 계몽이나 합리성 같은 개념이 아니라, 근대성을 주체의 각성에 기초한 문화적－정치적 기획으로 이해해 보자는 앞서의 제안의 연장선 상에서 '인간 존엄성'의 더 완전하고 더 포괄적인 보호와 실현이라는 도덕적 진보의 이념과 연관된 근대성에 대한 규범적 이해를 제안해 보고 싶다. 사회를 형성하고 또 그 속에서 살아가는 사람들은 '인간다운 삶'이나 '존엄한 삶'에 대한 일정한 규범적 기대나 윤리적 이상을 자신들의 사회적 관계에 투사하면서 그런 기대나 이상이 실현된 사회적 삶의 지평을 추구한다고 할 수 있다. 그러한 기대나 이상은 사람들이 지닌 정체성적 자기이해, 그러니까 사람답게 산다는 것은 무엇인지,

어떤 삶이 성공한 삶인지 등에 대한 대답들하고 연관된 것이다. 만약 자신들의 사회적 삶의 지평이 그런 기대나 이상에 부합한다고 느껴질 때, 다시 말해 그것이 자신들의 삶을 의미 있고 값지게 해 주며 풍부하게 해 준다고 느낄 때 사람들은 그것을 적극적으로 지지하고 거기에 순응하며 살아갈 수 있을 것이지만, 그렇지 못할 경우 사람들은 그에 대해 저항하고 도피하거나 아니면 소극적 거부의 태도 같은 것을 취할 수밖에 없을 것이다. 어쨌든 우리는 근대성을 바로 이런 차원의 특정한 규범적 기대나 윤리적 이상과 관련된, 그러나 바로 그런 차원에서 또한 사회의 제도적 조직 원리로서도 작용하는 특징적인 역사적 프로젝트로서 이해할 수 있지 않을까 한다.

물론 인간 존엄성이라는 개념은 매우 불투명한 개념이다. 사실 이 개념은 전통적으로 일정한 종교적 관념을 통해서 이해되었고, 오늘날의 탈형이상학적이고 탈종교적인 맥락에서 합리적인 방식으로 그 개념을 규정하는 일은 쉽지 않다. 또 그 개념은 시대마다, 사회마다, 문화마다 서로 다르게 이해됐고, 따라서 자칫 포괄적인 근대성 개념의 가공이라는 우리의 목적에 맞게 보편주의적인 방식으로 가공되기 힘들 것처럼 보이기도 한다. 그러나 나는 모호하고 불투명한 대로 적절한 방식의 이론적 가공을 통해 전체 문명권의 인류사적인 과정에 두루 적용될 수 있는 보편적인 인간 존엄성 개념을 찾아내는 것이 완전히 불가능하지만은 않을 것으로 생각한다. 여기서 우리의 논의와는 조금 다른 맥락에서 발전된 것이긴 하지만, 마샤 누스바움이 발전시키고 있는 '가능성(또는 역량) 접근(the capabilities approach)'은 훌륭한 시사를 제공한다.[137]

누스바움이 말하는 인간의 가능성은 존엄성을 갖추고 그래서 인간답다고 할 만한 삶에 대한 직관적인 이해로부터 출발하여 확인된, "인간이 실제로 할 수 있고 또 될 수 있는 것"을 가리킨다.[138] 그녀는 그와 관련하여 어떤 형이상학적 배경 없이도 매우 다른 포괄적 가치관을 갖는 사람들 사이에서 '중첩적 합의'를 기대할 수 있는 "핵심적인 인간의 가능성"(인간의 핵심적 역량)의 10가지 목록을 제시하는 데,[139] 이러한 목록을 통해 우리는 모든 문명권을 통틀어 인간 사회가 일반적으로 추구할만한 사회정치적 발전 방향을 가늠할 수 있을 것처럼 보인다.

여기서 자세하게 논의할 수는 없지만, 그녀는 생명, 신체의 건강, 신체의 온전함(integrity), '감각, 상상, 그리고 생각', 감정, 실천 이성, 관계맺음(Affiliation), 다른 생명체(Other Species)(와의 관계), 놀이, 자신의 환경에 대한 통제라는 10가지의 차원에서 각각 모든 시대, 모든 사람이 존엄한 삶이라는 관점에서 추구할 것으로 보이는 바람직한 상태를 설정하고 그것을 기준으로 한 사회가 보장하는 성원들의 존엄한 삶의 정도를 평가하려 한다. 그녀에 따르면, 그러니까 예컨대 생명과 관련하여서는 모든 사람은 단명하지 않는, 정상적인 수명을 지닌 삶을 영위할 수 있는 상태를 추구할 것이고 관계맺음과 관련하여서는 모든 사람은 모욕당하지 않고 자기—존중을 누릴 사회적 토대를 가지며 다른 사람과 동일한 가치를 지닌 소중한 존재로 대우받기를 추구할 것이다. 또 누구든 삶의 다양한 경험과 활동에서 상상과 생각을 자유롭게 펼치기를 원할 것이고, 자신의 삶을 지배하

---

137) 이 이론의 최신 버전은 참조: Martha C. Nussbaum, *Frontiers of Justice. Disability, Nationality, Species Membership*, Harvard University Press, 2006.

138) 같은 책, 70쪽 아래 참조.

139) 같은 책, 76쪽 아래 참조.

는 정치적 선택에 효과적으로 참여하기를 원할 것이다.

여기서 중요한 것은 모든 사람이 자신이 가진 인간적 가능성을 실제로 발휘하거나 최소한 그 기회를 가져야 제대로 된 인간다운 삶 또는 존엄한 삶을 누릴 수 있을 것이라는 아마도 모든 문명권에서 큰 어려움 없이 공통적으로 수용될 수 있을 직관이다. 이러한 직관은 아마도 희(喜), 노(怒), 애(哀), 낙(樂)과 같은 인간의 자연적 감정들뿐만 아니라 '부(富)'와 '귀(貴)'에 대한 사회적으로 창출된 욕망 같은 것을 긍정하면서도 그것들이 또한 사회 전체의 도덕적 지향과 조화될 수 있어야 한다고 강조했던 고전적 유교의 '총체적 인간관'[140] 같은 관점에서도 큰 무리 없이 수용될 수 있을 것이다.

그리하여 이런 접근법은 우리에게 보편적인 인간의 존엄성에 관하여 실질적인 차원에서 매우 뚜렷한 상을 그릴 수 있게 해준다. 그리고 우리는 모든 시대 모든 사회는 어떤 방식으로든 그녀가 제시하는 항목들과 관련하여 — 이는 적절한 방식으로 수정될 수도 있다 — 좀 더 나은 성취를 이루려는 내적 추동력을 자신 안에 간직할 수밖에 없을 것이라고 이해할 수 있을 것이고, 바로 이런 차원에서 단지 서구만이 아닌 모든 문명권에 내재하는 공통된 도덕적 진보의 지향 같은 것을 어떤 역사철학적 과장 없이도 경험적으로 확인 가능한 방식으로 상정할 수 있을 것이다. 나아가 우리는 그런 맥락에서 근대성은 바로 그런 차원의 노력이 다른 시대와는 구별되는 특징적인 방식으로 전개된 데 따른 산물이라는 식으로 이해해 볼 수 있을 것이다.

나는 그 다른 시대와 구별되는 근대성의 규범적 중핵을 말하자면

---

140) 참고: 홍승표, 「유가 인간관의 탈현대적 함의」, 앞의 글.

'존엄의 평등'에 대한 지향이라는 차원에서 이해해 볼 것을 제안한다. 우리는 이 중핵적 규범을 모든 사람이 다른 모든 사람과 똑같은 의미와 가치를 지니는 존재로 존중받을 수 있어야 한다는 '보편적 존중'의 원칙을 통해 이해해 볼 수 있다. 이 원칙이야말로 근대 사회를 이전의 다른 모든 사회와 혁명적으로 구분시켜 주는 원칙이라 할 수 있는데, 이것은 단순히 하나의 이념적 원칙으로만 머무는 것이 아니라 여러 차원의 사회 및 정치 운동 등을 통해 사회적 상호관계와 제도들을 규제하고 지배하는 기본적인 원리로서 작동한다. 모든 사람은 다른 모든 사람과 그 존엄성에서 평등하다는 이념이 일단 한번 사회의 지배적 이념이 되고 나면, 모든 사회적 관계와 제도는 어떤 방식으로든 그러한 이념에 따른 엄격한 상호성과 공평성 같은 규제 원리의 통제를 받지 않을 수 없을 것이기 때문이다. 오늘날 단지 서구에서만이 아니라 지구 상의 거의 모든 나라에서 수용되고 있는 인권의 헌법적 기본권으로서의 법제화와 민주주의의 확립 및 확대 과정 같은 것은 바로 이런 과정의 산물이라고 이해할 수 있다.

물론 우리는 이러한 차원의 중핵적 규범의 실현을 위한 근대성의 기획이 역사적으로 서구에서 일차적으로 그리고 비교적 성공적으로 관철되었다는 점을 부인해서는 안 될 것이다. 그래서 그런 의미에서 우리는 서구적 근대성에 정당한 자리를 매겨주어야 한다. 그러나 우리가 이 중핵적 규범을 반드시 서구의 자본주의적 근대성하고만 필연적으로 연결시켜야 할 합리적 이유는 없다. 예컨대 앞서 언급한 사회주의 중국의 '반근대적 근대성(현대성에 저항하는 현대성)'이나 우리의 동학 운동 등에서 나타난 규범적 기획[141] 같은 것도 이 차원에서 포괄될 수 있을 것이다. 자본주의나 사회주의, 또는 중국의 태평천국 운동이나 동학적 이념 같은 것은 근대성의 중핵적 규범을 실현하려 했던 서로 다른 시도들일 뿐이라고 이해할 수 있다.

또 우리는 그러한 중핵적 규범이 반드시 서구에서만 발전했다고 이해할 필요도 없다. 서양에서는 근대성 기획의 관철과 함께 천부인권 사상이나 칸트의 도덕철학 같은 것을 통해 체계적으로 발전하긴 했지만, 예컨대 불교의 '개유불성(皆有佛性)' 사상이나 모든 인간의 도덕적 완성의 가능성에 대한 맹자의 '성선설' 같은 것에도 비록 전통 사회에서는 그 자체로 충분히 활성화되지는 못했지만, 그 맹아가 존재했었다고 할 수 있다. 동학의 '인내천(人乃天)' 개념 같은 것에서 보듯이 일정한 계기가 주어졌을 때 우리 동양의 여러 사유 전통을 큰 어려움 없이 존엄의 평등에 대한 지향으로 재해석하는 것이 가능했던 것도 바로 이런 사정 덕분일 것이다.

물론 우리는 그러한 이념만을 근대성이라는 규범적 프로젝트의 전부라고 이해할 수는 없을 것이다. 그것은 그 규범적 프로젝트의 정체성을 구성하는 중핵일 뿐, 그 중핵을 중심으로 다양한 수준과 차원의 다른 규범적 기대들이 가지를 치고 있다고 이해할 수 있을 것이다. 정당화될 수 없는 불평등의 해소를 지향하는 사회정의의 이념이나 각 개인의 자율성에 대한 존중의 요구 같은 것은 바로 그런 규범적 중핵의 다른 표현이라고 이해할 수 있고, 낭만적 사랑의 이상이라든가 다양한 자연적 욕망의 긍정에 대한 요구 같은 것은 그런 중핵과 연관된 주변적인 규범적 기대로 이해할 수 있을 것이다. 무엇보다도 이 중핵적 규범은 그 규범의 내적 분화 또는 정교화 과정에

---

141) 김상준, 「대중 유교로서의 동학」, 앞의 글 참조.

서 '차이에 대한 존중', 그러니까 때로는 부당하게도 탈근대주의의 핵심 지향인 것처럼 이해되는 그런 '이질성의 포용능력'[142]이나 '배제의 배제'[143]에 대한 규범적 지향을 자신 안에 포함한다.

어쨌든 그 규범적 중핵은 애초 전통적인 신분 사회에서 높은 사회적 지위를 지닌 사람들의 속성과 연관되었고 대부분의 경우 종교적 관념과 더불어 정당화되던 인간 존엄성의 이념이 사회의 도덕적 진보와 함께 그 확장된 사회적 실현을 요구하는 데서 표현된 규범적 기대의 재구성이라 할 수 있다. 이제 우리는 근대성이라는 규범적 프로젝트를 모든 사람의 평등이라는 규제 이념의 지도 아래 사람들의 다차원적인 가능성과 필요를 더 완전하고 더 포괄적으로 확보하고 충족시키려는, 그래서 모든 사람의 존엄하고 인간다운 삶을 더 완전하고 더 포괄적으로 실현시키기 위한, 동서를 아울러 모든 인간 사회에서 기대할 수 있는 사회적 노력의 산물이라고 이해할 수 있을 것이다.

이러한 접근법은 기본적으로 하버마스처럼 근대성을 일정한 규범적 이상과 관련된 '미완의 기획'[144]으로 이해한다. 그러니까 근대성을 인간 존엄성의 규범적 지평의 역사적 확대라는 차원에서 발전한, 그러나 아직 완전히 실현되었다고 볼 수 없는 하나의 기획으로 이해하자는 것이다. 이런 관점에서 보면 근대성의 기획은 한편으로는 우리가 추구해볼 만한 가치 있는 규범적 이상과 관련되어 있으면서 또한 동시에 그것이 현실적으로는 아직 완전히 실현되지 않았거나 굴

---

142) 참조: 이진경, 「진보 개념의 경계: 근대적 진보 개념을 넘어서」, 『문화과학』, 1998년 겨울호.
143) 참조: 문성원, 『배제의 배제와 환대』, 동녘, 2000.
144) Habermas, "Die Moderne", 앞의 글.

절되어 실현되고 있기에 그 이상의 관점에서 사회 현실을 비판적으로 진단해 낼 수 있게끔 하는 차원을 가진다. 그리하여 예컨대 우리 사회에서 유교적 문화동학을 통해 실제로 구현된 근대성이 어떤 지점에서 그리고 어떤 방식으로 그와 같은 근대성의 규범적 지평을 왜곡 또는 굴절시켜 근대성 그 자체의 위기를 낳고 있는지, 나아가 그러한 위기를 극복하기 위해서는 어떤 실천적 모색이 필요할지를 판단하기 위한 준거를 마련해 줄 것이다.

그러나 이 기획은 하버마스에서처럼 단순히 형식적이고 합리성이론적으로 이해된 '보편주의적 도덕' 같은 차원과 관련된 것은 아니다. 하버마스 자신도 인정하고 있지만, 그런 도덕은 실제로 사회를 구성하고 살아내는 사람들의 구체적인 동기, 무엇보다도 근대적 경제 및 정치 체계와 삶의 양식 전체에 대한 순응을 위한 동기에 형성적으로 작용하지 못한다. 내 생각에는, 바로 그렇기 때문에 하버마스적 근대성 개념은 예컨대 사회 전체의 합리화 기획 같은 것을 찾기 힘든 우리 사회 근대성의 구체적인 경로를 설명하는 데서 큰 힘을 발휘할 수가 없다. 하버마스의 도덕/윤리의 구분을 따르자면,[145] 내가 제안하는 근대성 개념은 말하자면 근대성에 대한 '윤리적' 개념이라 할 만하다. 물론 나는 보편주의적 도덕에 대한 규범적 지향을 일정한 방식으로 하버마스와 공유하고 있고 내가 제안했던 근대성 개념에도 그러한 지향이 표현되어 있기는 하다. 그러나 나는 그

---

[145] 하버마스는 각 개인의 '좋은 삶'에 대한 지향, '나는 누구이고 또 누구이고 싶은가?'라는 정체성에 관한 물음, 이해관계의 추구 등과 관련된 '윤리적-평가적 물음'과, 그런 문제와는 달리 그 개인들이 다른 사람들과 공동생활을 하는 데서 제기되는 정의로운 관계에 관한 물음, 다시 말해 '무엇이 모든 사람에게 똑같이 좋은가?'의 물음과 연관된 '도덕적 물음'을 구분한다. 위르겐 하버마스, 『담론윤리의 해명』, 이진우 옮김, 문예출판사, 1997, 123쪽 아래 참조.

러한 지향을 개인들의 정체성 형성적인 차원과는 무관한 추상적 정의에 대한 지향으로서의 보편적 도덕의 차원에서보다는 사람들의 정체성적인 자기이해와 연관된 윤리적 차원에 위치 지워야 한다고 생각한다. 이제 근대성에 대한 이와 같은 이해를 배경으로 한국 근대성 전반에 대한 평가를 시도해 보기로 하자.

한국 근대성 기획의 피식민성과 속물적 주체성

근대성을 향한 프로젝트는 다양한 방식으로 나타날 수 있다. 역사적으로 보면 체계적이고 의식적인 본격적 근대화 기획은 서구에서 최초로 시작되었다고 할 수 있다. 그러나 그러한 기획이 반드시 서구에서만 가능했거나 서구적 근대성의 기획만이 유일하게 가능한 모델이라고 볼 이유는 없다. 우리의 경우 서구적 근대성의 강력한 영향과 압박 속에서 우리의 역사 내적인 추동력을 가동해 나름의, 그러니까 서구 근대성의 모방과 유교 전통의 새로운 변용이라는 상호 적응적 교호 작용에 기초한 혼종 근대화 기획을 진행해 왔다고 할 수 있다. 그리고 식민지 상황을 경험하고 근대화 기획의 서로 다른 방향에 대한 다툼이 분단이라는 비극을 낳는 우여곡절 끝에 우리가 살고 있는 남한에서는 '잘살아 보세'의 깃발과 더불어 보기에 따라서는 매우 성공적인 자본주의적 근대화 기획이 관철되었다. 그러나 우리의 근대성 기획은 그 성공의 이면에 많은 어두운 그림자 또한 드리웠다.

한국 근대성 기획이 오로지 내부의 독자적인 역사적 압박의 결과가 아니라 식민지 지배나 외세에 의한 분단과 그에 따른 전쟁 같은 역사적으로 매우 불운했던 계기들을 배경으로 진행되었다는 사정은 이미 이 기획이 겪은 숱한 굴절의 과정을 짐작하게 한다. 여기서 내가 그 과정에 대한 세세한 분석과 설명을 진행할 수는 없다. 나는 여기서 그러한 역사적 상황 속에서 한국적 근대화 기획을 추진했던 주체들의 문화적-도덕적 지평이 빚어낸 특별한 색깔을 지닌 사회적 삶의 양태에 대해서만 일차적으로 주목하고 싶다. 다름 아닌 이 문화적-도덕적 지평이야말로 우리의 근대적 주체들이 그와 같은 주어진 역사적 계기를 어떻게든 헤쳐 나오면서 근대성의 기획을 완수하도록 이끈 어떤 근본적 이정표를 마련해 주었을 것이기 때문이다.

가장 근본적인 수준에서 우리는 이 기획을 추동했던 역사적 주체성의 '피식민성'에 주목해야 한다. 이것은 단지 우리 근대성의 출발이 '식민지적 근대성'[146]이었고 또 그 과정에서 이것이 남긴 어떤 역사적-사회적 각인이 여러 차원에서 이후의 사회적 발전 과정 또한 일정한 방식으로 규정했다는 역사적 사실 확인의 차원에서만 중요한 것은 아니다. 그것은 가장 근본적인 수준에서 우리 근대성의 성격 자체를 규정하는 것이었다. 우리의 근대성 기획은 외세의 침략과 지배의 시도에 맞서 소극적-반작용적으로 진행되었다. 이러한 사정은 매우 심각한 함축을 가진다. 그렇게 형성된 우리의 피식민적 주체성은 비록 여기에 일정한 방식의 주체의 각성이 내포되어 있기는 하지만, 전통적 '자기'에 대한 부정과 서구라는 '타자'의 내면화를 강요받지 않을 수 없었기 때문이다.

이것은 우선 우리의 근현대사에서 근대화의 기획을 기본적으로

---

146) 정근식·이병천 엮음, 『식민지 유산』, 앞의 책.

타자화, 곧 서구화의 기획으로 설정하게 만들었고, 이는 지금까지도 큰 흐름으로 유지되고 있다. 문제는 이 타자화로서의 근대화 기획이 처음부터 결코 온전하게 성공하지 못할 기획이었다는 데 있다. 여러 사회적이고 역사적인 배경의 상이함도 문제였지만, 앞 장에서 본대로, 우리에게는 무엇보다도 서구적 근대성의 우연적 형성과 발전을 가능하게 했던 문화적 전제들이 결여되어 있었다. 이러한 사정은 우리 사회가 구현한 근대성의 여러 면모가 서구적 근대성에 비추어 많은 점에서 왜곡되고 기형적인 모습을 갖게 만들었다. 정치나 경제 영역은 말할 것도 없고, 가장 기본적인 일상에 이르기까지 그와 같은 일그러짐은 불가피했다. 앞 장에서 살펴본 정치적 근대성의 일그러진 상태는 말할 것도 없고, 경제 영역에서라면 '갑−을 관계' 같은 '평등하지도 공정하지도 않은 (전근대적이고 형용모순적인) 계약 관계'가 지배적이 되고 일상에서라면 가족 관계에서 유교적 습속이 강력하게 온존하는 그런 양식의 근대성이 우리의 근대성이 되었다.

그러나 다른 한편으로, 그 온전한 서구화의 불가능성이라는 배경 위에서, 서구적 근대성의 식민화 작용에 대한 비판적 각성은 우리 근대성의 주체들에게 강한 문화적 자기주장이라는 반작용을 낳았다. 한편으로는 전통에 대한 부정 속에서 서구적 근대성이라는 '정상'과 '모범'과 '표준'을 쫓아가고 모방하는 것이 중요한 역사적 과제로 설정되면서도, 다른 한편으로는 그 과정에서 경험한 무시와 모욕의 경험은 강한 반발을 낳으면서 부정된 자기의 새로운 긍정을 통해 그 경험을 치유하려는 시도가 일어났던 것이다. 그러나 그러한 시도는, 앞 장에서도 언급한 것처럼, 우리의 근대성 기획을 기본적으로 서구적 근대성에 대한 어떤 르상티망의 기획으로 만들 뿐이었다.

여기서 근대화의 과제는 포기되지 않는다. 그것은 이 땅의 성원들이 역사적으로 경험했던 무시와 모욕과 생존의 위협 상태를 극복할 수 있는 유일한 수단으로 인식된다. 그래서 '기술의 근대성'은 그 어떤 대가를 치르더라도 획득되어야 할 목표로 설정된다. 그러나 '해방의 근대성'은 근본적으로는 우리와 무관할 뿐만 아니라 심지어 우리를 무시하고 모욕하는 것이기에 어떤 실용적 모방 이상으로 내면화해서는 안 되는 타자적―서구적 대상일 뿐이다.[147] 경제성장이라는 목적과 결부된 과학 기술 따위의 진보와 혁신은 그 어디에서보다도 열정적으로 추구하고 환호하면서도 전근대적 사유습성이나 전통적 권위에 대한 거부를 통한 인권의 확대나 민주주의의 신장이라는 과제는 부차적이거나 심지어는 자기 정체성에 적대적인 것으로까지 인식되었던 것이다. 때문에 지금껏 계속 이야기해 온 대로 우리 사회의 근대화 기획은 기본적으로 사실적인 수준에서의 하나의 동도서기의 기획이 된다.

물론 이때 동도에 대한 추구는 단순히 근대 초기에서처럼 유교 전통을 고수하려 하거나 새로운 상황에서 무턱대고 부활시키려는 시도로 나타났다고는 할 수 없다. 적어도 사회의 주류에게는 일정한 방식의 서구화로서의 근대화는 불가피할 뿐만 아니라 적극적으로 추구되어야 할 목표로 인식되었다. 근대적인 제도들이나 생활양식의 수용은 물론 학문, 종교, 예술, 심지어 정치 이념과 관련하여서도 서구화는 당연한 것으로 받아들여졌다. 문제는 그 선택성과 그 배면에서의 주체들 스스로의 몸에 밴 전통적 인지 및 행태 양식에 대한 무

---

147) '기술의 근대성'과 '해방의 근대성'은 월러스틴의 구분이다. 월러스틴, 『자유주의 이후』, 강문구 옮김, 당대 1996, 177쪽 이하.

반성과 성찰의 부재다. 예컨대 전혀 자유주의적이지 않는 행태와 사고방식을 갖고 있는 자유주의자들이나 유교적 인간관계나 입신양명을 추구하고 목사직 세습을 당연히 여기는 기독교도들이 생기는 것은 바로 이런 맥락에서 이해할 수 있다. 이것은 우리가 지금껏 살펴본 대로 외형적인 서구 지향에도 불구하고 무의식적 수준에서 속화된 유교 전통이 강력한 영향력을 발휘하는 결과를 낳았다.

때때로 서구적 근대성에 대한 르상티망은 우리 사회의 생활세계가 아주 광범위한 수준에서 문화적 민족주의에 의해 지배되게끔 만들기도 했다. 이것은 곧잘 '우리 식'이나 '한국적인 것'에 대한 애착의 형식으로 나타났는데, 박제화된 전통의 노골적인 재발명(가령 '충·효' 이데올로기)도 낳았지만, 서구라는 문화적 타자에 대한 적극적인 구별짓기를 통해 가족주의나 권위주의적이고 집단주의적인 생활양식 등을 온존시키는 정도를 넘어 고양하기까지 하고 정당화하는 사회적 노력도 만들어 내었다. 반-오리엔탈리즘의 기치와 더불어 나타난 많은 동아시아 담론[148] 같은 것도 바로 이런 맥락에서 이해될 수 있다. 또 그것은 정치적 민족주의로 발전하기도 했다. 그것은 분단 체제의 공고화와 함께 북한에서는 유교적-민족주의적 사회주의 체제가 자리 잡게 만들었고, 남한에서도 민족주의적 좌파 이념이 정치적 근대성의 중요한 한 축을 담당하게 하면서 여러 부정적인 효과를 미치도록 만들었다. 이 문화적 민족주의의 만연 역시 우리 사회의 근대성에서 비판적으로 성찰되지 못한 유교 전통의 강력한 작용을 위한 중요한 배경이라 할 수 있다.

---

148) 참고: 박승우, 「동아시아 담론의 현황과 과제」, 『동아시아 공동체와 한국의 미래』, 동아시아 공동체연구회, 이매진, 2008.

결국, 이런 방식으로 우리 사회의 피식민적-르상티망적 근대화 기획은 우리 사회의 근대성을 매우 기형적이고 일그러진 불구의 근대성으로 만들고 말았다. 이것은 단순히 그것을 어떤 완성된 서구적 근대성의 관점에서 평가해서 하는 말이 아니다. 우리의 근대성을 전체로서 하나의 고유한 삶의 양식으로 이해하고 바로 그 관점에서 평가한다 해도 그 반작용적 소극성과 무성찰성 그리고 그에 따른 선택성은 우리 사회에 나름의 깊은 병을 만들어 냈다고 하지 않을 수 없다. 흔히 '천민자본주의'라고 규정되곤 하는 한국 자본주의의 탐욕적 야만성이나 우리 사회의 결손 민주주의의 양태는 물론이고 심각한 교육 병리 등 삶의 양식 전반에 깊은 상흔을 남겼다. 그것은 무엇보다도 존엄의 평등에 대한 추구라는 근대성의 규범적 중핵이 우리 근대성에서는 심각하게 굴절되어 나타나는 것과 관련이 있다. 그리고 이것은 다시 우리 사회의 근대적 주체성이 사로잡혀 있는 협애한 문화적-도덕적 지평을 배경으로 한다.

앞 장에서 나는 개인의 부재와 현세적 물질주의라는 유교 전통에 기반을 둔 우리 근대성의 두 가지 문화적 특질들을 언급한 바 있다. 가라타니 고진의 인식을 빌리자면,[149] 이 두 문화적 특질은 매우 밀접한 연관을 가지고 있다. 그에 따르면, 물질주의적 가치지향의 사회적 지배는 리스먼이 말하는 '타인 지향형' 주체의 확산과 관련이 있다. 자율적인 자기만의 고유한 내적 지평을 가진 내부지향형 주체와는 달리 소비주의 시대의 미국에서 가장 먼저 형성된 것처럼 보이는 타인 지향형 주체는 사람들이 서로를 의식해서 만든 상상물인 타

---

149) 가라타니 고진, 『근대문학의 종언』, 조영일 옮김, 도서출판b, 2006, 특히 69쪽 아래.

인의 시선만을 의식하고 그것에 종속됨으로써 쉽게 물신주의나 소비주의 같은 것의 노예가 될 수밖에 없다는 것이다. 그러나 그런 타인 지향형 주체 형식의 사회적 지배는 단지 미국 같은 사회에서만 한정될 수는 없고 자본주의적 근대성의 전개와 함께 전 세계적으로 확산되었다. 가라타니는 본래부터 내부지향형 주체 형식 같은 것을 알지 못했던 일본 같은 사회에서는 그러한 확산이 훨씬 더 극단적인 형식, 곧 '스노비즘'의 형식을 띠게 된다고 진단한다.150) 나는 우리 근대성의 주체 형식 역시 비슷한 방식으로 이해될 수 있다고 본다.

물론 나는 그러한 형식이 우리의 경우, 그리고 아마도 일본의 경우도, 어떤 미국적 자본주의 문화 유형의 더 극단화된 수입의 산물이라기보다는 우리가 지금껏 살펴본 유교적 근대성의 근본 특징의 하나라고 이해해야 할 것이라고 본다. 그러니까 가라타니가 분석하고 있는 그런 경향은 모든 사람에 대한 보편적 존중의 태도를 발전시키는 '도덕적 개인'과 다양하고 개인마다 고유한 좋은 삶의 지평을 추구하는 '윤리적 개인'151)을 알지 못한 채 현세적 인간관계 속에서 타인에 의한, 그것도 세속적이고 물질주의적인 인정만을 추구하는 가치 지평을 전면화하고 절대화하는 문화논리를 지닌 우리의 유교적 근대성에서는 거의 본래적인 것이라고 할 수 있다. 어쨌든 한마디로 말해서 우리의 근대적─역사적 주체성은 '속물형 주체'의 형식으로 형성되었다.152)

---

150) 같은 책, 72쪽 아래.

151) 여기서 '도덕'과 '윤리'는 푸코적 의미에서다. 이것은 사람들을 규율화 하는 사회의 일반적인 행동규칙인 '도덕'과는 다른 자기인식과 자기 자신에 대한 배려에서 성립하는 성찰에 기초한 삶의 원리라고 할 수 있다. 이에 대한 논의는 참고: 김홍중, 「스노비즘과 윤리」, 『사회비평』, 제39호, 2008년 봄, 65쪽 아래.

152) 이 주제에 대해서는 다음 논의도 참조: 『인권의 철학』, 보론. 나는 속물을 단순히 천박하게

일제에 의한 식민지적 근대성의 형식으로 착근되었으며 분단과 전쟁을 경험하는 가운데 이루어진 우리의 근대화 기획에서는 존엄의 평등이라는 근대성의 규범적 중핵을 바탕으로 한 인권 원칙과 민주주의 원칙의 더 완전한 사회적 관철을 위한 기획이 처음부터 제대로 자리를 잡기 힘들었다. 피식민적 주체들에 의해 모종의 동도서기에 대한 지향이라는 인식 틀 안에서 진행되었던 그 근대화 기획은 기본적으로 하루빨리 달성해 내어야 할 어떤 부국강병의 기획 이상의 것이 되지 못했다. 그리고 그 실현을 위한 노력은 단지 이런 방향에서만 주체의 각성을 이끌어내었다. 그리고 그 과정에 필요한 가족과 조직과 국가 등에 대한 개인의 일방적인 희생과 헌신, 집단주의적인 유대와 단결 또는 질서와 규율의 우선성에 대한 인식 같은 것들이 전통이나 동도를 명분으로 우리의 근대적 주체들에게 강요되었다. 여기서 개인의 고유성과 진정성에 대한 가치 지향 같은 것은, 우리의 문화 전통에서는 애초부터 낯선 것이기도 했지만, 새롭게라도 들어 설 자리가 매우 협소할 수밖에 없었다.

한편 숱한 역사적 불운과 오래된 가난 및 전쟁과 같은 극단적인 환경 속에서 '생존'에 대한 강박 관념은 우리의 근대적 주체들을 경제적 안정과 번영에 대한 거의 맹목적인 집착으로 이끌었다. 그렇지 않아도 자본주의적 근대성에서는 자본주의적이고 생산주의적인 가치지평이 지배하고 그 지평의 잣대에 따라 성공한 사람들만이 사회

물질주의적이고 세속적인 욕구만을 가진 사람이라는 통상적인 뜻으로서보다는, 일차적으로는 세속적인 인정관계에 대한 맹목적이고 무반성적인 집착과 기회주의적인 순응의 태도를 보이는 사람이라는 정도의 뜻으로 사용한다. 물질주의 같은 것은 그런 집착과 순응의 한 표현 방식일 것이다. 우리 사회의 속물 현상에 대한 또 다른 훌륭한 분석으로는 참고: 김홍중, 『마음의 사회학』, 문학동네, 2010.

적으로 인정받는 경향이 발전한다. 여기서는 생활세계의 삶의 문법이 사회적으로 인정받을 수 있는 성공의 코드, 무엇보다도 '돈'을 중심으로 사람들의 사회적 관계를 규제하려는 압박을 받는다.153) 우리의 경우 그러한 경향과 압박은 훨씬 더 직접적이고 강력했는데, 그러나 그것은 단지 척박한 삶의 환경 때문만은 아니었다. 현세적 물질주의를 중요시하는 우리의 유교적 근대성에서는 그러한 경향과 압박에 맞설 수 있는 어떤 튼실한 문화적 저항 진지 같은 것을 제대로 발전시키지 못했던 것이다.

외세의 침략과 참혹한 내전을 겪은 우리의 근대적 주체들에게 사회적 삶의 상황은 말하자면 사회상태 속에 구현된 만인의 만인에 대한 투쟁의 자연상태 같은 것이었다. 여기서는 무엇보다도 일단 살아남는 것만이 가장 최우선적인 삶의 과제로 인식될 수밖에 없었다. 때문에 일상화된 기회주의나 순응주의, 자신의 이익에 대한 맹목적 집착, 공공성에 대한 무시 같은 아비투스의 형성은 우리 근대적 주체들에게는 가장 중요한 생존의 조건이었던 것이다. 이런 의미에서 우리의 근대적 주체들은 모두 속물이 되도록 구조적이고 체계적으로 강제당해 왔다고 할 수 있다.

개인의 정체성 이해를 규정하고 개인에게 의미 있고 가치 있는 삶의 지평을 제시해 주는 우리 사회의 유교적 인정의 문법도 그러한 주체들의 속물화 경향을 촉진시켰다. 우리의 유교적 문화 전통에서

---

153) 하버마스는 바로 이런 과정을 '생활세계의 식민화'라고 한다. "경제체계가 사적 가계와 소비자 및 피고용인들의 삶을 자신의 명령 아래 두면서, 소비주의와 소유개인주의, 업적주의적 동기와 경쟁동기가 강력한 힘을 얻는다. 의사소통적 일상실천은 전문가적—공리주의적 삶의 양식 쪽으로 일면적으로 합리화된다. 이렇게 매체에 의해 유발된 합리적인 행위태도로의 전환은 이런 합리성의 압력을 경감시키는 쾌락주의의 반작용을 불러일으킨다." 하버마스, 『의사소통 행위이론 2』, 장춘익 옮김, 나남, 2006, 439쪽 이하.

는 모든 사회 성원의 존엄의 평등에 대한 인식을 낳고 정착시킬 수 있는 보편주의적 도덕의식보다는 기본적으로 어떤 가족주의적 친밀성의 토대 위에서 인식된 구체적 타자에게만 정향된 도덕의식이 강했다. 가령 연고주의나 지역주의는 이런 맥락에서 이해될 수 있다. 게다가 유교적 메리토크라시 전통은 개인의 능력과 노력의 정도에 따른 사람들에 대한 인정의 위계를 정당한 것으로 평가한다. 이런 사정은 우리 근대적 주체들 상호 간의 인정투쟁을 특별히 더 처절하고 극단적으로 만들었고 그 투쟁에서의 승리를 보장해 줄 것으로 기대되는 어떤 우월감 확보에 대한 사회적 강박을 낳았다. 돈, 권력 등에 따른 위계는 물론 이제 학벌이나 외모마저 인정투쟁의 대상이 되고, 그러한 투쟁의 패자(이른바 '루저')에게는 가혹한 사회적 배제와 무시와 경멸, 심지어 생존에 대한 위협이 가해졌다. 이런 경향은 특히 외환 위기 이후 신자유주의적 에토스의 사회적 확산을 한편으론 부추기면서 또한 그에 의해 더욱더 강화되는 악순환을 낳았다.

말하자면 속물은 세계사적으로 유례가 없이 성공적으로 형성되었다는 우리 근대성이 체계적으로 주조해 낸 특별한 종류의 근대적 인간형에 대한 이름이다. 스노비즘은 이 땅 사람들 모두에게 어떤 '유령'이고 강박관념이다. 생존의 압박에 시달리는 우리의 영혼은 끊임없이 속물이 되어야만 이 땅에서 살아남을 수 있다고 슬픈 자기 암시를 되뇐다. 그리하여 속물근성은 우리의 생활세계에 뿌리내려 사람들의 '제2의 본성'이 되었고, 사람들은 그것을 일종의 '모유-이데올로기'로 자식들에게 물려주어야 할 삶의 교훈으로 삼지 않을 수 없었다. 속물근성은 그 자체로 이 땅 위의 삶의 준엄함에서 나온 도덕적 정언명법인 것이다.

이 스노비즘의 문화 논리는 기본적으로 반평등주의적이고 반민주적이다. 개인마다 고유한 의미 있는 삶의 지평을 알지 못하는 그 문화에 내장된 무조건적인 타인 지향적—세속적 인정에 대한 욕구는 끊임없이 폐쇄적이고 밀실적인 특권적 관계를 형성하려 한다. 중요한 것은 외형적 인정이지 그 진정성이 아니기 때문에 그러한 폐쇄적 특권 관계에 대한 집착은 거의 맹목적일 수밖에 없다. 그리고 특권적 관계의 체계를 영구화하려고 시도함으로써 사회의 정의로운 관계 형성을 부정하거나 방해한다. 반면 그 체계 바깥에 있는 사람들에 대해서는 극단적 배제의 논리를 작동시킨다. 그들에 대한 무시와 모욕이 일상화된다. 극심한 사회경제적 불평등이 정당화되는 상황에서 그 체계에서 배제된 '을'에 대한 '갑질'은 아무런 도덕적 주저 없이 사회적 인정 투쟁의 승자들이 누려야 할 당연한 권리가 된다. 민주주의의 형해화도 불가피하다. 다수결의 절차 같은 것만으로 수용된 민주주의는 특권적 과두지배체제를 영구화하기 위한 도구 이상의 것이 되지 못한다. 그리하여 근대성의 기획이 애초 내장하고 있던 존엄의 평등이라는 규범적 지평은 흐려질 대로 흐려지고 만다.

한국 근대성의 정당성 위기

우리의 근대적 주체들이 만들어 낸 스노비즘의 문화 논리는 단순히 경제생활의 각박함이나 교육 병리나 민주주의의 형해화와 같은 문제만 만들어내는 것은 아니다. 그것은 더 나아가 사회성원들의 인간적 삶의 가능성 자체를 근본적인 수준에서 위협한다. 그것은 한마디로 니체가 말하는 식의 허무주의[154]의 다른 이름이다. 그 문화 논리는 의미 있고 인간다운 삶의 사회문화적 지평을 결국 온통 천박한 소유욕과 권력욕과 명예욕의 경연장으로 만들어 버린다. 입신출세주의, 학벌주의, 전 세계 그 어디에서보다 강렬한 성장지상주의나 경제제일주의나 속도제일주의, 어처구니없는 명품 열기나 소비주의 또는 물신주의의 지배는 이런 맥락에서 이해될 수 있다. 인문학의 위기 같은 현상도 마찬가지다. 그리하여 결국 사회적 세계가 성원들에게 제공하는 인간적 삶을 위한 의미 지평은 극단적으로 황폐화될 수밖에 없다. 이런 상황에서 사회적 인정 투쟁에서의 패배는 그 자체로 사회적 죽음을 의미할 수밖에 없다. 우리 사회가 보이는 세계 최고의 자살률 같은 것은 바로 이런 배경 위에서 이해될 수 있을 것이다.

꼭 자살에까지 이르는 깊은 절망이 아니더라도 이런 사회적 상황과 문화 논리 속에서 사람들은 자신들의 삶이 언제나 커다란 실패와 배제의 위협에 직면해 있으며 자신들이 지닌 인간의 존엄성이 심각하게 훼손되고 모욕될 위험에 처해 있다는 일상적 염려와 불안 속에서 살아갈 수밖에 없다. 사람들은 언제나 아무런 본래적 가치도 갖지 못하는 외형적 인정투쟁에서 승리할 것을 강요받는다. 외모든 돈이든 학벌이든 무언가 남들보다 나은 것이 없는 사람들은 언제든지 사회적 인정의 위계질서의 바닥으로 떨어지거나 아예 그 질서의 바깥으로 몰려날 위험에 처해 있기 때문이다. 그와 같은 위엄 있는 인간적 삶의 세계로부터의 배제와 모욕의 위협이라는 문화적 강제와 그를 토대로 한 속물주의적 문화에 대한 순응주의의 강요는 이제 우리 사회에서는 너무도 일상적이고 너무도 구조적이 되었다. 그리하

154) 제1장의 논의를 참고.

여 자칫 경쟁에서 지거나 실수라도 한다면 결국 사람대접을 받지 못한 채 모욕당하고 낙인찍히며 무시당할지도 모른다는 식의 불안은 전혀 비(非)-하이데거적인 의미로 우리 사회, 우리 시대의 기본 정조(Stimmung)가 되고 그만큼 모든 사람은 더욱더 절망적으로 속물적으로 되기를 강요받는다.

결국, 오늘날 외형적으로는 빛나는 성공을 자랑하는 우리의 근대화 프로젝트가 결과한 것은 체계적이고 구조적인 '모욕 사회'다. 사회적 인정투쟁의 승리는 특권적 소수의 몫이다. 대부분의 사회 성원들은 삶의 실패에 대한 부담과 공포를 느낄 수밖에 없다. 비교적 성공한 부류조차 항시적인 배제의 위협에 시달린다. 이 땅의 대부분의 사람은 이런저런 이유로 제대로 사람으로서 존중받지 못하고 인정을 거부당하며 저마다의 상처를 안고 살아가야 한다. 그들은 숙명처럼 모욕과 무시를 감내하며 그저 살아남는 것만을 유일한 가치로 삼아야 한다. 경쟁에서의 패배는 의미 있는 삶의 세계로부터의 낙오를 의미하며, 그것은 다시 '비인간'으로서의 삶을 의미한다. 그리고 그러한 상처와 모욕과 무시를 당연한 것으로 받아들이며 그저 자신의 개인적 무능과 불운만을 탓하며 살아가야 한다. 그나마 굴종과 자기 비하만이 비루한 대로 생존하기 위한 유일한 전제다. 이러한 사정은 우리 사회가 그동안 맹목적이고 무반성적으로 추구해 온 근대화 프로젝트가 어떤 근본적이고 결정적인 지점에서 좌초하고 있음을 보여준다.

우리 근대성의 근본 기획도 기본적으로는 더 많은 사회 합리화에 대한 기획 같은 것이었다기보다는 우리 사회 성원들의 더 많고, 더 평등하며, 더 안정적인 존엄의 확보를 위한 기획이었다고 할 수 있다. 우선, 그 출발점을 형성했던 동기 자체가 서구적 근대성의 압박이 결과했던 생존의 위협과 그에 따른 모욕과 무시라는 근본 경험이었다고 이해할 수 있다. 다시 말해 전통 사회의 내적 모순에 대한 자각과 서세동점의 위협에 대한 소극적 반작용으로 출발한 우리의 근대화 프로젝트는 그 자체가 그러한 부정적 경험을 극복한 더 나은 인간다운 삶에 대한 추구에서 출발했다고 할 수 있다. 나아가 식민화와 분단이라는 고통스러운 비극의 발판 위에서 '잘살아 보세'의 깃발을 높이 올리며 본격적이고 실질적인 근대화 프로젝트를 가동했을 때에도 더 많은 존엄을 위한 문화적 동기가 바탕에 깔려 있었다고 이해할 수 있다. 어떤 관점에서 보면 우리 근대성의 그 놀라운 경제적 성공의 이면에는 '사람대접' 받으며 사람답게 살고 싶다는 우리 성원들의 강렬한 희망과 열정이 있었다고 할 수 있다.

그러나 그 기획은 결과적으로 사람들에게 체계적 모욕과 무시에 대한 위협이 일상화된 사회를 안겨주었을 뿐이다. 우리는 세계가 부러워할 정도로 정말 잘살게 되었지만, 그러나 '한갓된 삶'이 아닌 '잘 사는 삶'이라는 소크라테스적 의미에서는 결코 잘살지 못한다. 우리에게는 '생존'만이 '신성한 것'이며, 지상의 과제다. 사람으로서의 존엄을 위한 자리가 없다. 격렬한 경쟁 속에서 어떻게든 살아남는 것만이 삶의 가장 중요한 목표다. '먹고살기 위해서는 어쩔 수 없다'는 비루함이 사회적 삶의 가장 중요한 진리다. 사람대접을 받고자 한다면, 그야말로 생사를 걸고 속물주의적 인정투쟁의 승리자가 되어야 한다. 죽도록 일하고, 죽도록 돈을 모으며, 죽도록 예뻐지고, 죽도록 스펙을 쌓고, 죽도록 인맥관리를 해야 한다. 그러나 그 성공의 가능성은 극히 희박하기만 하다.

바로 이런 종류의 역설, 사람다운 삶을 위한 추구가 대다수 성원의 인간적 삶의 위엄을 통째로 위협하기만 하는 사회를 만들어내었다는 역설, 결국 그것은 우리의 근대화 프로젝트와 그것이 외형적으로는 성공적으로 만들어 낸 것처럼 보이는 근대적 삶의 양식 전체가지닌 정당성의 기초 그 자체에 대한 자기배반이다. 애초 우리의 근대화 기획의 규범적 핵심은 우리 사회 성원들 모두의 사람답고 존중받는 삶을 가능하게 하는 사회적 삶의 양식을 건설하고자 하는 것이었다. 그러나 우리가 오늘날 마주하고 있는 모욕 사회의 모습은 결국 우리의 근대화 기획이 내세운 약속을 정면으로 조롱한다. 사람들은 이 사회가 지금껏 발전시킨 근대적 삶의 양식이 그 어떤 정당성을 가질 수 있을지를 근본적으로 회의하지 않을 수 없다. 이런 의미에서 지금 우리의 근대성은 가장 근본적인 수준에서 '정당성 위기'155)를 겪고 있다.

이 정당성 위기는 경제나 정치 같은 특정한 사회 영역의 위기나 경제적 양극화와 같은 특정한 사회문제들과 밀접한 관련을 맺고 있음에도 불구하고 결코 그러한 것들로 환원되지 않는다. 그것은 우리의 근대적 삶의 양식 전체가 그 성원들의 인간적 삶의 가능성을 제대로 보장하지 못하고 그들을 일상적이고 체계적인 모욕과 무시의 위협에 빠트리고 있다는 데서 오는 위기다. 또 이 위기는 서구적 근대성을 모델로 삼아 운위되는 근대성의 위기 또는 모순 등과는 연결

---

155) 이 개념은 원래 하버마스의 것이다. 참고: J. Habermas, *Legitimationsprobleme im Spätkapitalismus*, Frankfurt/M., 1973, 특히 96쪽 아래. 그는 후기자본주의에서 경제위기가 정치체계의 위기를 낳고 또 그것이 결국 사회통합의 위기로 이어지는 사태를 이렇게 규정했다. 나는 이 개념을 하버마스와는 다르게 근대적 삶의 양식 전체의 인간적 질의 근본적 훼손과 관련된 의미로 사용한다. 이러한 용법은 테일러의 것을 참조했다: Charles Taylor, "Legitimation Crisis?", *Philosophical Papers*, B.2. *Philosophy and the Human Sciences*, Cambridge, 1985.

되면서도 구별되는 차원을 가지고 있다. 그것은 이 위기를 낳은 우리 근대성의 도덕적−문화적 지평이 서구와는 얼마간 다른 유래와 지형을 갖고 있기 때문이다.

우리 근대성의 이 정당성 위기는 무엇보다도 우리 사회가 의식적, 무의식적으로 발전시켰던 근대화 프로젝트가 지녔던 도덕적 지평의 협애함의 산물이라 할 수 있다. 어떻게든 살아남아야 한다는 욕망, 그리고 가능하면 속물주의적 인정투쟁에서 어떻게든 승리해 보겠다는 욕망, 그리하여 몰염과 무치를 훈장처럼 달고 다니는 벌거벗은 욕망에 의해 지배되어 온 우리의 근대화 기획은 이제 더 이상 자신의 도덕적 지평만으로는 결코 감당할 수 없는 사회적 병리들을 눈앞에 두고 있다. 그러나 우리 근대화 기획의 그 '속물적 근대주의'는 그 성공의 영광 때문에라도 그런 병리들을 제대로 인식할 수도 치유할 수도 없다. 다름 아닌 우리 근대화 기획의 그 성공의 비밀이야말로 바로 그 병리들의 비밀이기도 하기 때문이다. 이런 근대성은 다름 아닌 자신 내부에서 그 함몰의 위험을 키워갈 수 있을 뿐이다.

Part 02

유교적 근대성의 미래와
시민적 진보의 이념

제5장 한국 근대성의 '개벽'을 위하여

　이제 우리는 우리가 한국 근대성의 정당성 위기라고 규정해 본 우리 사회의 삶의 위기와 병리들을 어떻게 극복하고 치유할 수 있을지를 묻고 그 답을 찾아야 하는 과제 앞에 서 있다. 사실 이는 새삼스러운 문제설정은 아니다. 우리의 근대성에서는 지금까지 고찰해 온 유교적 근대성을 형성한 어떤 주류적 흐름만 있었던 것이 아니라 그 근대성에 반대하며 저항하고 그것이 낳은 숱한 문제들과 씨름하며 갈등했던 대항적 흐름 또한 도저했다. 멀리는 동학혁명에서부터 최근의 다양한 '촛불시위'에 이르기까지 한국의 근대성은 또한 근대성의 해방적 기획을 좀 더 제대로 실현하기 위한 숱한 노력으로 점철되어 왔다. 그러나 나는 우리의 지금까지의 고찰이 그러한 과제와 관련하여 지금까지의 여러 통상적인 이론적, 실천적 시도들이 지닌 패착 지점들이 무엇인지를 다소간 분명하게 드러내 주리라 믿는다.

우리의 고찰에 따르면, 우리는 문제부터 다르게 인식해야 한다. 따라서 해법도 다른 방식으로 모색되어야 한다. 여기서도 '방법으로서의 한국'이 필요하다.

근대성이라는 문제틀에서 보면 그와 같은 대항적 노력의 주축 역시 큰 틀에서 어떤 동도서기의 기획이라는 틀을 벗어나지 못했다. 비록 단순하게만 평가할 일은 아니지만, 이 땅에서 어떤 '대안적 근대성'을 지향했던 사회운동의 효시라고 할 동학혁명 역시 '서학'에 대한 안티테제의 형식으로 시작되었다. 우리의 근대성이 일차적으로 식민지적 근대성을 통해 전면적으로 구성되기 시작했기에 많은 경우 이런저런 형식의 '민족주의'에 대한 지향을 통해 그에 대한 저항이 조직되었던 것 또한 불가피했다. 사회주의라는 서구 대안 근대성의 수입 시도가 민족주의와 결합하여 북한에서는 세계적으로 거의 유례가 없는 폐쇄적 근대 국가가 성립했을 뿐만 아니라, 남한에서는 그 북한과의 직접적이고 간접적인 연결을 통해서든 아니면 독립적으로든 큰 틀에서 '좌파 민족주의'라고 할 만한 흐름이 저항적 사회운동과 정치의 주류를 형성했다. 그러나 우리는 이런 대항적 흐름도 우리가 앞에서 살펴보았던 어떤 르상티망적 근대성 기획의 틀을 벗어나지 못했다고 평가해야 한다.

물론 우리가 지금껏 살펴보았던 속물적 근대주의에 맞서 서구적 근대성이 보여 준 해방적 잠재력을 더 온전하게 수입하고 실현하려 했던 흐름 또한 만만치는 않았다. 제헌헌법 제정에서부터 4·19와 광주민주화운동을 거쳐 최근의 복지국가 운동에 이르기까지 더 많은 인권과 민주주의를 실현하기 위한 숱한 사회운동과 실천들이 있었다. 역시 단순하게만 평가해서는 안 되겠지만, 그러나 이 흐름 역시 우리 사회의 근본 문제를 우리의 근대성이 서구적 근대성에 비해 어떤 저발전 상태에 머물러 있어 생기는 문제나 기술의 근대성에 사로잡힌 선택적인 근대화의 문제로만 이해하는 발전주의의 오류에서 완전히 자유로웠다고 할 수는 없다.

이런 상황에서 최근 들어서는 근대성 자체의 초극을 지향하는 아예 다른 방향의 모색도 없지는 않았다. 실천적으로 큰 반향을 얻어냈다고 할 수는 없지만, 많은 지식인을 사로잡았던 이런 방향의 탈─근대성의 전망에서 보면 이제 근대성은 반드시 무조건적으로 추구되어야 할 선(善)이 아니며 더 이상 지속될 수도 없다. 그리고 바로 근대성이 야말로 오늘날 우리 사회에서 경험하는 수많은 사회병리 현상들의 근본 원인인 만큼, 이제 우리에게는 이 근대성 자체로부터 벗어난 새로운 문명이나 삶의 양식을 찾아야 할 필연성만이 남아있다. 그러나 이런 문제 설정에서는 그들이 문제 삼는 근대성이 사실은 우리에게는 존재하지 않는 추상화된 서구적 근대성임이 전혀 인식되지 못하고 있다. 그와 같은 탈근대의 상상은 대부분 엉뚱하고 역설적인 유럽 중심주의에 사로잡혀 무형질의 총체적 이성비판의 논리에 빠진 채 우리 현실의 문제들에 제대로 접근하지 못하고 있는 것처럼 보인다.

이제 앞에서의 논의들을 토대로 한국 근대성의 정당성 위기를 어떻게 극복할 수 있을지 새로운 모색을 시작해 보기로 하자. 이는 결국 서구에서 발전했던 정치적 근대성과 민주주의(제6장) 그리고 정치적이고 역사적인 '진보'의 이념(제7장)과 그 주체(제8장)에 대한 새로운 접근과 해석으로 귀결될 터인데, 이에 대한 고찰에 앞서 우선 이 장에서는 우리를 안내할 올바른 입각점과 그 규범적 토대부터 확인해 두기로 하자.

'창조적 근대성'을 위한 보편적 보편주의

　우리는 우리 근대성에서 정말 무엇이 문제인지를 제대로 확인해야 한다. 지금까지의 논의를 통해 우리는 서구적 근대성을 모델로 한 합리성이론적 패러다임 안의 근대-탈근대 논쟁은 우리의 참된 관심사가 되어서는 안 되는 사이비 논쟁임을 확인했다. 또 우리는 그 논쟁에 일정하게 편승하면서 어떤 제국주의적-서구적 근대성에 맞서는 동아시아적-유교적 탈근대성을 모색하자는 유의 제안도 따라서는 안 된다는 점도 살펴보았다. 서구적 근대성 모델을 절대화하지 말고 근대성을 주체의 각성을 본성으로 하는 존엄의 평등에 대한 미완의 기획으로 이해해 보자는 나의 제안은 문제가 '근대성 대 탈근대성'이나 '서양 대 동양'의 대립구도에서 어느 하나를 선택하는 것이 아니라 우리의 사회적 삶의 양식의 성격에 관한 것임을 보여준다.

　이런 관점에서 보면 우리가 서구를 모델로 하는 근대성을 그 자체로 이상화시킬 필요도 없지만 그렇다고 그것을 무조건 배척할 이유도 없다. 그리고 동서양이분법 같은 것을 뛰어넘는 어떤 보편적 보편주의의 관점에서 근대성, 특히 우리 사회가 구현하고 있는 바와 같은 유교적 혼종 근대성의 병리화를 비판하고 저지해 내면서도 본래의 근대성의 기획에서 모든 사회 성원의 존엄의 평등을 실현하기 위한 해방적 잠재력을 극대화하려는 것만이 우리의 참된 관심사가 되어야 한다.

　물론 우리가 반드시 근대성이라는 틀 안에서만 문제를 사유해야 하는 것은 아닐 것이다. 근대성이라는 개념은 그 자체가 서구적 사유의 결과물인데다가 전근대성 및 탈근대성과 같은 대립적 개념들을 전제하거나 불러들일 수 있고, 불필요한 역사철학적 가상을 현실에 덮어씌울 수도 있다. 앞서 살펴본 대로 우리의 유교 전통은 단순히 서구적 의미에서 전근대적이고 봉건적이라고 할 수 없고, 그런 맥락에서 우리의 역사를 근대성을 중심으로 한 서구적인 시간 지평 위에서 사유하는 것은 전적으로 부당하다. 그래서 우리는 서구의 탈근대론과는 다른 의미와 맥락에서 근대성 개념을 버리고 아예 새로운 개념으로 우리의 문제를 바라보는 시도를 해 볼 수도 있을 것이다.[156]

그러나 내 생각에 근대성은 우리에게 어떤 '역사적 운명' 같은 것이다. 물론 무슨 역사철학적 의미의 필연적인 역사 법칙 같은 것이 관철되어 지금에 이르렀다는 그런 의미는 아니다. 근대성을 서구적인 기원을 갖는 것으로 이해하든, 아니면 그 서구적 기원성의 신화를 거부하는 새로운 접근법을 발전시키든, 우리는 오늘날 전 지구적인 수준에서 근대적이라고 할 수밖에 없는 삶의 양식이 비록 단일한 양상은 아니지만 이미 지배적이 되었음을 부정할 수 없을 것이라는 의미에서 그렇다. 다른 역사적 전개의 가능성이 없어서라기보다는 일차적으로는 서구적인 근대성의 압도적인 물리적인 힘 때문에 그렇게 되었을 것이다. 그리고 거기에는 전 지구적 수준에서 다양한 문화와 문명들이 일정하게 수렴하는 인간적 삶의 어떤 보편적 요소들이 담겨 있다고 해야 할 것이다. 그 서구적인 근대성의 제국주의적 확산에 반대하고 저항했던, 심지어 테러리즘 같은 극단적인 수단마저 용인하는 이슬람 세계의 반-근대성 기획도 결국 역설적이고 반작용적인 방식이긴 하지만 매우 근대적인 기획이기를 피할 수 없

---

156) 가령 김용옥, 『도올심득 동경대전』, 통나무, 2004.

어 보인다. 그러한 기획의 목적과 수단 역시 근대성의 틀 안에 포섭될 수밖에 없는 것이다.

근대성이라는 개념은 피할 수 있다. 그러나 내가 앞 장에서 시도했던 것처럼 근대성의 본성을 다차원적인 주체의 각성이라는 계기를 통해 이해할 수 있다면, 그러한 회피를 통해 우리가 얻을 수 있는 것이 많지는 않아 보인다. 그 주체의 각성은 단지 인간의 물질적 생활의 향상을 위해 절대적으로 필요한 인지적 능력의 발전을 위한 조건일 뿐만 아니라 모든 사회 성원이 자신의 인간적 잠재력을 가능한 최대한으로 실현시킬 수 있도록 해야 한다는 사회적—도덕적 프로그램 또한 작동시킨다. 이 존엄의 평등을 향한 근대적 지향은 꼭 서구적 근대성의 영향이 아니더라도 우리 사회의 문화적—정치적 전통 속에서도 얼마든지 확인해 낼 수 있고 또 앞으로도 그 전통 안에서 그 지향의 성공을 위한 자양분을 얻어낼 수 있을 것이다.

그렇다면 우리로서는 근대성에 대한 유럽 물신주의적 이해를 넘어서고 서구적 근대성의 배면과 한계를 직시하되 다차원적인 주체의 각성이라는 근대성의 참된 본성과 그 규범적 중핵을 더 적극적으로 자기화하려는 시도를 하는 것이 더 바람직해 보인다. 특히 인권 원칙과 민주주의 원칙을 더 완전하게 사회적으로 관철시킴으로써 모든 사람의 평등한 존엄성을 실현하고 보호할 수 있어야 한다는 근대성의 사회—도덕적 프로그램은 결코 포기되어서는 안 될 것이다. 우리의 속물적 근대성의 병리들과 정당성 위기는 정확히 바로 그 프로그램을 지속적인 도덕적, 정치적 개입을 통해 더 완전하고 더 철저하게 실현함으로써만 치유하고 극복할 수 있을 것이다.

그래서 우리에게는 지금 혼종적인 유교적 근대성에 대한, 말하자면 '성찰적 (재)근대화'157)의 기획이라는 차원에서 새로운 인간적 삶의 지평을 열기 위한 어떤 '창조적 근대성'에 대한 모색이 더 적절해 보인다. 다시 말해 우리는 이제 우리의 지금까지의 근대화 과정의 무반성성, 무사유성, 수동성을 비판적으로 성찰하여 극복하고, 동서양이분법 너머의 더 고차적인 수준에서 그리고 우리 근대성의 혼종성을 창조적으로 진화시킴으로써, 존엄의 평등을 실현하기 위한 새로운 인간적 삶의 양식의 모색에 나서야 한다. 우리는 우리 사회가 암묵적으로 추구해 왔지만 사실은 완성할 수 없었던 근대성의 서구적(특히 미국적) 모델 또는 패러다임에 대한 일방적 모방을 넘어서, 반성되지 않은 우리의 유교적 근대성의 그림자와 그 정당성 위기를 극복해 낼 수 있는 나름의 새로운 근대적 사회·정치·경제 모델을 추구해야 한다.

이러한 모색에서 우선적으로 중요한 것은 서양의 것이든 동아시아의 것이든 우리가 목도하고 있는 근대 사회 일반의 병리와 위기에 대해 적절하게 대응할 수 있는 근대성에 대한 새로운 규범적 관점을 확인해 내는 것이다. 어떻게 보면 매우 역설적으로 보일지 모르지만, 보편성을 내세우는 서구중심주의에 대한 비판으로부터 시작한 우리의 유교적 근대성에 대한 논의는 또다시 새로운 보편주의적 접근법에 대한 요구에 직면해 있는 것이다.

물론 우리는 서구중심주의의 헤게모니적 관철의 연장선 상에서

---

157) 이 표현은 울리히 벡이나 기든스 등에 의해 다차원적인 의미를 갖고 사용된다. 참조: 울리히 벡, 『위험사회』, 앞의 책 그리고 앤소니 기든스/울리히 벡/스콧 래쉬, 『성찰적 근대화』, 임현진·정일준 옮김, 한울, 1998. 그러나 나는 여기서 이 표현을 일차적으로 '규범적' 의미로 사용한다. 그러니까 그 실현의 과정, 목표와 가치 등에 대한 의식적이고 의사소통적인 성찰과 그에 따른 실천적 자기 교정을 그 본질적 속성으로 갖고 있는 근대화 기획이 바로 성찰적 근대화의 기획이다.

이해되는 그런 잘못된 보편주의를 극복해야 한다. 그러나 그 대안이 문화상대주의라는 막다른 골목이 될 수는 없다.[158] 그 방향에서는 우리는 우리의 유교적 근대성의 모든 면모에 대한 무차별적인 긍정과 현상추수적인 용인을 강요받지 않을 수 없다. 그래서 우리 근대성의 어떤 면모들에 대한 정당한 비판조차도 그것이 단지 우리에게 낯설다는 이유로 배척하는 그런 식의 오류를 피할 수 없을 것이다. 우리는 우리 근대성의 다양한 면모 중에서 무엇이 좋고 나쁜지를 가려낼 수 있는, 그러나 단순히 서양이나 동양의 것이라고만은 할 수 없는 그런 규범적 잣대를 가져야만 한다.

그와 같은 보편주의는 앞 장에서 살펴본 대로, 우리 인간의 좋은 삶이나 바람직한 자기실현 또는 자기완성의 이상이 지닐 진정으로 보편적인 규범적 차원의 확인 위에서 서양의 것이든 동아시아의 것이든 근대적 삶의 형식 일반을 비판적으로 평가할 수 있는 그런 근대성의 개념, 곧 모든 사회 성원의 존엄의 평등을 실현하려는 기획으로서의 근대성 개념에서 출발한다. 우리는 그런 개념에 비추어 우리가 이룩한 근대적 삶의 형식이 한편으로는 동서의 전근대적 삶의 형식과 비교하여 분명한 도덕적 진보를 보여주고 있음을 확인할 수 있으면서도, 다른 한편으로는 그런 삶의 형식조차 우리가 도달해야 할 규범적 이상에는 여전히 미치지 못하는 불완전한 상태에 있음을 진단할 수 있어야 할 것이다.

우리는 바로 이런 지평 위에서 정당성 위기에 빠진 우리 근대성을 규정하고 있는 유교 전통을 평가할 수 있어야 한다. 그래서 가령 그

---

158) 문화다원주의 조건에서 문화상대주의의 한계와 위험에 대한 자세한 논의는 참고: 장은주, 『인권의 철학』, 앞의 책, 제8장.

전통의 '공동체주의'가 서구의 개인주의가 낳은 폐해 같은 것에 대한 대안의 원천이 될 수 있다는 식의 손쉬운 접근은 단호히 거부할 수 있어야 한다. 그 전통이 잉태한 지독한 가족주의와 연고주의와 국가주의 등은, 앞서 살펴본 박노자의 표현을 빌리자면, '나에 대한 배반'일 뿐 그 어떤 긍정적인 규범적 지평도 제공할 수 없다. 그리고 그 배반이 단지 서구적인 개인주의의 관점에서만 문제가 되는 것은 아닐 것이라는 점도 분명하다. '나에 대한 배반'이 문제인 것은 그것이 단순히 집단이나 공동체에 대해 추상적으로 대립하는 개인의 부정이어서가 아니라, 그것이 바로 획일성의 논리이며 이질성이나 다양성에 대한 배제의 논리이고, 따라서 억압과 부자유의 논리이기 때문일 것이다. 공동체나 집단이 중요하지 않아서 '나에 대한 배반'을 문제 삼는 것이 아니라, 그것이 바로 우리가 어떤 문화권에 대해서도 기대할 수 있는 개인과 공동체의 바람직한 관계 위에서 가능할 인간의 자기완성의 가능성을 근본적으로 차단할 것이기 때문에 문제 삼지 않을 수 없는 것이다.

그러나 반대 방향에서 우리의 공동체주의적 전통은 그 자체로 단순한 부정과 극복의 대상만은 아니다. 우리는 예컨대 일면적으로 개인주의적인 지향만을 따르는 것처럼 보이는 서구적 근대성은 '무규정성의 고통'(Leiden an Unbestimmtheit)'이라는 병리에 시달릴 수밖에 없으며 그런 병리는 단지 제대로 된 인륜적—공동체적 관계의 확립을 통해서만 치유될 수 있다는 헤겔식의 서구의 자기비판[159]에도 충분한 주의를 기울일 수 있어야 한다. 우리는 우리의 공동체주의

---

159) 참고: Axel Honneth, *Leiden an Unbestimmtheit*, Stuttgart, 2001.

전통이 집단주의와 전체주의의 논리로 치닫는 것을 충분히 경계하면서도, 그런 전통으로부터 새롭고 대안적인 삶의 양식을 모색하기 위한 실마리를 찾아낼 수도 있어야 할 것이다.

이 새로운 창조적 근대성에 대한 모색은 '개인＝서구, 공동체＝동양' 같은 식의 지독히도 편협한 동서양이분법을 넘어서 인간적 가능성 또는 잠재력의 더 확장되고 더 심화된 실현에 대한 보편적 보편주의의 요구에 충실한 새로운 종류의 삶의 양식에 대한 모색이어야 할 것이다. 무엇보다도 우리는 지금까지의 유교적 근대성 패러다임의 잠재력은 더욱 발전시키되 그 한계를 비판적으로 극복한 새로운 근대적 정체성을 창조해야 할 것이다.

무엇보다도 관계적 존재로서의 자아에 대한 이상이나 도덕적 완성의 이상과 결부된 물질적 부의 추구 같은 본래의 유교 전통의 긍정적 요소들은 비판적으로 계승할 수 있어야 할 것이다. 그리하여 권력추구적－집단주의적 관계지향성을 극복하고 전통에 기초한 소통적－대화적 관계지향성의 양식을 발전시킨다든가 유교 전통의 깊은 인문주의적 지향을 회복시킨다든가 하는 노력을 기울여야 할 것이다. 그러나 문화적 위기와 한계를 낳은 우리 전통의 부정적 면모에 대한 자기반성과 극복의 시도 또한 게을리해서는 안 될 것이다. 그리하여 잘못된 동서양이분법을 극복하고 동서 문화 요소들의 선－조합의 추구를 통해서 참된 보편적 보편주의를 지향해야 할 것이다. 그러니까 동서 문화 융합이 긍정적인 시너지 효과를 낳고 현재 상태의 질적 고양을 가능하게 하는 새로운 혼종성을 추구해야 한다. 이를 통해 우리는 서구적 근대성의 1차원성에 대한 성찰과 '계몽의 계몽'을 우리 나름의 방식으로 추구해야 할 것이다.

여기서 우리가 놓치지 말아야 할 것은 우리의 '개인' 없는 유교적 근대성의 도덕적 지형도가 그 자체로 우리 근대성의 본질을 구성하는 것은 아닐 것이라는 점이다. 우리는 불교나 노장사상의 문화적 전통들 속에서뿐만 아니라, 예컨대 명말의 이탁오[160] 등에서 확인할 수 있는 것처럼 유교 자체의 전통 속에서도, 비록 우리가 '근대화'시켜 내는 데에는 충분히 성공하지 못했을지는 모르지만 그 어떤 서양의 개인주의적 지향에 못지않을 강력한 개인주의적 지향을 확인할 수 있을 것이다. 말하자면 유교적 근대성의 전체주의적 공동체주의는 어떤 우연적인 역사적－정치적 구성의 산물이지 운명이나 본질은 아닌 것이다.

이런 맥락에서 보면, 우리의 매우 성공적이었지만 또한 불가피하게 폭력적이기도 했던 유교적 근대화 과정은 우리의 다양하고 풍부한 전통을, 심지어 우리의 유교 전통마저도 전체주의적으로 일면화하고 심지어 위조함으로써 그 전통을 오히려 '착취'하고 '모욕'[161]하기까지 했다고 말하지 않을 수 없다. 유교적 근대성은 어떤 특정한 방식의 헤게모니적 질서의 표현이고, 바로 그런 질서의 구성의 과정에서 유교 전통은 '근대적'으로 변형되었던 것이다.[162]

때문에 우리의 유교적 근대성에 저항하고 그것을 넘어서고자 하는 창조적 근대성의 기획은 단순히 반－유교나 반－전통일 수는 없다. 오히려 전통에 대한 끊임없는 비판적 전유는 그 창조적 기획의 불가결한 전제라고 해야 할 것이다. 이 기획이 결코 더 완전한 서구

---

160) 미소구치 유조, 『중국근대사상의 굴절과 전개』, 김용천 옮김, 동과 서, 1999.

161) 참고: 이승환, 「누가 감히 전통을 욕되게 하는가」, 『전통과 현대』, 1997년 여름 창간호.

162) 배병삼은 유교 전통이 많은 경우 일제에 의해 왜곡되어 우리의 근대화 과정에 자리 잡았음을 지적한다. 배병삼, 『우리에게 유교란 무엇인가』, 녹색평론, 2012.

화나 합리화의 기획일 수 없다면, 그리고 그러한 시도는 실제로 가능하지도 않을 것이라면, 전통이야말로 우리 근대성의 창조성을 담보하기 위한 가장 중요한 원천의 하나가 될 수 있을 것이다. 물론 그렇게 되기 위해서는 보편적 보편주의의 관점에서 이루어지는 전통의 철저한 자기비판, 특히 우리 근대성의 협애한 도덕적—문화적 지평을 개방시킬 수 있는 '전통의 도덕적 메타모포시스'[163]가 반드시 필요하겠지만 말이다.

'개인의 해방'을 위한 전통의 도덕적 메타모포시스

한국 근대성의 정당성 위기는 단순히 신자유주의적 자본주의 경제 체제의 모순이나 그것이 전이되어 나타나는 정치적 혼란의 문제가 아니다. 그러한 모순과 혼란은 그것들대로 분석되고 대안들이 모색되기는 해야 하지만, 우리는 그 위기의 문화적 차원에 더 우선적으로 주목해야 한다. 우리 사회가 신자유주의적 세계화의 파고를 막아낼 제대로 된 제방을 쌓는 데 실패했고 결손 민주주의를 넘어서는 정치적 근대성의 양식을 만들어낼 수 없었던 배경에는 무엇보다도 우리의 근대적 주체들이 갖고 있는 협애한 문화적—도덕적 지평이 있었다. 이것은 어떤 관념론적 인식이 아니다. 문제는 우리 사회의 주체들이 갖고 있는 '실천의 문법'이다.

그렇다면 이 위기의 극복을 위한 우리의 새로운 창조적 근대성의 기획은 무엇보다도 우리 근대 문화의 발본적인 개혁을 향한 기획에

---

163) 장은주, 『인권의 철학』, 앞의 책, 제1장.

서부터 시작해야 한다. 계속 논의되겠지만, 물론 정치적이고 경제적인 수준에서 광범위한 차원의 '제도개혁' 역시 반드시 필요하다. 그러나 그 제도개혁은 이와 같은 '문화개혁'의 토대 위에서만 비로소 온전한 것이 될 것이다. 그리고 그 핵심은 우리의 유교적 근대성을 지배했던 '나를 배반한 역사'를 만들어 낸 개인의 억압과 황폐하기 짝이 없는 현세적 물질주의의 전제(專制)를 모든 시민이 존엄성의 훼손과 모욕 없이 당당하고 위엄 있는 존재로 살아갈 수 있도록 하는 평등한 존엄의 문화로 대체하는 것이다.

추상적으로만 말하자면, 그러니까 자신만의 고유한 의미 있는 삶의 지평이 중심에 선 문화, 그러나 좁은 자신만의 세계 속에 갇혀 있는 것이 아니라 자기 존재의 사회성과 역사성을 의식하고 열린 태도로 다른 사람들과 만날 수 있는 문화, 사람들이 서로를 모욕하지 않고 이런저런 차이를 관용하고 존중할 줄 아는 문화, 그리하여 예컨대 적자생존이나 극한적인 경쟁 논리가 아니라 상호 존중과 배려가 가장 중요한 교육적 가치가 되고 더 많은 경제성장이 아니라 인간의 존엄성이 가장 중요한 정치적 가치가 되는 문화, 바로 이런 종류의 문화를 향한 발본적 개혁이 필요한 것이다.

앞 장에서도 잠시 논의했지만, 개인의 부재와 현세적 물질주의는 서로가 서로를 강화하는 밀접한 연관을 가지고 있다. 구체적 타자에게만 초점을 둔 인정 관계에 매몰되어 한갓된 입신출세에 대한 지향 너머에서는 자신의 의미 있는 삶의 지평을 확인할 수 없는 주체는 속물적-물질적 과시라는 차원에서 말고는 인간적 삶의 성공을 상상할 수 없다. 반면 나름의 삶의 진실을 추구하고 인간적이 될 수 있는 자신만의 고유한 방식을 아는 주체에게 물질적 행복 같은 것은 많고 적음의 문제가 아니라 적절함의 문제일 뿐이다. 결국, 필요한 문화개혁의 관건은 그와 같은 진정성의 이상을 추구하는 올바른 '개인의 해방'이다.

'진정성 있는 개인'은 '윤리적' 개인이다. 그는 사회적 관습이나 억압적-규율적 도덕에 일방적으로 순응하기를 거부하고 자신만의 의미 있는 삶의 지평을 모색한다. 그에게 수동적인 순응주의자는 '타인의 시선의 노예'일 뿐이다. 그는 독립적인 사유의 지평을 열려 하고, 자신만의 취향과 자신만의 삶의 가치를 담금질한다. 그렇기에 그는 타인들의 취향과 가치를 존중하며 다양성과 차이를 용인하고 장려할 줄 안다. 때문에 그는 모든 사람의 저마다의 소중함과 존엄함을 인정하고 존중하는 '도덕적' 개인이기도 하다. 이런 개인만이 모든 성원의 존엄의 평등을 인정하는 토대 위에서만 가능한 민주주의를 발전시킬 수 있다.

문제는 이와 같은 진정성 있는 개인이 단지 서구로부터의 문화적 유입 같은 차원에서만 이해될 때 그에 대한 르상티망적 반발은 불가피할 것이고 문화개혁의 시도는 쉬이 좌초하게 될 우려가 있다는 것이다. 그러한 개인을 상상하고 그러한 상상이 사람들을 사로잡아 일상적인 문화적 습관으로 자리 잡기 위해서는 그러한 개인에 대한 상상이 또한 우리의 문화적 전통의 지반으로부터도 지지를 얻을 수 있어야 한다. 그러나 그것은 단순히 전통으로부터의 '발굴'이나 '(재)발견'의 차원에서만이 아니라-앞서 잠시 언급한 대로 완전히 불가능하지도 않을 것이고 무의미하지도 않겠지만-, 내가 도덕적 메타모포시스라고 규정하려는 전통 내부로부터의 도덕적 도약의 방식으로만 가능할 것이다.

이때 우리가 결코 놓쳐서는 안 될 것은 우리의 유교적 근대성에서도 어떤 종류의 개인 해방은 이제 사회적으로 불가피한 귀결이 되었다는 점이다. 현대 사회 일반의 유동화는 삶을 속박하던 제도나 관습 등으로부터 개인을 자유롭게 만들고, 불가피하게 개인들의 자율성의 공간을 확대시킨다. 사람들은 이제 핵화된 가족의 일원으로서, 직업을 가진 개인으로서, 그리고 정치적 시민으로서 다양한 관계와 분절적 정체성들을 가지게 되었으며 그것들을 접합하고 통일시켜주는 개인이라는 중심을 가지지 않을 수 없다. 유교적−근대적 정체성의 도덕적 지평은 그동안 그러한 발전 과정에 일정한 방식으로 어긋나 있었으나, 이제 그와 같은 개인의 해방 과정은 돌이킬 수 없을 것처럼 보인다. 이것은 오늘날의 세계화된 자본주의의 새로운 양식 자체가 강요하는 것이기도 하다. 그러나 이 개인의 해방은 우리에게 심각하게 일그러진 모습을 띠고 있다.

오늘날 그동안의 연공서열체제, 종신고용 등을 특징으로 하는 포드주의적 자본주의 조직 체계는 경직된 관료제적 조직의 유연화, 슬림화, 효율화 등을 특징으로 하는 새로운 자본주의, '뉴캐피탈리즘' 유형에 의해 대체되었다.[164] 이러한 새로운 자본주의의 이상화된 자아는 끊임없이 새로운 기술을 배워 자신의 지식기반(knowledge base)을 변화시키는 개인, 기계보다 한 발 더 앞선 사람 등으로 이해된다. '변화하지 않으면 죽는다. 장기적 관점을 버리고 단기적인 승부를 하라. 남과 깊이 사귀지 말고, 손해 보면서 호의를 베풀지 말라'는 것이 이 시대의 이상적인 가치로 등장한 것이다. 그래서 사람들의

---

164) 세넷, 『뉴캐피탈리즘』, 앞의 책.

관계 맺기(relationship)는 거래(transaction)로 변화(조지 소로스)되었고, 서구의 프로테스탄트 윤리나 동아시아 사회의 입신양명 추구와 같이 미래의 보상을 전제로 현재의 노고에 충실할 수 있게 했던 문화적 버팀목은 사라졌으며, 금욕을 부질없게 만드는 새로운 노동 패러다임이 등장했다.

그리하여 현대 자본주의는 덜 고정되고 더 유동적이며 융통성 있는 기술을 필요로 하기에, 직무, 일자리, 작업장 등을 필요에 따라 옮겨 다니는 데 익숙한 사람을 요구한다. 나아가 여기서는 새로운 사물을 배우는 능력(=잠재적 학습 능력)이 기존의 문제나 일군의 자료를 깊이 탐구하는 역량보다 더 가치 있는 것으로 평가된다. 바로 이렇게 새로운 자본주의 경제는 그와 같은 불확실성을 각 개인이 긍정적으로 수용하도록 도덕적 압박을 가한다는 점에서 이전의 자본주의와 구분된다고 할 수 있다.

한편으로 제3장에서 살펴본 유교적 근대성의 이상화된 자아상이 낳은 문화 논리는 아마도 이와 같은 신자본주의적 변화 과정에 성공적으로 적응할 수 있게 하는 원동력이 될 수 있을 것이다. 그러나 다른 한편으로는 이렇게 뉴캐피탈리즘에 성공적으로 적응할 수 있게 해 주었던 유교적-근대적 정체성의 무조건적인 현세적응의 문화논리는 근대성과 자본주의의 유교적 정체성에 대한 자기배반을 낳고 있는 것처럼 보인다. 그간의 성공적인 자본주의 발전의 바탕에는 종신고용, 연공서열제, 가족주의, 강력한 '질서 형성'에 대한 요구, 관료제적 사회 통제 등이 작용하고 있었다고 할 수 있다. 이런 것들은 그 부정적 측면에도 불구하고 사회 성원들에게 사회적 생존 양식의 기본적 안정성을 보장해준다는 느낌을 줄 수 있었다. 아마 이런 것이 여전한 '박정희 향수'의 뿌리라고 할 수 있을 것이다. 그러나 지금 바로 그런 토대들이 심각하게 흔들리고 있는 것이다.

세계화는 단순한 상품과 금융, 인적 교류 등의 세계화가 아니라 무엇보다도 자본주의의 새로운 조직 양식의 세계화였고, 그 결과 나름의 고유한 문화적 결을 갖고 있던 우리 근대성의 삶의 양식도 그 새로운 자본주의의 문화 논리에 적응하지 않을 수 없었다. 외부 세계에 대한 절대적 적응의 논리와 현세적 물질주의를 발전시켜 왔던 유교적 근대성의 문화 논리가 한편으로는 사회의 전면적인 시장화, 생산과 노동의 유연화 등을 특징으로 하는 새로운 자본주의적 조직 양식에 대해서도 매우 친화적으로 작용했음에는 틀림없다. 그러나 새로운 자본주의적 조직 양식은 가족이나 질서, 공동체 등의 가치 위에 지탱되던 유교적 문화 논리를 근저에서부터 뒤흔들어 놓았다는 점도 놓쳐서는 안 된다. 무엇보다도 이런 과정에서 개인의 해방이 불쑥 찾아왔다. 그러나 그것은 우리의 유교적 근대성의 정당성 위기를 극복하기 위한 대안의 실마리라기보다는 오히려 그 위기의 증폭제가 되고 있는 것처럼 보인다.

세넷은 자신의 삶을 연속적인 이야기(=서사)로 만들어줄 수 있는 어떤 연관성도 사라지게 하는 것이 오늘날의 새로운 자본주의의 속성임을 지적했는데,[165] 우리 사회에서도 이런 속성의 부정적 작용은 결코 덜하지 않았다. 그에 따르면, 신자본주의의 이상화된 자아상은 개인들로 하여금 삶의 서사와 삶에 대한 통제력을 잃게 한다. 이해관계에 따라 빠른 속도로 이합집산을 되풀이하고 필요한 재능을 가

---

165) 같은 책, 218쪽.

진 사람만을 선택적으로 고용하며 효용성이 사라졌을 경우 즉시 해고해버리는 고용 문화가 개인으로 하여금 미래의 삶을 기약하고 예측할 수 없게 만든다는 것이다.

새로운 자본주의적 조직(이른바 '팀제' 같은 조직)에서는 권력의 중앙집중화는 심화되지만 권력에서 권위가 떨어져 나가는 반면, 구성원의 소속감은 약화되고 참여의 기회는 줄며 상층부의 지시를 적절하게 해석해주는 중간 기능도 없어져 버린다. 아울러 조직 내 비공식적인 신뢰의 고리를 차단하고 마침내 구성원들로 하여금 스스로가 쓸모없는 잉여인간으로 전락할지 모른다는 불안에 휩싸이게 한다. 제도에 머물면서 보장받을 수 있는 기간이 짧아지는 것이다. 그러나 세넷의 지적처럼, 삶의 서사를 끊어놓는 체제는 지속가능하지 않으며 작은 충격에도 깨질 수 있는 유리그릇 같은 것이 될지도 모른다. 신자유주의 종말의 신호탄으로 평가되는 몇 년 전의 월가발 금융위기는 또한 바로 이런 방식의 자본주의적 조직 방식 및 인간형의 한계를 보여주고 있다.

그런데 바로 이런 성격의 신자유주의적 세계화와 새로운 자본주의의 문화 논리는 우리의 경우 엉뚱한 방식의 개인의 해방을 통해 유교적 근대성의 정당성 위기를 더욱 심화시키고 있는 것처럼 보인다. 그것은 종신고용제나 연공서열제를 대체한 새로운 조직 원리, 광범위한 노동의 유연화, 강화된 노동력의 상품화에 대한 압박, 경쟁 논리의 격화 등을 우리 사회에 착근시키면서 우리 사회의 근대적 삶의 양식에 말하자면 '편재하는 불안' 또는 '유동하는 공포'(바우만)166)를 극단적으로 심화시켰다. 우리 사회에 이식된 신자유주의적 세계화가 삶의 '존재론적 안정성'을 뿌리부터 뒤흔들면서 우리 근대성의 정당성 위기를 더욱 첨예화시키고 있는 것이다.

정말 역설적이게도 강화된 노동의 상품화 및 유연화에 대한 압박, 경쟁 논리의 강화 등과 같은 신자본주의적 근대성의 논리는 우리 근대성 속에서 살아가는 개인들을 이런저런 조직적 틀이나 굴레로부터 결정적으로 벗어나게 하는 효과를 낳은 것처럼 보인다. 그러나 우리 근대성의 문화적 틀이 이러한 해방의 의미를 제대로 파악해서 그것을 새로운 삶의 양식에 대한 정향으로 발효시키고 있는 것처럼 보이지는 않는다. 어쩌면 그러한 해방은 개인을 낯설어하는 문화적 전통과 습성 때문에 서구 사회들에서 확인되는 바와 같은 어떤 사회존재론적 개인주의의 만연 같은 것보다도 오히려 더 심각한 병리 상태로 우리 근대성을 몰아가고 있는 것처럼 보인다. 지금 우리가 목도하고 있는 것은 극단적 이기주의에 따른 야만적 자기주장과 문화적-도덕적 아노미 상태일 뿐이다. 한마디로 말해서 우리 사회의 문화적-도덕적 지평에서는 '옛것은 죽었지만, 새것은 아직 태어나지 않은' 어떤 문화적 공위(空位) 상태가 생겨난 것이다.

이런 상황에서 우리의 도저한 유교적-공동체주의 전통은, 물론 단순히 있는 그대로를 계승하는 것이 아니라 일정하게 '업그레이드' 하기는 해야겠지만, 우리의 좋은 출발점이 될 수 있다. 아니, 이런 출발점은 불가피하기도 하다. 모든 사회적 실천은 구체적이고 맥락적일 수밖에 없다. 특정한 장소에 발을 딛지 않은 사회적 실천은 있을 수 없다. 그래서 우리는 전통으로부터 출발할 수밖에 없다. 전통과의 혁명적이고 절대적인 단절 같은 것은 있을 수 없다. 우리는 그

---

166) 지그문트 바우만, 『유동하는 공포』, 산책자, 2009.

전통에서 출발하되 그것의 도덕적 메타모포시스를 촉구하고 감행함으로써 그런 공동체주의의 새로운 형식, 그러나 또 다른 버전의 공동체주의라기보다는 말하자면 서구적인 개인주의와 동아시아적 공동체주의 모두를 '지양'한 새로운 사회성의 원리를 모색해야 한다.

사실 진정성 있는 개인의 이상은 우리가 서구 문화에서 목도하는 바와 같이[167] 자칫 존재론적 원자주의라는 잘못된 철학적 이해와 결합하여 새로운 종류의 사회병리의 원천이 될 수도 있다. 인간적 삶의 사회적 차원에 대한 무시 때문에 개인들 사이에 사회적 고독감이나 소외감을 확산시킴은 물론 정치적 냉소주의를 조장할 우려가 있다. 개인들로 하여금 사회의 '구조적 불의'[168]에 무관심한 채 모든 삶의 문제를 개인적 수양 같은 차원으로 환원시켜 인식하도록 유도할 수도 있다. 때문에 우리가 추구하는 진정성의 이상은 인간적 삶의 사회적이고 역사적인 차원을 충분히 인식하고 그런 차원을 고려한 실천을 유도할 수 있는 어떤 '사회적 진정성'의 이상이어야 한다.[169] 오늘날 개인의 해방이라는 전제 위에서 이루어지는 우리의 유교적－공동체주의 전통의 도덕적 메타모포시스의 지향은 바로 이런 맥락에서 찾아져야 할 것이다.

그러니까 전통적 공동체주의에서와는 달리 개인의 가치와 자율의 공간을 충분히 보장해 주면서도 그것이 나쁜 의미의 개인주의의 늪에 빠지도록 내버려두지 않고 참된 공동체적 유대와 결속을 가능하게 해 주는, 말하자면 '진정성 있는 개인들의 연대'를 모색하는 새로

---

167) 찰스 테일러, 『불안한 현대 사회』, 송영배 옮김, 이학사, 2001.

168) 이 문제에 대해서는 다음의 논의를 참조: 아이리스 M. 영, 『정치적 책임에 관하여』, 허라금 등 옮김, 이후, 2013.

169) 이에 대해서는 다음의 나의 논의도 참고: 장은주, 『인권의 철학』, 앞의 책, 423쪽.

운 사회성의 패러다임을 추구해야 한다는 것이다. 여기서는 개인을 억압하는 것이 아니라 오히려 풍부한 개인의 자기실현에 대한 강력한 지향을 자신의 존립 목적으로 삼는 공동체적 관계가 추구되어야 할 것이다. 말하자면 '개인의 참된 자기실현을 중심 가치로 삼는 공동체' 또는 '개인의 자유를 최대한으로 보장하는 것이 그 목적인 공동체'가 될 수 있는 그런 삶의 양식 말이다.

다시 말해 우리는 개인들에게 추상적인 수준에서 맹목적이고 선험적으로 주어지는 혈연이나 운명 같은 것에 대한 충실성 따위를 요구하는 데 그치는 것이 아니라, 모든 개인의 평등한 도덕적 가치를 존중하고 보호하되 그 모든 개인이 삶의 모든 국면에서 어떤 식으로든 서로 서로 빚져 있고 서로 서로 연루되어 있기에 기꺼이 함께 출발할 수 있다고 여길 수 있는 그런 구체적인 사람들 사이의 공동체적 관계를 만들어낼 수 있어야 한다는 것이다. 우리는 이런 공동체를, 존 듀이의 개념을 빌려 쓰자면, 하나의 '위대한 공동체'(Great Community)[170]라 부를 수 있을 것이다. 이러한 새로운 연대적 삶의 양식의 이상에 대해서는 다음 장에서 다시 다루려 한다.

삶의 양식의 '개벽'을 위하여

그런데 그와 같은 새로운 사회성의 원리에 기초한 도덕적 – 문화적 개혁의 필요는, 계속 이야기해 온 대로, 단순히 사람들의 어떤 주

---

170) 존 듀이, 『현대 민주주의와 정치 주체의 문제(The Public and Its Problems)』, 홍남기 옮김, 씨아이알, 2010, 142쪽. '위대한 공동체'라는 역어는 나의 것이다. 이 책의 역자는 '거대한 공동체'라는 역어를 채택하고 있다.

관적 삶의 태도나 의식적 지향 같은 차원에서의 변화만을 노리는 것이 아니다. 우리가 우리 사회의 삶의 위기를 극복하려 하면서 반드시 제도만이 중요하다거나 그것만이 문제라고 접근해서는 안 된다는 것이 이런 접근의 한 초점이기는 하지만, 제도, 특히 정치적이고 경제적인 차원의 여러 제도에 대한 개혁을 외면한 문화개혁은 큰 의미가 없을 것이다.

게다가 문화개혁은 결코 쉬운 과제가 아니다. 아비샤이 마갈릿은 사람들을 모욕하지 않는 '품위 있는 사회'의 기획을 제안하면서, 사람들이 서로를 모욕하지 않는 사회를 '문명화된 사회(계명된 사회)'라 할 수 있는 반면에, 품위 있는 사회는 한 사회의 '제도'가 사람을 모욕하지 않는 사회라고 한 적이 있다.[171] 그러면서 그는 우리가 미시적인 문화적 수준에서보다는 우선적으로 거시적인 제도들이 사람들을 모욕하지 않는 사회를 지향할 수 있어야 한다고 했다. 문화적 수준의 개혁은 매우 오랜 시간에 걸쳐 힘겹게만 이루어질 수 있기 때문이라는 것이다. 이런 사정을 무시하자는 것이 논점은 아니다.

우리가 애초 근대성이라는 틀을 통해 문제에 접근하고자 한 것도, 우리 근대성을 지배했던 도덕적-문화적 지평에 대한 비판적 성찰을 거친 새로운 사회성의 원리에 대한 모색을 통해 문화적 차원의 개혁을 강조하는 것도, 초점은 우리가 마주한 이 땅의 심각한 삶의 위기와 관련하여 우리가 지금 살아내고 있는 전체로서의 삶의 양식 그 자체를 문제 삼고 또 새롭게 재구성할 수 있는 방향에서 문제에 접근해야 한다는 데 있다. 그러니까 나의 초점은 그와 같은 새로운

---

171) 아비샤이 마갈릿, 『품위 있는 사회』, 신성림 옮김, 동녘, 2008, 15쪽 이하.

사회성의 원리를 실현할 하나의 구체적이고 총체적인 삶의 양식의 건설이 우리의 참된 과제가 되어야 한다는 데 있다.

이러한 과제는 결코 단순히, 아주 근본적인 수준에서라도, 몇몇 제도적 차원의 개혁을 통해서는 완수될 수 없다. 그 제도개혁은 문화개혁과 함께 가야 한다. 물론 당연히 반대편에서 우리가 추구하는 문화개혁은 제도개혁을 향한 것이어야만 하며, 말하자면 문화개혁이 실현되는 그 구체적인 방식이 제도개혁인 그런 개혁이어야 한다. 그러나 다른 한편으로 문화개혁은 제도개혁의 전제이기도 한데, 이런 의미에서 문화개혁과 제도개혁은 상호를 지지하며 상호를 강화하는 방식으로 이루어져야 한다.

여기서 우리의 근대적 삶의 양식이 지닌 문화적－도덕적 지평에 대한 성찰 위에서 진행되어야 할 문화개혁의 과제는 우리의 삶의 양식 전체에 대한 일정한 비판적 성찰과 그것의 진화를 위한 사회적 노력의 출발점이자 과정이며 또한 그 궁극적 목표라고 할 수 있다. 이때 그 문화개혁이 이루어지는 구체적인 결과로, 그리고 단지 그러한 결과로서만, 필요한 정치적이고 경제적인 차원의 제도 개혁도 제대로 이루어질 것이다. 나는 그와 같이 도덕적－문화적 차원의 개혁이 중추에 선 사회 전반의 개혁 시도를 우리 사회의 해방적－근대적 기획의 효시라 할 수 있는 동학혁명에서 빌려와 한국 근대성의 '개벽(開闢)'을 위한 노력이라고 규정해 보고 싶다.

물론 여기서 나는 그 개념이 발생 맥락에서 함께 지녔던 종교적이고 형이상학적인 전제와 배경 모두를 새삼 부각시키려는 의도를 갖고 있지는 않다. 그럼에도 내가 굳이 이 개념을 사용하려는 이유는 도덕적이고 정신적이며 문화적인 차원을 중추에 둔 삶의 양식 전반에 대한 점진적이지만 총체적인 변혁을 드러낼 수 있는 더 나은 개념을 알지 못하기 때문이다. 특히 한국과 같이 피식민화 상태에서 서구적 유래의 근대성을 수입하고 이식시키는 방식으로 근대적 삶의 양식을 추구해 온 곳에서는 새로운 창조적 근대성의 기획을 그와 같은 정신적이면서도 물질적이고 문화적이면서도 제도적인 개혁의 변증법이 지닌 전체성을 시야에 두는 것은 너무도 유용해 보인다.

한국의 근대성은 말하자면 동서양 문명의 특별한 방식의 이종 교배의 산물이다. 우리 사회는 역사적으로는 일본에 의한 피식민화 과정을 매개로, 또 독립 이후에는 미국의 압도적 영향 아래, 근대적 삶의 양식을 이루는 숱한 요소들을 수입하여 이식해 왔다. 하찮게는 식탁과 주거 양식에서부터 정치, 경제, 사회의 거의 모든 중요한 영역에 이르기까지 서구화로서의 근대화를 추구해 왔다. 그러나 몇몇 기술적이고 외형적인 차원을 제외한다면, 그 근대적 삶의 양식을 꾸려 나가는 주체들의 도덕적-문화적 지평은 여전히 서구적-근대적인 것과는 거리가 멀다. 비록 그 지평을 단순히 전통의 잔재로만 본다거나 전근대적이라고만 규정할 수 없다는 점은 이제까지의 논의를 통해 분명해졌겠지만, 여기서 그와 같은 이종 교배의 과정이 낳을 어떤 부자연스러움은 당연한 귀결이었지 싶다. 귤은 회수를 넘으면 탱자가 되는 법이다. 그 이종교배의 산물이 스스로 성장하고 재생산해 낼 수 있는 하나의 건강한 사회적 복합체로 제대로 성장해 나갈 수 있을지 여러모로 의심스러울 수밖에 없다. 그리고 그 의심은 지금껏 살펴본 대로 얼마간 실제로 확인되었다.

물론 한국의 유교적 근대성에 대한 이 부자연스러움에 대한 비판적 문제의식의 초점은 전통에 대한 자학이나 이 이종교배의 산물이 보이는 어떤 미적 추함 따위에 대한 혐오가 아니다. 초점은 그 혼종적 삶의 양식이 낳은 심각한 도덕적-실천적 무능에 있다. 앞에서 우리가 살펴본 이 근대성의 숱한 병리와 정당성 위기는 그것을 웅변한다. 그렇다면 우리의 유교적 근대성에 대한 대안적 접근의 참된 과제는 바로 우리의 삶의 공동체가 그런 문제들을 스스로 해결해 나갈 수 있는 도덕적-실천적 능력을 제대로 확보하게 하는 것이다.

앞에서 우리는 이런 문제 상황이 서구에 대한 르상티망을 바탕으로 동도의 기치를 더 높이 든다거나 반대로 단순히 더 완전한 서구화로서의 근대화라는 과제를 설정함으로써는 올바르게 접근될 수 없음을 확인했다. 여기서 이루어져야 할 주체의 각성은 우리에게 역사적으로 주어진 그 혼종성의 숙명을 끌어안으면서도 그것을 사람이 정말 사람답게 사는 세상을 위하여 창조적으로 변이시켜 내야 한다는 과제를 떠맡을 준비가 되어 있다는 것을 의미한다.

그러나 이러한 창조적 변이는 단순히 어떤 이상적인 제도의 마련 같은 것에 한정될 수 없는 과제다. 그것은 사람들이 자신들의 정체성과 삶의 의미를 이해하는 가장 기본적인 도덕적-문화적 지평의 수준에서부터 시작되어야 한다. 바로 그 도덕적-문화적 지평이 가령 제사나 결혼 같은 가족적 관습 차원에서부터 교육의 과정이나 일상적인 경제생활은 물론 입법, 행정, 사법에 이르기까지 사회 전반의 여러 관행과 사유의 습성을 일정한 방식으로 규정하고 있기 때문이다. 제도개혁이 불필요하다는 것이 아니라, 그러한 제도개혁도 이 땅에 구현된 삶의 양식에 뿌리를 내리고 그것이 더 온전한 도덕적-실천적 문제해결 능력을 확보할 수 있게 만들 수 있도록 하는 그런 차원에서 이루어져야 한다는 것이다.

나아가 이 도덕적-문화적 지평의 개혁은 단순히 '의식'이나 '이성' 수준의 개혁이 아니라는 점도 분명히 해야 한다. 단순히 설득하고 '계몽'한다고 개혁이 이루어지지는 않는다. 그 개혁은 단순히 어떤 논증을 통한 논쟁에서의 승리가 아니다. 새로운 개혁의 지향은 말하자면 삶에 녹아들어 개개인들의 일상에서 습관화되고 '체화'되어야 한다. 일상적 관행과 사유의 습성 자체가 새롭게 형성되어야 한다. 생활이 바뀌고 다른 사람들과의 관계 맺음의 일상적 방식이 달라져야 한다. 전통의 도덕적 메타모포시스는 단순히 전통과의 단절이 아니라 또 하나의 새로운 전통의 구축으로 나아가야 한다. 세상의 일을 바라보는 사람들의 가장 기본적인 수준의 인지의 틀과 양식이 바뀌어야 한다. 바로 이런 방식의 개혁이 완수되어야만 비로소 하나의 새롭고 건강한 삶의 공동체가 건설될 수 있는 것이다. 우리의 개벽 운동에서 '교육'이 아주 결정적인 역할을 맡아야 하는 것은 바로 이런 이유 때문이다.

이런 시각에서 보면 그동안 우리 사회에서 이루어져 왔던 여러 대안적 근대성을 향한 노력은 그것들이 지닌 르상티망적 기획의 일그러짐이나 발전주의의 오류 때문만이 아니라 우리 사회가 필요로 하는 특별한 사회개혁의 문법과 목표에 대한 불충분한 이해 때문에도 좌초할 수밖에 없었다고 해야 한다. 그 노력의 이념적 좌표도 앞으로 보게 될 것처럼 여러 차원에서 손상되어 있었고 또 그래서 우리 사회의 삶의 위기를 제대로 인식해내는 데 실패했을 뿐만 아니라 그 노력은 지나치게 거시적인 수준의 제도적-정치적 차원에만 지향점을 두었던 것이다. 그 노력은 사실 별 달리 유능하지도 못했지만 단지 국가 권력을 장악하고 이런저런 입법을 통한 제도 개혁에만 초점을 두었지 인간적 삶의 의미 지평에 대한 근본적인 성찰을 이루어내고 확산시켜내는 일에는 아예 거의 무관심했다.

일상을 바꾸고 학교와 교육을 바꾸며 경제생활의 방법과 문화를 혁신하고자 나서지 못했다. 지역으로의 '하방' 운동 같은 것도 없었다. 때문에 우리 사회에서 이루어지고 있는 가장 기초적인 삶의 구체적인 양상을 이해하지도 바꾸지도 못했다. 한마디로 우리에게는 특별한 종류의 '문화 혁명'이 필요했지만, 그 혁명은 일어나지 않았다. 아니, 시도되지조차 못했다. 한국의 근대성은 지금 바로 그러한 문화 혁명으로부터 시작하고 또 그 문화 혁명으로 귀결되어야 할 총체적이고 발본적인 개벽을 필요로 한다.

제6장 민주주의라는 삶의 양식과 그 인간적 이상

　이제 한국 근대성의 정당성 위기를 극복할 새로운 창조적 근대성의 기획이 지닌 정치적 차원을 본격적으로 살펴볼 차례다. 물론 여기서 그 정당성 위기는 좁은 의미의 정치적 차원하고만 관련된 것은 아니다. 그것은 단순한 사회적 불의의 상태라는 차원을 넘어 우리의 삶의 공동체 속에서 인간적 삶의 가능성 자체가 점점 더 사라지고 있다는 인식과 관련되어 있다. 그러나 한국 근대성의 정당성 위기는 무엇보다도 민주적－정치적 정당성의 위기로 표현되고, 바로 이런 차원의 위기야말로 우리 근대성의 정당성 위기가 지닌 심각성을 드러낸다. 정치는 본디 숱한 사회적 불의와 삶의 위기를 완전히 없애지는 못하더라도 적어도 견딜만하게는 다스리는 과업을 지닌 사회의 실천적 중추 같은 것이어야 한다. 그러나 우리 사회의 정치는 그런 문제 해결의 중추라기보다는 오히려 문제의 중요한 한 진원지로 역할하고 있을 뿐이다. 그래서 한국 근대성의 개벽을 위한 기획 역시 도덕적－문화적 지평의 개혁에 대한 강조에도 불구하고 기본적으로 하나의 정치적 기획일 수밖에 없다.

근대성에 대한 우리의 새로운 이해에서 주체의 각성을 기초로 모든 성원의 존엄의 평등을 위한 사회－도덕적 프로그램을 제도화하고 실현하려 했던 정치적 근대성은 근대성의 실천적 중추라고 할 수 있다. 우리가 추구하는 창조적 근대성을 위한 개벽의 기획도 그와 같은 사회적 복합체의 실천적 중추를 새롭게 구성하는 일을 결코 소홀히 할 수는 없다. 도덕적－문화적 지평의 개혁에 대한 강조가 이 차원의 과제를 부차화하는 것을 의미하지는 않는다.

그러나 그 과제는 지금까지의 대안적－정치적 접근법들에서와는 얼마간 다르게 설정되어야 한다. 우리의 새로운 정치적 근대성의 기획은 서구의 정치적 근대성을 모델로 삼은 좁은 의미의 정치적－제도적 차원의 개혁을 위한 기획일 수는 없다. 그것은 단순히 좀 더 완전한 정부의 형식이나 대의민주주의 체제의 확립 같은 것만을 위한 기획이어서는 안 된다. 물론 여기서 민주주의 그 자체가 부정되거나 회피될 수는 없다. 그리고 우리의 출발점이 일단 서구에서 발전된 민주주의 모델이 될 수밖에 없다는 점은 명백하다. 어떤 작동 가능한 정치체제로서의 민주주의가 일단 서구 근대성의 작품이고, 우리에겐 그것이 수입품이라는 것은 결코 부정될 수 없는 사실이다. 그래서 우리는 서구에서 발전된 정치적 근대성으로서의 민주주의에 대한 올바른 참조 없이는 한 발짝도 앞으로 나갈 수 없다. 그러나 우리가 민주주의를 이해하고 상상하는 틀만큼은 새롭게 구성되어야 한다.

앞 장에서 나는 우리의 도덕적-문화적 개혁의 방향이 진정성 있는 개인들의 연대에 토대한 위대한 공동체를 향한 것이어야 한다고 이야기했다. 나는 민주주의란 결국 그러한 위대한 공동체의 삶의 양식에 대한 다른 이름일 것이라고 생각한다. 그렇게 이해된 민주주의에서는 다른 통상적인 민주주의 모델들에서와는 달리 모든 성원이 자신들의 인간적 잠재력을 실현하는 방식으로 그 존엄의 평등이 보장될 수 있도록 해야 한다는 도덕적 목적이 중심에 있다. 또 그러한 민주주의는 단순히 좁은 의미의 정치적-제도적 차원의 개혁을 넘어 전체로서의 삶의 양식 그 자체를 '인간화'할 수 있을 때에만 뿌리를 내릴 수 있다. 이런 맥락에서 나는 우리가 추구하는 민주주의는 근본적인 수준에서 하나의 '인간적 이상'으로 이해되어야 한다고 여긴다.

민주적 삶의 양식에 대한 창조적 모색을 위하여

우리 사회에 민주주의는 말하자면 도둑처럼 찾아왔다. 비록 일본 제국주의에 의해 강요되긴 했지만 조선 왕조의 마지막 군주였던 순종의 군권(君權) 포기 선언은 '인민의 지배 체제'로서의 민주주의를 어떤 역사적 필연의 산물로 이 땅에 가져왔다.[172] 비록 식민지배 아래였지만, 조선의 인민들에게 가능한 조국은 왕이 다스리지 않는 나라, 곧 '공화국'일 수밖에 없었다. 이미 3·1 운동의 '기미선언문'이

---

172) 우리는 민주공화제라는 우리 헌법의 근본 원칙은 건국헌법 제정에 참여한 소수 권력집단의 타협의 산물이 아니라 19세기 이래 우리 근현대사의 광범위한 합의의 산물임을 잊어서는 안 된다. 이에 대해서는 참고: 서희경,『대한민국 헌법의 탄생: 한국 헌정사, 만민공동회에서 제헌까지』, 창비, 2012.

분명히 한 대로, 군주가 그 (참칭된) 주권을 포기해 버린 그 조국은 결국 인민들 스스로가 주권자가 되어 스스로를 지배하는 민주주의 말고는 다른 어떤 정체를 가질 수가 없었던 것이다.[173] 이런 점에서 '민주공화국'에 대한 지향은 일제 강점기를 거쳐 지금에 이르기까지, 심지어 군사 쿠데타로 집권했던 박정희나 전두환조차도 부정할 수 없었을 정도로, 우리 근현대사의 자명한 역사적 진리 같은 것이었다.

그러나 일제로부터의 해방과 함께 주어진 그 민주공화국이라는 역사의 선물은 엄청난 수의 조각들을 가진 퍼즐이었고, 우리 인민들은 그 조각들을 어떻게 맞춰 나가야 할지 처음부터 잘 알지는 못했다. 세계사적인 수준에서 이루어진 어떤 '역사의 장난'과 그에 따른 외세의 개입이라는 거대한 장벽이 있기는 했지만, 분단과 뒤이은 전쟁 및 혼란은 궁극적으로는 그와 같은 내적 혼란의 결과였다고 해야 할 것이다. 이런 상황에서 민주주의는, 군부 독재 시절뿐만 아니라 민주화 이후에도, 여러 가지 방식으로 일그러졌고 특별히 한국적인 방식으로 왜곡되어 정착됐다. 꼭 서구의 민주주의를 준거로 삼지 않더라도 한국의 민주주의는 그 원활한 작동이라는 관점에서 여러 커다란 결점들을 드러내며 삐걱거리고 있음은 앞에서 살펴본 그대로다.

한국적-유교적 근대성의 정치적 형식인 이와 같은 (사실적 의미의) '한국적 민주주의'는 바로잡아질 수 있을까? 한국에서도 반편이나마 제대로 작동하는 민주주의가 가능할까? 우리가 추구하는 새로

---

173) 조소앙이 기초했고 상하이 임시정부 수립의 계기가 되었던 1917년 <대동단결선언>은 이렇게 말한다. "융희 황제가 주권을 포기한 8월 29일은 즉 우리 동지들이 이를 계승한 8월 29일이니, 그 사이에 순간의 쉼도 없다. 우리 동지들은 주권을 완전히 상속하였으니, 황제권이 소멸한 때가 곧 민권이 발생하는 때요, 구한국의 최후의 하루는 곧 신한국 최초의 하루다"(김육훈, 『민주공화국 대한민국의 탄생: 우리 민주주의는 언제, 어떻게 시작되었나?』, 후마니타스, 2012, 103쪽에서 재인용).

운 창조적 근대성은 그 출발점이자 결과물일 자신의 정치적 근대성의 새로운 형식을 제대로 만들어낼 수 있을까? 물론 가능하기는 할 것이다. 우리의 민주주의는 비록 초라하고 일그러져 있기는 해도 단순히 외부에서 주어진 선물이 아니며 오랜 역사적 투쟁을 통해 쟁취해 낸 것이다. 우리 역사 내부에 나름의 민주적 전통이 없었다면, 유교적 근대성의 삶의 문법을 거부하고 새로운 도덕 질서를 세워 보려는 숱한 노력이 없었다면, 우리 사회가 누리는 지금 수준의 민주주의도 불가능했을 것이다. 그리고 우리는 우리 사회의 문제 해결을 위해 민주주의 말고는 다른 어떤 대안도 알지 못한다. 그러나 문제는 앞으로 우리가 어떤 민주주의를 어떻게 발전시켜낼 수 있을까 하는 것이다.

그런데 나는 여기서 우리의 과제가 단순히 우리 민주주의를 서구의 민주주의처럼 만드는 데 있다는 식으로 단선적으로 접근해서는 안 될 것임을 우선적으로 강조해 두려 한다. 우리 민주주의의 문제는 서구를 모범이나 준거로 삼았을 때의 어떤 '지체'나 '저발전'의 문제가 아니다. 앞에서부터 지적했지만, '선진화' 담론 같은 보수적 담론에서는 물론이고 진보적임을 내세우는 많은 담론에서처럼 우리 사회도 언젠가는 서구 사회들과 같은 발전의 궤적을 따라 앞으로 나아갈 것이며, 또 그런 식의 모방 또는 추적이 가능하고 바람직한 우리의 실천적 과제라고 여기는 식의 발전주의의 오류는 민주주의 문제에 접근하는 데서도 반드시 피해야 한다.

물론 때때로 정치적 근대성 그 자체와 동일시되곤 하는 오늘날과 같은 형식의 민주주의는 서구적 근대성의 배경 없이는 발생하지도 발전하지도 못했다. 실제로 우리의 민주주의도 그동안의 서구모방적 근대화 과정에서 발전했다. 그래서 우리가 우리 민주주의의 불완전성과 일그러짐을 평가할 때, 얼마간 서구의 민주주의를 준거로 삼는 것은 불가피할 수도 있다. 그러나 앞서 우리는 우리의 한국적 민주주의가 어떤 근원적인 수준에서 보자면 자본주의적 시장 경제와 국민국가라는 근대 제도들의 수입과 모방에도 불구하고 그것들을 가능하게 했던 서구의 도덕적-문화적 전제들이 우리의 유교적 근대성의 토양에 충분히 착근될 수 없었다는 사정과 관련이 있음을 살펴보았다.

그런 식의 단선적인 착근 자체가 사실은 원천적으로 불가능하거나 매우 힘들 것이다. 그게 가능하다면 문제는 단지 어떤 '후진성' 이상의 것이 되지 못할 것이겠지만, 우리는 이제 이런 무반성적인 관성적 사유에서 벗어나야 한다. 서구의 정치적 근대성을 낳았던 식의 문화적-도덕적 전제들은 전혀 다른 문화적, 역사적 조건과 배경 위에서 단순한 모방을 통해서는 우리의 현실에서 확보될 수 없는 것이다. 나아가 그것들이 반드시 바람직한 것인지도 의심해야 한다. 테일러가 확인한 식의 근대적-민주적 사회적 상상을 낳았던 서구적인 근대적 정체성의 원자주의 같은 것은 결코 우리의 것일 수도 없지만 모방할 가치도 없다. 그것들이 민주주의와 충분히 친화적인지도 의심스럽다. 가령 근대 민주주의의 원조 격인 미국에서도 민주주의는 심각한 위기에 빠져 있는 것처럼 보이는데,[174] 이런 위기가 그와 같은 문화적-도덕적 전제들과 아무런 관련이 없지는 않을 것이다.

---

174) 로널드 드워킨, 『민주주의는 가능한가』, 홍한별 옮김, 문학과 지성사, 2012.

그렇다면 우리의 참된 과제는 서구의 여러 민주주의 모델과 형식을 '지방화'하면서, 그것들에 대한 단선적 모방 시도를 넘어서 그리고 지금까지의 우리 근대성을 주도적으로 규정했던 도덕적─문화적 지평과 그 삶의 문법 전체를 건드리면서, 우리의 역사적 맥락에 착근될 수 있고 '지금, 여기'의 사회적, 문화적 조건과 환경에 맞는 나름의 고유한 민주적 삶의 양식을 건설하는 것이어야 한다. 우리 사회에서 제대로 작동하는 민주주의를 발전시켜 내야 한다는 과제는 단순히 서구 특정 국가의 민주주의나 특정 제도를 모델 삼아 그것들을 좀 더 낫게 모방하려는 데서 달성될 수 있는 것이 아니라 서구를 참조하되 우리의 현실에 뿌리를 둔 고유한 민주적 삶의 양식의 건설과 발전을 위한 문화개혁과 제도개혁의 변증법을 제대로 작동시킴으로써만 완수될 수 있는 것이다. 존 듀이가 늘 강조하던 통찰을 따르자면,[175] 민주주의가 하나의 인간적 공동생활의 양식 그 자체라는 사실이야말로 서구에서 발전된 민주주의의 참된 본성이고 또 우리가 서구에서 진짜로 배워야 하는 것이다.

민주주의는 단순히 정부 또는 지배의 형식이 아니다. 이를테면 삼권 분립, 선거, 의회, 정당 등과 같은 것들을 그 자체로 민주주의의 본질로 절대화하거나 민주주의의 전부라고 이해해서는 안 된다. 민주주의는 단순히 정치적이거나 경제적인 차원하고만 관련된 것이 아니라 개인들의 정체성이나 인성, 사람들 사이의 다양한 사회적 관계 방식이나 교통 형식, 심지어 사람들의 삶을 이끄는 문화적─도덕적 가치의 문제와도 밀접하게 연결되어 있다. 민주주의는 정부 또는

---

175) 특히 참조. 존 듀이, 『민주주의와 교육(철학의 개조)』, 김성숙·이귀학 옮김, 동서문화사, 2013, 101쪽.

지배의 형식이기 이전에 사회의 형식이기도 하며, 무엇보다도 근본적인 수준에서 사람들이 함께 살아가는 삶의 양식이다. 사람들이 공동의 틀 안에서 서로 관계를 맺고 협력하며 함께 공동의 문제들을 처리하면서 살아가는 모습과 방식 그 자체다. 정부 또는 지배의 형식으로서의 민주주의는 바로 그런 민주적 삶의 양식에 뿌리를 두고 있다.

그렇다면 중요한 것은 우리의 삶의 맥락과 토대 위에서 우리 사회의 인간적 삶의 문제들을 제대로 해결할 수 있는 도덕적 – 실천적 능력을 가진 고유한 민주적 삶의 양식을 발전시키는 것이다. 다시 말해 우리는 이 땅의 삶과 역사에 뿌리내리고 '지금, 여기'의 요구에 부합하는 온전하고 건강한 나름의 민주적 삶의 양식을 건설해야 한다. 무엇보다도 우리 사회의 다차원적 삶의 모습 전체와 내적으로 긴밀하게 결합하여 작동할 수 있는, 아니 그 자체로 가장 자연스러운 삶의 모습이 되는 민주주의를 만들어 내야 한다.

이것은 우리의 민주주의가 '창조적으로' 모색되어야 한다는 것을 의미한다. 민주주의는 그 본성상 창조적이며, 그래서 '창조적 민주주의'[176]여야 하지만, 그 창조적 민주주의도 창조적으로 모색되어야 한다. 우리가 그 실현을 향해 끊임없이 나아가야 할 무슨 완전한 민주주의의 모델 같은 것은 있을 수 없다. 또 지금껏 서구에서 고안되고 발전된 다양한 민주주의적 제도들과 장치들, 이를테면 삼권 분립, 선거, 정부 및 의회의 형식들, 정당 등과 같은 것들을 그 자체로 본

---

176) 이 개념 역시 존 듀이의 것이다. J. Dewey, "Creative democracy: The task before us"(1939), J. Boydston (Ed.), *John Dewey: The later works, 1925~1953, volume 14*, Carbondale: Southern Illinois University Press.

질적인 것으로 절대화하거나 민주주의의 전부라고 이해해서는 안 된다. 중요한 것은 이 땅의 구체적인 삶의 조건과 역사적 맥락, 서구와는 다른 도덕적 지향과 전통의 바탕 위에서 그런 것들과 조화하면서 사람들의 일상적 삶과 의식에 말하자면 녹아들 수 있는 민주적 관행과 제도들을 발전시켜 나가는 것이다.

물론 민주주의에 대한 지향은 모든 인간적이고자 하는 삶의 양식의 보편적이고 필연적인 요청일 것이다. 때문에 우리는 어떤 민주주의에 대한 지향들이나 제도들이 단지 서구적인 발생 기원을 갖고 있다는 이유로 그것들을 배척해서도 안 되겠지만, 또 반대 방향에서 서구적인 것과는 무관하거나 다른 우리만의 전통 위에서 고유한 민주주의 모델을 찾거나 발전시켜야 한다는 식의 억지스러운 접근법에 유혹당하지도 말아야 한다. 우리는 충분히 보편적이면서도 적절하게 국지적일 수 있는 그런 민주주의 모델을 모색해야 한다.

민주주의는 그 서구적 기원에도 불구하고 '보편적으로 보편적인' 타당성을 지닌, 곧 모든 정의롭기를 원하는 인간적–공동체적 삶의 양식의 필연적 발전의 산물이라고 이해되어야 한다. 우리의 정치적 근현대사도 숱한 퇴행에도 불구하고 언제나 좀 더 나은 그리고 좀 더 많은 민주주의를 거의 자명한 지향점으로 삼아 왔다. 우리는 바로 그런 관점에서 서구적 민주주의 모델들을 깊이 참조하되 우리의 삶의 맥락과 조건에서 우리의 문제들을 해결할 수 있는 해법에 대한 창조적 모색을 통해 또한 우리 내부의 관점에서도 그 보편성을 확인할 수 있는 민주주의 모델을 발전시킬 수 있어야 한다. 우리가 결코 소홀히 할 수 없는 서구에서 발전된 가장 중요한 민주주의 정치철학의 두 전통, 곧 '자유주의'와 '공화주의'를 어떻게 이해하고 수용해

야 할지에 대해서만 짧게나마 살펴보면서 우리의 길을 찾아보도록
하자.

자유주의의 '지양'

자유주의는 오늘날 서구형의 민주주의, 곧 이른바 '자유－민주주
의'의 형성에 가장 큰 영향을 끼친 정치 이념이다. 우리의 유교적 근
대성이 빚어낸 정치적 근대성에서도 그 주류는 이 자유주의에 대한
절대적 신봉을 외치는, 그러나 분단 상황이라는 맥락 속에서 반공이
라는 가치와 결합될 수밖에 없었다고 주장되는 어떤 '반공 자유주
의'다. 나아가 대안적 근대성을 추구했다고 볼 수 있는 저항적 흐름
의 주류 또한 '진보적 자유주의' 같은 조금 다른 방향의 자유주의를
내세운다. 우리는 앞서 우리의 근대성에서 이 자유주의가 어떻게 우
스꽝스럽거나 초라한 모습을 하고 나타났는지를 잠시 살펴보았지만,
앞으로라도 우리의 근대성에서 자유주의가 어떤 위상을 지녀야 할
지를 알기 위해서 이 자유주의 자체에 대한 일정한 평가와 검토가
반드시 필요해 보인다.

로크에서 시작되어 오늘날 존 롤스나 로널드 드워킨 등에 이르기
까지의 오래고 복잡한 역사를 지닌 이 자유주의를 하나의 단일한 사
상적 신념 체계나 민주주의 모델을 가진 것으로 기술한다는 것은 불
가능할 뿐만 아니라 그다지 의미 있는 접근법이라 할 수는 없을 것
이다. '개인의 자유'라는 가치가 지닌 우선성에 대한 신봉, 사회계약
론, 경제적 함축으로서의 시장과 자본주의의 중요성에 대한 강조 등
과 같은 몇 가지의 정치철학적 핵심을 추출해 내는 것이 아예 불가

능하지는 않겠지만, 그 요소들 어느 것도 단순하게 이해될 수는 없다. 여기서는 보편적으로 보편적인, 그렇기에 또한 우리의 정치적 근현대사 전체의 역사적 과제 해결의 열쇠로서 민주주의를 이해해 보려는 관점에서 어떻게 서구의 자유주의 정치철학 전통을 수용하면서도 동시에 그 한계를 넘어서야 할지, 그 기본 방향만 확인해 두기로 하자.

아무래도 자유주의가 사회나 공동체적 관계에 맞선 독립적 개인 및 그 개인의 자유를 강조하는 정치철학이라는 점이 우리에게는 제일 큰 문젯거리일 게다. 사실 이 점만 보면 우리의 유교적 근대성을 이끈 주류나 저항적 흐름의 주류 모두가 자유주의를 내세우는 것은 수수께끼 같은 일이다. 자유주의는 그 철학적 수준에서 보면 사실 썩 그렇게 우리의 문화적 전통과 친화적이라고 할 수 없기 때문이다. 개인의 자유에 대한 자유주의적 신조는 특별히 서구적이라 할 수밖에 없는 문화적 배경 위에서 싹텄다.

주지하는 대로 자유주의의 원조라 할 수 있는 존 로크의 출발점은 '자연법'이라고 하는 서양 정치사상의 전통적 개념이다. 그 전통에서 자연법은 사물과 인간 본성으로부터 출발하는 일반적이고 보편적인 개인적, 사회적 행동의 규칙을 담고 있는 것으로 이해되었다. 로크는 사회 및 국가 질서가 추구해야 하는 우리의 모든 개인적, 공공적 선(善)은 우리에게 개인들의 기본적인 권리와 자유가 무엇인지를 분명하게 보여주고 있는 이와 같은 자연법의 토대 위에 서 있어야 한다고 믿었다. 그에 따르면, 이 자연법은 너무도 분명하고 이해하기 쉬워서 이성적 존재자라면 누구나, 그가 시간과 수고를 아끼지 않기만 한다면, 그 내용을 쉽게 알 수 있고, 그것을 통해 올바르고 정의로운 사회 및 국가 질서의 원리를 정당화할 수 있다. 그러나 그와 같은 자연법 개념을 갖지 못한 우리의 문화 전통이라는 배경 위에서는 그런 식의 정당화가 쉬이 설득력을 갖기는 힘들 것이다.

물론 오늘날의 자유주의 정치철학은 그와 같은 식으로 정당화된 권리 개념이나 '자연 상태'에 대한 가상적 설정 등을 더 이상 따른다고 할 수 없다. 그러나 기본적으로 동일한 노선을 가진 정당화 전략은 오늘날 로크와는 매우 다른 신조를 가진 자유주의를 옹호하는 롤스나 드워킨에게도 기본적으로 반복되고 있다. 무엇보다도 사회의 구성원들이 자신들이 가지고 있는 일부 권리와 특권을 양도하고 다른 권리와 특권을 유지하는 것을 그 대가로 얻는다는 '사회 계약'에 대한 상상은 서구 자유주의 이론 전통의 정체성적 중핵이라고까지 할 수 있다. 이 자연법사상 전통이 꼭 자유주의에 의해서만 전유되었다고 할 수도 없고, 또 모든 자유주의자가 이 전통에 기대고 있지는 않지만, 이 전통은 오늘날에도 여러 가지 방식으로 서구의 정치사상에 강력한 영향을 끼치고 있다. 가령 많은 사람이 오늘날에도 여전히 이 전통에 의거해서 흔히 가장 자유주의적인 가치라고 이해되는 인권을 정당화한다(이른바 '천부 인권').

사실 서구적인 문화와 역사 및 정치적 전통을 가지지 못한 사회들에서는 바로 이런 식의 이론 설정 때문에라도 때때로 자유주의 그 자체와 동일시되곤 하던 인권적 가치들이나 그 밖의 민주주의에 대한 지향이 서구중심적인 것으로 오도되기도 했다. 물론 이런 계약에 대한 상상은 어떤 '역사적' 사실에 대한 잘못된 상상이 아니고, 자유주의적 신조들의 정당화를 위한 '논리적' 장치들이기 때문에 그런 방식의 서구중심주의 혐의는 커다란 설득력을 가질 수 없다. 그러나 오늘날 롤스에게도 나타나는 이런 방식의 정당화 전략은 서구의 오랜 문화적, 사회적, 정치적 경험의 역사적 결과인 개인에 대한 지나친 강조로 인해 단지 그 점만으로도 그와 같은 역사적 경험을 공유하지 못한 사회들에서의 이론적, 실천적 설득력을 반감시킬 우려가 있다.177)

또 한 가지 중요한 자유주의적 신조는 '경제적 자유'다. 이미 로크에서부터 자유주의는 모든 개인이 토지나 기계나 공장 등과 같은 생산수단을 소유하고 그 생산수단을 통해 상품을 만들어 내며 또 그 만들어낸 상품을 이윤추구를 위해 판매할 수 있는 자연법적 권리를 가진다는 점에서 출발한다. 그리고 이런 출발점 위에서 사람들이 자신들의 권리의 일부를 양도하면서 사회계약을 맺을 때 최우선적으로 관심을 갖는 것은 바로 이런 개인적인 소유권의 보호라며 여기에 초점을 맞추어 그 정치적 신조를 정당화했다. 여기서 그런 권리가 보장되는 경제체제로서의 자본주의나 시장 경제는 자유주의의 경제적 함축으로서, 이에 대한 신조는 오늘날까지 서구 자유주의의 가장 중요한 정체성을 형성하고 있다. 우리의 경우 특히 반공 자유주의자들은 개인의 자유보다는 바로 이 차원의 자유주의적 신조에 특별한 강조점을 둔다. 반면 다음 장에서 좀 더 살펴볼 진보적 시각들에서는 바로 그렇기 때문에 자유주의는 기본적으로 자본주의의 발전 과정과 연결되어 있는 이른바 '부르주아 이데올로기'로서 이해되었고, 이런 이유로 강한 혐오를 불러일으키곤 했다.

자유주의의 민주주의 모델 역시 말하자면 상당히 앙상하다. 단순

---

177) 조금 다른 맥락에서이긴 하지만, 이에 대한 나의 논의도 참조: 『인권의 철학』, 앞의 책, 특히 273쪽 이하.

화의 위험이 없는 것은 아니지만, 일반적으로 민주주의에 대한 자유주의적 모델은 원자적으로 폐쇄된 공간 속에서 소유를 중심으로 자신의 이해관계를 인식하는 개인으로부터 출발한다(이른바 '소유적 개인주의'). 그런 출발점에서 보면 정치과정과 민주적 의지 형성의 정당성은 그런 개인들의 이해관계를 최대한으로 보호하고 증진하는 데서 성립한다. 그리하여 여기서는 고립된 개개인들의 이해관계의 집적의 정도를 반영하는 다수결의 원칙이 가장 중요한 민주주의 원칙이며, 선거와 같은 절차를 통해 국가의 권력을 주기적으로 감시하고 통제하며 개인의 이해관계를 침해할 수 있는 국가 권력을 최소한으로 유지시키는 것이 민주주의의 요체로 이해된다.

이 모델에서는 정치 과정, 특히 민주적 의지 형성 과정의 의미가 개인의 이해관계에 따른 선호판단의 문제로 축소되고, 따라서 그 과정의 공공적 가치나 그 과정에 함께 참여하는 다른 시민들에 대한 연대나 결합의 가치는 매우 부차적인 의미밖에는 가질 수 없다. 그래서 여기서 민주주의는 기본적으로 선거나 공론장 등과 같은 몇몇 제도적 차원과 관련하여 최소한의 수준에서만 이해될 수밖에 없다.

그러나 우리는 지금까지 살펴본 정도의 근거를 가지고 자유주의를 손쉽게 백안시해서는 안 된다. 자유주의는 매우 복잡한 정치 이념이다. 우리 사회 내부에서도 최근 그 추종자들이 늘어가고 있지만, 서구의 진보적 자유주의 또는 '사회적 자유주의' 전통은 앞서 언급했던 자유주의의 원초적 결점들을 나름의 방식으로 극복해 보려는 노력을 보여주고 있다. 이 전통은 소유권보다는 도덕적으로 정당한 것으로 이해된 개인의 자유라는 가치의 실질적인 실현 가능성을 정치적으로 모색했던 '정치적 자유주의'[178]의 지향을 강하게 드러내는 데, 나는 우리의 창조적 민주주의 모델의 모색에서도 이런 의미의 정치적 자유주의는 반드시 그 중핵으로 수용할 수 있어야 할 것이라고 본다. 이런 맥락에서도, 사실 많은 측면에서 서구에서조차 충분히 조망되고 계승되지 못한 것 같지만, 역시 존 듀이가 추구했던 자유주의의 혁신 시도는 우리에게 좋은 시사를 제공해 줄 수 있을 듯하다.[179]

듀이가 볼 때 왜 자유주의가 초기의 신조들로부터 벗어나야 하는지를 이해하고 변화된 상황과 조건에서 자유주의의 참된 핵심을 파악하기 위한 가장 중요한 관건은 그것의 역사성을 분명히 인식하는 것이다.[180] 우리는 흔히 '조직적 사회행위와 대립되는 개인', '도덕적 권위에서도 국가보다 우선하는 개인', '개인의 자유에 대한 가장 큰 적으로서의 국가', '이미 소유된 사유재산을 위한 소유권의 강조' 등을 자유주의의 핵심 신조들로 이해한다. 그러나 듀이가 볼 때 그런 신조들은 전제 왕정의 극복이나 산업 발전 과정과 같은 매우 우연적인 역사적 상황과 조건에서 형성된 것일 뿐이다. 만약 우리가 그런 신조 형성의 역사성을 무시한 채 그것들을 자유주의의 본질로 절대화한다면, 그것이야말로 자유 실현의 커다란 적이 될 수 있다.

그에 따르면, 자유주의의 가장 핵심적인 가치들은 "자유, 자유를

---

178) 사회적 자유주의에 대한 자세한 논의는 대표적으로 다음을 참조. 최태욱 엮음, 『자유주의는 진보적일 수 있는가』, 후마니타스, 2011. 또 나의 『정치의 이동』, 앞의 책 참고. 내가 여기서 사용하는 이 개념은 자유라는 가치의 정치적 실현에 초점을 둔 자유주의를 가리키기 위한 것으로 현대 사회의 '다원주의의 사실'에 대한 인정으로부터 출발하여 세계관적, 윤리적 중립성을 강조하는 맥락에서 사용된 롤스의 그것과 초점이 다르다. 참고: 존 롤스, 『정치적 자유주의』, 장동진 역, 동명사, 1998. 이근식은 자유주의의 민주주의적 측면을 지칭하여 이 개념을 사용하는데, 나의 것과 유사하지만 역시 초점이 다르다. 이근식, 「진보적 자유주의와 한국 자본주의」, 『자유주의는 진보적일 수 있는가』, 앞의 책, 42쪽.

179) 존 듀이, 『자유주의와 사회적 실천』, 김진희 옮김, 책세상, 2011.

180) 특히 같은 책, 49쪽 이하 참조.

통한 개인 고유 역량의 발달, 그리고 탐구와 토론과 표현에서 중심적 역할을 하는 자유로운 지성"[181]이다. 초기의 자유주의자들은 이런 가치들을 자신들이 살았던 특정한 역사적 상황에서 옹호하려 하면서 자신들의 신조들을 가꾸어 왔지만, 그런 신조들은 사실은 자유주의에 대해 우연적이고 부차적일 뿐이다. 새로운 상황과 조건에서 자유주의가 자신의 참된 역할을 제대로 수행할 수 있으려면, 이제 자유주의는 그런 신조들을 버려야 한다. 더 이상 전제 왕정으로부터의 해방이나 새로운 생산력의 발흥을 가로막는 법적 관습으로부터의 해방이 자유주의의 과제가 아니기 때문이다. 듀이 자신이 살던 새로운 시대적 조건에서 보면, 이제 "자유는 물질적 불안정으로부터의 해방, 그리고 대중이 바로 곁에 있는 막대한 문화자원에 참여하지 못하게 막는 강압과 억압으로부터의 해방을 의미한다."[182]

듀이는 여기서 자유주의가 단순히 형식적이고 법적인 자유의 가치만을 강조할 것이 아니라 바로 그 개인의 자유를 실제로 증진시킬 수 있는, 곧 '실질적 자유'[183]를 위한 새로운 사회조직을 모색할 수 있어야 한다고 강조한다. 그에 따르면, "개별성의 중요함을 진심으로 천명하는 자유주의는 인간관계의 구조에 대해 깊은 관심을 가져야 한다. 왜냐하면, 인간관계의 구조는 개인들의 발달에 긍정적으로(도), 그리고 부정적으로(도) 영향을 미치도록 작용하기 때문이다."[184] 그래서 개인과 사회를 대립시키는 것은 원천적인 잘못이다. 초기 자유주

---

181) 같은 책, 48쪽.
182) 같은 책, 63∼4쪽.
183) 같은 책, 41쪽.
184) 같은 책, 57쪽.

의자들이 옹호했던 방식의 개인주의는 결국 제대로 된 개별성의 성장을 방해하는 사회 제도들을 지지하는 역설적인 결과만 낳는다. 자유는 사회 조직의 함수다. 그렇다면 오늘날 자유주의가 옹호하고자 하는 개인의 자유라는 가치를 지키기 위해 가장 절실하게 필요로 하는 것은 "절대다수의 개인을 위(한) 경제력에 대한 사회적 통제"[185]다.

듀이적 관점에서 볼 때, 개인의 자유를 실현한다는 것은 단순히 무슨 천부적으로 주어진 자유, 가령 양심이나 시장에서의 경제 활동을 사회나 정부의 간섭으로부터 지켜내는 문제가 아니다. 자유는 사회적으로 보호되고 성취되어야 한다. 다양한 사회적 장치와 제도들을 통해 개인의 실질적인 자기실현의 가능성을 보장해 줄 수 있어야 한다. 말하자면 자유는 본질적으로 '사회적 자유'[186]여야 한다. 그런데 오늘날과 같은 자본주의 시대에는 경제적 관계가 인간관계의 양식을 결정적으로 지배한다.[187] 그렇다면 이런 조건에서 개인의 자유를 실현하기 위해서는 그런 경제적 관계가 개인의 삶을 짓누르지 못하도록 해야 한다. 그러니까 개인들에게 어떤 물질적 궁핍이나 억압의 상태가 발생하지 못하도록 경제생활을 사회적으로 규제하고 통제할 수 있어야 한다.

물론 듀이에게 그와 같은 경제력에 대한 사회적 통제가 자본주의를 폭력적으로 끝낸 후에 만들어낼 수 있다는 사회주의적 계획 경제 같은 것일 수는 없었다. 듀이에게 문제를 해결할 수 있는 유일한 길

---

185) 같은 책, 51쪽.

186) 자유의 실현 가능성에 대한 사회적 보장에 초점을 둔 이 개념에 대한 자세한 논의는 다음을 참조: Axel Honneth, *Das Recht der Freiheit-Grundriß einer demokratischen Sittlichkeit*, Berlin, 2011, 81쪽 이하. 이근식은 "사회적 권력의 부당한 침해로부터의 자유"를 "사회적 자유"라고 규정하는데, 여기서 말하는 개념과는 많이 다르다. 이근식, 앞의 글, 32쪽.

187) 듀이, 앞의 책, 51쪽.

은 사회적으로 조직된 '지성'을 활용한 새로운 자유보장적 사회질서의 건설이다.[188] 그리고 그 질서는 "각 개인의 잠재성의 완전한 실현을 보장해 줄 자유와 기회"를 제공하는 사회조직의 형태로써, "사회를 구성하는 개인들의 실질적 자유와 문화 발전을 위해 새로운 생산력이 협동적으로 통제되고 사용되는 형태" 또는 "개개인의 문화적 해방과 성장을 위한 물적 근거를 제공하는 제도를 위해 산업과 재정이 사회적으로 방향 지어지는 질서"여야 한다.[189] 다름 아니라 바로 오늘날 우리가 이야기하는 '복지국가'라 할 수 있다.

듀이는 미국의 혁신주의 운동이라는 맥락 속에서 이러한 방향의 자유주의 혁신에 대한 제안을 내놓았다. 이 운동은 당시 미국에서 진행되던 대기업에 의한 경제력 집중과 독점, 대량 실업, 노사 갈등 등을 타개하기 위하여 미국 전역에서 진행된 광범위한 사회 개혁 운동이었는데, 여기서 진보(혁신)라는 개념은 혁명적 방법이 아닌 점진적인 사회 개혁에 대한 지향을 가리키는 개념이다. 여기서 그 핵심적 지향은 특권층의 권력 제어와 민주주의 원칙의 확대를 위한 정치 개혁 그리고 대기업 규제 및 복지 확대를 위한 경제개혁 등이었다. 그러니까 그 운동은 유럽에서라면 사회민주주의자들이 추구했을 과제들을 실현하려 했던 사회운동이었다고 할 수 있다. 이 운동의 참여자들은 전통적 자유주의에서 강조되던 자연법적 소유권과 시장적−기업적 자유에 대한 초점을 버리고, 대기업에 의한 권력 독점과 심각한 빈부격차가 만연하던 새로운 시대적 조건에서, 사회적으로 그리고 물질적 전제와 함께 보장되고 실현되는 실질적 자유에 대한 지

---

188) 같은 책, 58쪽 이하 참조.
189) 같은 책, 67쪽 및 69쪽.

향으로 자유주의의 정체성을 재규정하려 했다. 크게 보아 바로 이런 자유주의의 혁신 노력이 프랭클린 루스벨트 대통령의 뉴딜로 표현되었다고 할 수 있고, 듀이는 거기서 아주 중요한 사상적 기반을 제공했던 것이다.[190]

그에 따르면, 필요한 사회 변화는 오로지 점진적인 과정을 통해서만 가능하다. 폭력 혁명은 그저 환상이고 어떤 무지의 소산일 뿐이다. 필요한 것은 과학적 방법을 따르는 사회적 지성에 기초한 민주적 실험주의이지 세상을 단번에 바꾸는 급격한 사회 변화가 아니다. 그러나 새로운 자유주의는 근본적(급진적; radical)이지 않으면 안 된다. 그것은 자유주의의 참된 목적 실현을 위해서는 시민들에 대한 물질적 보장이 확립될 수 있도록 현존 사회관계를 근본적으로 변화시킬 필요가 있기 때문이다. 그러나 포괄적 계획에 근거한 사회적 목표 없이 진행되는 무슨 짜깁기 식의 개혁으로는 그런 변화를 이끌어낼 수 없다. 때문에 "급진주의(근본주의)가 아닌 자유주의는 의미도 전망도 없다."[191] 그리고 그 핵심은 "현재 사용되는 생산력을 사회화하여 경제조직의 구조가 개인의 자유를 뒷받침"[192]하도록 하는 것이다. 이렇게 자유주의는, 적어도 듀이의 관점에서 보면, 그 본성상 진보적이며 복지국가에 대한 지향은 자유주의의 정치적 정체성의 내적 핵심이다.

비록 듀이가 경제력에 대한 사회적 통제라는 자신의 자유주의적

---

190) 듀이와 혁신주의 운동의 관계에 대한 자세한 논의는 다음을 참조: 김진희, 「공공 철학자 존 듀이, 자유주의의 부활을 요청하다」, 듀이, 앞의 책, 보론, 특히 120쪽 이하. 듀이가 뉴딜에 끼친 영향에 대해서는 118쪽 참조.

191) 듀이, 앞의 책, 78쪽.

192) 같은 책, 101쪽.

비전을 어떻게 구체화시킬 수 있을 것이라 믿었는지는 불분명하지만, 그의 진보적 자유주의가 제시하는 핵심적 지향은 분명하다. 그리고 그 핵심 지향이, 그 사상적 – 정치철학적 기초에서는 아니지만, 적어도 유럽에서 복지국가를 주도적으로 건설했던 사회민주주의의 지향과 근본적으로 다르지 않을 것임도 확실하다. '잠정적 유토피아'라는 개념을 제시하면서 스웨덴의 복지국가 건설을 주도했던 에른스트 비그포르스(Ernst Wigfors)에 따르면, 사회민주주의 이념의 핵심 가치는 "평등, 자유, 민주주의, 경제적 불안에서의 해방, 경제에 대한 의식적 통제를 통한 더 효율적이고 증대된 생산 등"으로, 사회민주주의는 자유주의 이념의 많은 요소를 계승하고 있을 뿐이다.[193] 실제로 우리는 그 핵심 가치들이 듀이가 옹호하고자 하는 자유주의 지향과 어떻게 다른지 구분하기 힘들 것이다.

만약 우리가 서구의 자유주의 정치철학을 이와 같은 혁신된 토대 위에서 이해한다면, 앞서 지적된 자유주의의 여러 한계를 그 자체로 절대화해서 자유주의에 적대적인 태도를 취하는 것은 적절하지 않을 것이다. 여기서는 개인의 자유를 단순히 서구의 문화적 전통이라는 배경 위에서만 이해할 필요가 없음이 드러나고 자유의 사회적이고 제도적인 차원도 충분히 인식되고 있다. 자본주의라는 고전적 자유주의의 경제적 함축에 대해서도 충분히 비판적이다. 무엇보다도 개인의 자유에 대한 실질적, 사회적, 물질적 보장의 필요에 대한 듀이의 강조는 모든 사회 성원의 인간적 잠재력의 실현에 대한 우리의

---

193) 참조: 홍기빈, 『비그포르스, 복지 국가와 잠정적 유토피아』, 책세상, 2011, 328~9쪽. 그리고 비록 구체적인 복지국가 정치 그 자체는 아니지만, 듀이의 프래그마티즘과 사회 변화에 대한 접근 방식이 비그포르스에 미친 영향에 대해서는 참조: 같은 책, 315쪽 이하 및 334쪽 이하.

관심과 다를 바가 없다. 사실 듀이는 고전적-자유주의적 민주주의 모델과는 달리 민주주의를 하나의 삶의 양식으로 이해하자고 제안 했던 선구이기도 하다. 우리의 새로운 민주주의 모델에 대한 모색은 이런 식의 자유주의의 혁신 또는 재구성의 시도와 멀리 떨어져 있을 수는 없어 보인다.

물론 오늘날 통상적으로 이해되는 자유주의라는 틀 속에서 듀이 의 것과 같은 자유주의의 혁신 시도가 얼마나 충분히 수용될지는 의 심스럽다. 서구에서 진행되었던 이른바 '자유주의-공동체주의 논 쟁'에서만 보더라도 서구의 자유주의 일반은 스스로의 전통에 대해 충분히 혁신적이었다고 보기는 힘들다. 그렇다고 듀이가 추구하고자 했던 식의 사회적 자유가 통상적인 공동체주의라는 틀 속에서도 제 대로 포착된 것처럼 보이지도 않는다.[194] 여기서는 자유주의가 강조 하는 '도덕적 개인주의'가 곧잘 존재론적 개인주의로 혼동되어 부정 되곤 한다. 때문에 그 사회적 자유에 대한 지향은 자유주의와 공동 체주의를 모두 극복한 정치철학적 지평 속에서 새로운 방식으로 재 구성되어 이해될 필요가 있을 것처럼 보인다. 앞 장에서 우리는 진 정성 있는 개인들의 연대라는 이상과 연결된 새로운 사회성의 원리 에 대해 살펴보았는데, 우리 근대성의 개벽에 대한 기획은 바로 그 러한 원리에서 출발하는 정치철학적 지평과 민주주의 모델을 구성 해 낼 수 있어야 할 것이다.

더 중요한 것은 자유주의가 수용되는 우리의 문화적-정치적 전

---

194) 듀이 정치철학이 이런 논의 맥락에서 가질 수 있는 의의에 대해서는 무엇보다도 다음을 참조: R. Bersntein, "John Dewey's Vision of Radical Democracy", 문명과 평화 국제 포럼 2009년 세 계석학초청 집중강좌, 제3강연 및 악셀 호네트, 「반성적 협동으로서의 민주주의-존 듀이와 현대 민주주의이론」, 『정의의 타자』, 문성훈·이현재·장은주·하주영 옮김, 나남, 2009.

통과 맥락이다. 앞에서 살펴본 대로 우리의 근대성은 개인 없는 근대성이다. 바로 이런 맥락에서 우리는 우리 사회의 주류 자유주의가 왜 그 경제적 차원에서 말고는 지독히도 반자유주의적 지향을 지니는지를 이해할 수 있다. 그리고 그 경제적-자유주의적 지향은, 앞서도 지적했지만, 내가 볼 때 서구 사상의 수입이라는 차원에서보다는 유교적 메리토크라시 전통과의 관련 속에서 특정한 분배정의의 이상과 연결할 때 더 잘 이해할 수 있을 것처럼 보인다. 이런 상황에서 좀 더 온전한 형태의 서구 자유주의, 특히 진보적 자유주의 지향을 좇는 대안적 흐름 또한 우리 사회에 얼마나 충분히 착근되고 만개할 수 있을지는 의심스럽다. 이러한 흐름의 배경에 있는 어떤 발전주의적 가정의 오류에 대해서는 우리는 이미 충분히 살펴보았다. 자유주의는 단순히 모방하려 하지 말고 헤겔적인 의미로 지양시켜야 한다.

공화주의의 초점

그런데 서구에서 지배적인 자유주의와 그 민주주의 모델은, 그 진보적 버전의 경우에도, 실제 서구의 민주주의 발전 과정을 제대로 반영하고 설명하지 못할 뿐만 아니라 오늘날 서구, 특히 미국 민주주의의 결정적 한계를 낳은 주범으로 공격받기도 한다. 앞서의 우리 논의에서는 크게 주목하지 않았지만, 무엇보다도 자유주의 정치철학 전통 일반이 공유하고 있는 '절차주의'가 민주주의의 규범적 차원을 매우 협소하게 만들고 그 중핵을 흐린다는 게 그 공격의 핵심이다. 우리도 귀담아들을 필요가 있어 보인다. 우선, 바로 이런 맥락에서 이루어지고 있는 마이클 샌델의 논의를 비판적으로 검토하면서 그 절차주의 전통 너머에 있다고 주장되는 '공화주의'의 초점을 우리의 맥락에서 평가해 보기로 하자. 샌델은 자신의 자유주의 비판이 통상적인 의미의 공동체주의에 입각해 있다는 세간의 평가에 응수하면서 스스로를 공화주의자라고 방어하곤 한다.

샌델에 따르면, 자유주의는 미국의 정치와 사회 질서의 근간을 실제로 지배하고 있는 정치 이념, 곧 '공공 철학(public philosophy)'의 중핵이다.[195] 공공철학이란 시민들의 정치적 "실천 속에 함축되어 있는 정치 이론, 다시 말해 (⋯) 공적 생활에 영향을 미치는 시민성 citizenship[196]과 자유에 대한 가정들"을 가리키는데, 바로 자유주의가 지금껏 미국의 사회와 정치를 지배해 온 핵심적 공공철학이라는 것이다. 그리고 이 자유주의가 지금 미국에서 '자치(자기-통치)의 상실'과 '공동체의 약화'라는 형태로 나타나고 있는 '민주주의에 대한 불만'의 배후에 있다는 것이다.

이 자유주의의 핵심 주장은 이 맥락에서 흔히 '국가의 윤리적 중립성'이라는 명제로 표현되곤 한다. 이에 따르면, 정부는 시민들의 다양한 도덕적, 종교적 견해들에 대해 중립적이어야 한다. 그리고 정부의 목적은 오직 스스로의 삶의 가치와 목적을 선택할 수 있는 자유로운 개인들의 권리에 대한 보호에 있을 뿐이다. 또 그래서 모든 시민을 평등하게 존중하는 '공정한 절차'를 강조한다. 샌델은 이러한 자유주의적 공공철학이 지배하는 공화국을 '절차적 공화정(국)'

---

195) 아래의 논의는 참조: 마이클 샌델, 『민주주의의 불만』, 안규남 옮김, 동녘, 2012, 16쪽 이하.
196) 이것은 필자의 역어이다. 여기서 '시민권'이라는 역어는 적절치 않다. 왜냐하면 citizenship은 반드시 '권리'로 한정될 수 없기 때문이다. 특히 샌델의 논의 맥락에서는 더 그렇다. 그 이유는 바로 아래에서 해명될 것이다.

이라 부르고,[197] 바로 이 절차적 공화국의 한계를 극복하려는 정치 철학적 모색을 한다.

여기서 샌델은 미국의 건국 시기부터 미국 정치를 지배해왔지만, 점차 절차주의적 자유주의에 밀려 망각되어 온 공화주의 전통에 주목한다. 샌델에 따르면, 절차주의적 자유주의는 여러 가지 면에서 미국의 민주주의를 잘못된 길로 인도했다. 정치 영역에서 윤리적 중립성을 내세우며 모든 종류의 도덕적 논의를 배제하려 한 것도 그렇고, 개인의 권리를 존중한다면서 민주적인 자치에 필수적인 '시민적 (미)덕'(civic virtue)을 함양시키려는 시도를 포기한 것도 그렇다. 경제 정책에서도 자유주의는 시민들을 평등하게 대우한다면서 하층 계층에 대한 재화의 관대한 재분배를 옹호해 왔지만, 경제 체제가 궁극적으로 시민들의 자치 능력을 키워내는 데 기여해야 한다는 점을 놓쳤다. 그래서 그는 통상 '시민적 공화주의'라고도 부르는 이 전통을 오늘날 부활시켜 내는 것이야말로 미국 사회에 팽배해 있는 민주주의에 대한 불만을 극복할 수 있는 첩경이라고 주장한다.

샌델의 시민적 공화주의는 무엇보다도 시민의 자치라는 가치에 최고의 무게를 둔다. 자유주의자들은 무시해 왔지만, 제대로 된 민주주의 정치는 시민들이 태어나고 자란 공동체의 운명을 다른 시민들과 함께 스스로 결정할 수 있도록 해야 한다. 그것이야말로 참된 자유다. 그리고 그렇게 하기 위해서는 정치는 바로 그와 같은 자치에 필요한 인격적 성질, 곧 시민적 덕을 함양하는 데 궁극적인 관심을 쏟아야 한다. 그는 그런 정치를 '형성적 정치(formative politics)'

---

197) 같은 책, 17쪽.

라 부른다.[198]

이 정치에서는 경제 정책도 단순히 효율성의 극대화나 공정한 분배만이 아니라 바로 그와 같은 시민적 덕의 함양에 초점을 맞추어야 한다. 가령 민주 정치가, 최근 우리 사회에서도 문제가 되고 있지만, 기업형 슈퍼마켓의 지점 확대 시도를 저지해야 하는 이유는 그것이 단순히 사회적 약자를 위협할 것이라서가 아니라 지역 사회에서 자치의 기반을 흔들 것이기 때문이다. 그가 최신작 『돈으로 살 수 없는 것들』[199]에서 시장논리가 다른 삶의 영역으로 침투하는 것에 예리한 비판 의식을 발전시킨 것도 마찬가지의 맥락에서 이해할 수 있다. 그러한 무제약적인 시장논리는 단순히 빈자와 부자 사이에 불평등과 불공정을 심화시켜서만이 아니라 민주주의에서 작동해야 할 시민적 가치들을 위협하고 그것을 시장논리로 오염시켜 부패시키기 때문에 그것의 확대는 일정한 방식으로 제어되어야 한다. 나아가 그는 바로 그런 시민의 자치에 대한 관심 때문에 정치의 전국화 또는 중앙화를 비판하면서 다원적 지역 자치를 강조하기도 한다. 국가 단위의 거대한 정치 형태 속에서는 시민들이 온전한 자치의 주체가 되지 못하고 정치의 방관자로 남을 가능성이 크기 때문이다. 대신 시민들의 구체적 삶이 오롯이 배어 있는 지역 단위의 공동체적 관계의 활성화가 참된 민주 정치의 토대여야 한다.

샌델의 자유주의적 절차주의에 대한 비판은 롤스나 드워킨의 것과 같은 가장 진보적인 버전의 자유주의조차 가질 수 있는 한계를 적절하게 보여준다. 국가의 윤리적 중립성은 실제로는 결코 달성 가

---

198) 같은 책, 18쪽.

199) 마이클 샌델, 『돈으로 살 수 없는 것들』, 안기순 옮김, 와이즈베리, 2012.

능하지 않은 목표이면서도 그런 목표 설정 때문에 정치의 중요한 도덕적 차원이 희석될 가능성이 크다. 자유주의적 이상에 가장 충실한 국가조차도 '자율적 개인'과 연결된 특별한 도덕적 이상을 전제하지 않을 수 없다. 그러나 그런 전제를 의도적으로 무시하면서 국가가 지녀야 할 도덕적 목적을 흐려 버린다. 그러면서 국가의 정당성을 오로지 특정한 분배정의 모형의 실현에서만 찾는다. 그러나 국가의 도덕적 목적을 부정하는 한 그리고 그에 따른 연대의 가치 같은 것이 전제되지 않는 한, 분배정의의 이상은 결코 실현될 수 없다. 유일하게 객관적이고 합리적인 분배 정의 모델이 성립할 수 있을지도 의문이다. 이렇게 샌델의 공화주의는 오늘날 특히 일방적인 권리 담론 등에만 초점을 둔 자유주의의 만개 속에서 잊혀 버린 서구 민주주의 발전의 실질적 동력이 무엇인지를 새삼 일깨워준다. 그러나 나는 샌델식의 시민적 공화주의가 지니고 있는 한계 또한 결코 가벼이 해서는 안 될 것이라고 본다.

시민들의 자치는 틀림없이 아주 중요한 가치다. 민주주의는 결국 인민들의 자기-지배가 이루어지는 정치 체제다. 인민들이 스스로의 삶을, 그리고 그 삶에 영향을 끼치는 중요한 법과 제도 등을 함께 살아가고 있는 다른 사람들과 함께 스스로가 결정할 수 있는 자유가 어떤 본래적인 가치를 지닐 것임은 분명하다. 그리고 이런 맥락에서 공동체적 연대성이나 거대 국가 차원이 아닌 지역적 차원에서의 시민 참여 정치의 중요성에 대한 그의 강조도 절대적으로 공감할 만하다.

그러나 그 자치나 그것의 공동체적 지반은 결코 그 자체로 자기 목적이라고는 할 수 없다. 그것은 단순히 정치적 삶 그 자체보다는 훨씬 폭넓은 차원을 지닌 시민 개개인의 인간적 잠재력의 더 온전한 실현과 관련하여서만 의미를 지닌다고 보아야 할 것이다. 이 점이 무시될 때, 시민적 덕성에 대한 강조는 시민적 삶의 '과잉 정치화'와 '과잉 도덕화'의 위험에서 결코 자유로울 수 없다. 더구나 이런 시민적 공화주의는 어떤 직접 민주주의적 충동 너머에서 합리적이면서 제대로 기능할 수 있는 민주주의적 절차를 적절하게 제시할 수 있을 것처럼 보이지 않는다. 루소의 '일반 의지' 개념이 불가피하게 잉태할 수밖에 없었던 근본 난점은 이를 웅변한다.

필립 페팃(Phillip Pettit)이 최근 발전시키고 있는 '신(로마)공화주의'[200]는 우리가 서구의 공화주의 전통에서 참조하고 수용해야 할 요소가 샌델의 접근법과는 다른 곳에도 있음을 보여준다. 그는 샌델과는 달리 공화주의 전통에서 자유주의의 '불간섭(non-intervention)' 개념으로서의 자유와는 다른 '비-지배(non-domination)'로 이해된 자유에 대한 추구에 주목한다. 이런 공화주의적 자유 개념은 여러 가지 차원에서 자유주의와는 다른 민주주의 이해나 정치적 지향을 드러내지만, 그것은 자유주의적 절차주의와는 다른 방식으로 국가의 작동 방식과 형태가 충족시켜야 할 조건들을 강조한다.

페팃에 따르면, 고대 이래 서구 공화주의 전통에서 작동했던 자유 개념은 무엇보다도 타인의 자의에 종속되지 않는 상태를 의미한다. 그러나 근대 이후 이 자유 개념은 벤담 등에 의해 발전된 자유주의적 불간섭 자유 개념으로 대체되고 말았다. 민주주의적 평등 이념의

---

200) 공화주의는 흔히 두 갈래가 있는 것으로 이해된다. 하나는 '시민적 덕(성)(또는 미덕)(civic virtue; 시민정신)'을 강조하는 아리스토텔레스적-그리스적 전통으로 오늘날 바로 샌델 등에 의해 대변된다. 반면 '혼합정체' 같은 법적-제도적 장치들을 통해 가능해지는 자유의 이상을 강조했던 키케로적-로마적 전통도 있는데, 이 공화주의 흐름을 흔히 '신로마공화주의'라고 부른다. 페팃의 책을 우리말로 번역한 역자는 그냥 간결하게 '신공화주의'라는 명명을 제안하기도 한다. 이하의 논의는 다음을 참조. 필립 페팃, 『신공화주의』, 곽준혁 옮김, 나남, 2012.

확산에 따라 그것이 지닌 함의가 지나치게 급진적으로 드러나는 것을 정치적 주류 세력이 두려워해서 일 것이란다. 그래서 그는 고대 로마 공화정의 이상에 뿌리를 두고 있는 이 자유 개념과 그 정치적 함의를 오늘날의 조건에서, 말하자면 어떤 '온고지신(溫故知新)'의 정신으로, 새롭게 발전시켜 보자고 제안한다.

그에 따르면, 서구 공화주의 전통의 참된 요점은 단순한 정치 참여나 시민적 덕성에 대한 강조보다는 이러한 비-지배의 지향 속에 있다. 그리고 이러한 비-지배 자유는 단순히 국가의 자의적인 억압적 지배(imperium)만이 아니라 다양한 종류의 사적인 지배(dominium)의 부재 상태까지 아우를 수 있어야 한다. 내가 볼 때 이런 이해는 단순히 국가의 자유에 대한 침해뿐만 아니라 개인들 사이의 사적인 관계에서 경제적 불평등이 권력의 불평등을 낳아 부당한 지배-예속 관계를 만들어낼 수 있다는 사정 같은 것도 민감하게 포착해 낼 수 있다.

나는 우리가 이런 서구의 전통을, 신로마공화주의에서 강조되는 것을 넘어, 모든 종류의 부당한 지배와 억압에 맞서는 민주주의의 이상으로 발전시킬 수 있어야 한다고 여긴다. 가령 아이리스 마리온 영(Iris Marion Young)은 착취, 주변화, 무권력 상태(powerlessness), 폭력은 물론, 가부장주의나 서구중심주의 등에서 나타나는 '문화적 제국주의' 같은 것도 지배의 한 형식으로 이해하는데,[201] 이런 것들을 포함한 모든 종류의 부당한 지배의 극복에 대한 추구가 우리가 모색하려는 민주주의의 이상의 초점이 되어야 할 것이다.

나는 그와 같은 초점이 원칙적으로 한 정치공동체의 모든 시민이

---

201) I. M. Young, *Justice*, 앞의 책, 58쪽 이하 참조.

적극적 주체가 되어 그 정치공동체의 모든 중요한 제도들과 사회적·정치적·경제적 근본 구조를 스스로 효과적으로 규정할 수 있어야 한다는 '민주주의적 정의'[202]에 대한 이념으로 발전될 수 있으리라 여긴다. 여기서 정의는 단순히 특정 도식에 따르는 분배 정의가 아니라 모든 종류의 착취와 억압, 지배와 배제, 무시와 모욕 등에서 해방된 사람들 사이의 바람직한 민주적 관계의 다른 이름이다. 그리하여 우리는 그러한 이념에 따라 시민들 사이의 평등한 존엄의 관계를 부정하는 모든 사회적 관계, 곧 모든 종류의 부당하고 자의적인 지배와 억압의 관계를 타파해야 한다는 근본적인 사회적－정치적 과제를 추구하는 민주주의의 이상을 발전시킬 수 있을 것이다.

민주주의의 인간적 이상과 삶의 양식의 인간화라는 과제

바로 이런 방식으로 우리는 서구에서 발전된 정치철학 전통이나 민주주의 모델에 대해 적절한 지방화를 시도해야 한다. 이때 우리는 그것들을 참조하고 배우되, 그러나 그것들의 이런저런 장점들만 취하여 어떤 이상적 민주주의 모델을 만들어 낼 수 있으리라는 식의 어떤 절충주의적 환상에서 출발해서는 안 된다. 오히려 우리는 우리 사회의 역사적 경험, 곧 구한말 이래 조선 왕조 체제의 극복이라는 정치적 과제가 설정된 이래 우리 사회가 추구했던 정의로운 정치공동체에 대한 지향의 적극적인 재구성을 시도해야 한다. 그리하여 우리가 발전시키려 해 왔던 그 정의로운 정치공동체, 곧 민주공화국의

---

202) 이 개념에 대해서는 장은주, 『정치의 이동』, 앞의 책, 특히 제5장 이하를 참조하라.

이념에 대해 우리 나름의 최선의 해석과 그 실현을 추구할 수 있어야 한다. 나는 이런 시도를 담은 정치철학적 틀을 '민주적 공화주의'라고 이름 붙이려 한다.[203] 이 민주적 공화주의의 기본 지향과 그 '심의 민주주의' 모델에 대해서는 다음 장에서 좀 더 다룰 것인데, 이 장에서는 그 도덕적 초점에 대해서만 특별히 강조해 두려 한다.

우리가 민주주의를 서구만의 어떤 것이라고 보아야 할 이유는 없다. 민주주의는 그 서구적 기원에도 불구하고 보편적으로 보편적인 타당성을 지닌, 곧 모든 정의롭기를 원하는 인간적-공동체적 삶의 양식의 필연적 발전의 산물이라고 이해해야 한다. 우리의 정치적 근현대사도 숱한 퇴행에도 불구하고 언제나 좀 더 나은 그리고 좀 더 많은 민주주의를 거의 자명한 지향점으로 삼아 나아 왔다. 우리는 바로 그런 관점에서 그와 같은 민주주의의 이상을 서구적 민주주의 모델들을 깊이 참조하면서도 우리의 삶의 맥락과 조건에서 우리의 문제들을 해결할 수 있는 해법에 대한 창조적 모색을 통해 또한 우리 내부의 관점에서도 그 보편성을 확인할 수 있게끔 발전시켜 왔다고 이해할 수 있을 것이다.

그래서 이런 접근법에서는, 한편으로는 끈질긴 생명력으로 우리 민주주의의 발전을 가로막았던, 우리의 유교 전통도 특별한 방식으로 비판적으로 전유될 수 있다. 얼핏 많은 점에서 민주주의에 어울리지 않는 것처럼 보이는 여러 전통의 요소들은 단순히 외면한다고 극복되지는 않는다. 그 전통들은 우리의 불가피한 출발점이다. 그리고 전통은 사실 단순히 고루하지만도 않다. 무슨 '유교적 민주주의'

---

203) 같은 책, 특히 제6장 및 제7장.

는 기만이지만, 유교 또한 나름의 민주적 전통을 가지고 있다. 서구의 민주적 전통과 반드시 비견될 수는 없더라도, 우리가 제대로 찾아내고 발전적으로 재구성해 낼 수만 있다면 우리의 민주주의를 더욱 풍부하고 튼실하게 만들어 주며 우리가 알고 있는 서구적 민주주의 모델의 결점을 보완하거나 넘어설 수 있도록 도와줄 수도 있는 민주적 전통도 있을 수 있다.

가령 흔히 부정적으로만 평가되는 조선 시대의 '당쟁'은 민주적 공론 정치나 심의 민주주의의 관점에서 적극적으로 재해석될 수도 있다.[204] 그리고 우리 현대사에서도 민주화 운동에 참여했던 숱한 주체들의 문화적 배경 역시 일정 정도는 유교적인 것이었음도 부인할 수 없다.[205] 그들이 불의에 분노하고 민주화를 위해 헌신해야 한다는 지사적 사명감이나 지식인으로서의 책무를 느낀 것은 틀림없이 유교 전통의 영향일 것이다. '여민(與民)'의 이념[206] 같은 것을, '위민(爲民)'의 이념과 함께 통상적으로 강조되는 유교적 민본주의를 넘어, 시민들 사이의 평등한 연대적 실천에 대한 지향으로 재해석해 내는 것도 완전히 불가능하지는 않을 것이다. 그밖에도 특정한 분배정의 패러다임에 대한 지향을 넘어서 모든 시민의 보편적인 물질적 삶의 토대 확보의 필요성을 조망해 줄 수도 있는 유교적인 복지국가의 이념[207] 같은 것도 충분히 의미 있게 이야기할 수 있을 것

---

204) A. Sen, "Justic and the Global World", *Indigo*, Vol.4. Winter 2011

205) 참조: 김상준, 『맹자의 땀, 성왕의 피』, 아카넷, 2011. 그리고 나종석, 「한국 민주주의와 유교 문화-한국민주주의론을 위한 예비적 고찰」, 『가톨릭철학』, 제21호, 2013

206) 참조: 배병삼, 앞의 책.

207) 참조: 김상준, 앞의 책, 제9장. 여기서 김상준은 '동아시아 소농체제'를 새로운 복지국가 기획에서 참조할 것을 제안하고 있다. 사실 우리는 '불균(不均)'에 대한 공자의 우려나 '항심(恒心)'의 전제로서 '항산(恒産)'의 필요성을 강조했던 맹자의 '인정(仁政)' 이념 같은 데서 유교의 원초적인 복지국가 지향성을 큰 어려움 없이 읽어낼 수 있다.

이다. 우리는 이렇게 전통을 온고지신하는 비판적 전유 위에서 이 땅에 뿌리내린 새로운 민주주의 모델을 발전시켜 나가야 할 것이다.

민주주의야말로 우리 사회가 겪고 있는 삶의 위기와 문제들을 해결하기 위한 가장 결정적인 열쇠다. 그것은 민주주의가 지닌, 한 사회 모든 성원의 존엄의 평등의 보호와 실현이라는 도덕적 목적과 또 그 바탕 위에서 이루어지는 창조적 문제 해결의 잠재력 때문이다. 우리 사회의 심각한 병리들과 불의들은 이와 같은 민주주의의 도덕적 목적과 창조성에 기대지 않고는 해결할 수 없다. 그것들은 사회적 실천의 주체들 스스로의 탐구와 그 실천 역량의 체계적 조직화를 통하지 않고는 극복될 수 없다. 민주주의는 말하자면 우리의 정치적 근현대사의 내적 논리에 의해 합의된 어떤 '역사의 해결된 수수께끼'다.

여기서 동서양의 문화적 차이나 상이한 역사적 경험 같은 것이, 구체적인 제도적 형식 같은 것에서는 몰라도, 본질적으로 서로 다른 민주주의의 이념을 낳을 수는 없다. '모든 인민의 평등한 자유에 기초한 연대적 정치공동체'라는 민주주의의 이념은 근본적으로 하나일 수밖에 없다. 민주주의는 그야말로 보편적으로 보편주의적인 틀 속에서 이해되어야 한다. 민주주의에 대한 지향은 결국 각 개인의 사람다운 삶, 곧 존엄한 삶이 보장되는 사회적 관계에 대한 지향의 다른 표현이다. 이런 관점에서 보면 우리의 전통과 역사 속에서도 민주주의를 향한 숱한 나름의 노력을 확인할 수 있다. 민주주의에 대한 지향은 결국 각 개인의 사람다운 삶, 곧 존엄한 삶이 보장되는 사회적 관계에 대한 지향의 다른 표현인 것이다.

여기서 민주주의는 기본적으로 하나의 거대한 사회적 실천의 조직 형식으로서 한 사회가 자신이 마주한 다양한 실천적 과제들을 서로를 자유롭고 평등하게 여기는 모든 성원의 연대를 통해 함께 창조적으로 해결해 나갈 때 만들어지는 하나의 창조적 협동의 공동체가 가진 삶의 양식이라고 이해된다. 모든 사회, 모든 공동체는 언제나 크고 작은 공동의 문제들을 갖게 마련이다. 그것은 외부, 곧 외적 자연이나 다른 사회나 공동체에서 주어지는 것일 수도 있고 내적인 차원에서 성원들의 관계가 만들어내는 것일 수도 있다. 또 어떤 종류의 인간적 삶의 양식이든 반드시 해결해 내지 않으면 안 되는, 무엇보다도 인간적 삶의 물질적 재생산이라는 근본적 문제도 있다. 이런 다양한 수준의 문제들은 결국 인간적 삶의 공동체적 양식의 조직화를 통해 해결할 수밖에 없다. 민주주의는 그 조직화의 특별한 한 형식, 그러니까 가장 도덕적일 뿐만 아니라 가장 효율적이기도 하며 가장 창조적이기도 한 형식이다. 왜냐하면, 민주주의는 모든 성원의 존엄의 평등이라는 원칙에 따라 모든 성원의 자기실현과 그 참여적 −실천적 잠재력의 해방과 역량 강화에 기초하기 때문이다.

그러니까 민주주의는 인간적−도덕적이고자 하는 모든 사회적 삶의 가장 진화된 양식이라고 할 수 있다. 그 어떤 사회든, 그 어떤 공동체든, 적자생존이나 약육강식 같은 논리가 아니라 언제나 아주 다양한 방식으로 위협받고 상처 입을 수 있는 인간적 삶의 가능성을 스스로 세운 도덕적 장치들과 정치적−법적 제도들을 통해 보호해 낼 수 있는 그런 삶의 양식을 원한다면, 바로 그 열망 자체가 필연적으로 민주주의를 요구하고 낳을 수밖에 없다는 것이다.

여기서 우리는 민주주의가 그 근본적 차원에서 같은 정치공동체에 속하는 모든 시민의 존엄의 평등을 보장하고 실현해야 한다는 도덕적 목적을 지향하는 연대적 삶의 형식임을 알 수 있다.[208] 민주주의란 결국 모든 시민 개개인의 자기실현과 인간적 번영의 참된 가능 조건의 집합적-연대적 자기 창조 과정인 것이다. 본질적으로 사회적 존재인 인간이 다른 사람들과 함께하는 삶을 조직화 해내는 특별한 방식으로서 말이다. 여기서 그 특별함의 핵심은 그 공동체적 삶의 양식이 모든 성원의 존엄의 평등이라는 토대 위에서 모든 성원 개개인이 자기실현을 이룰 수 있는 가능성을 보장받을 수 있게 하는 데 있다.

민주주의에서 결정적인 것은 바로 이런 윤리적 이상이지 단순히 다수결 원칙 같은 것에 따른 선거나 이런저런 절차 같은 것이 아니다. 우리가 통상적으로 민주주의라고 부르는 통치 형식이나 정치 제도는 단지 그와 같은 이상을 실현하려 하는 특별한 종류의 공동체적 삶의 양식의 정치적 차원일 뿐이다. 다르게 표현하면, 우리의 일상적이고 구체적인 삶의 모습 하나하나가 얼마나 그 윤리적 이상을 담아내고 표현하고 있는가가 좁은 의미의 정치적 지배형식으로서의 민주주의의 건강함도 조건 짓는다.

나는 그 이상을 '인간적 이상'이라고 이름 붙이고 싶다. 왜냐하면, 민주주의는 어떤 물질적 이해관계를 더 나은 방식으로 충족시키려 하는 따위의 목적을 위해서가 아니라 더불어 살아감으로써 서로 서로의 평등한 인간적 위엄과 존엄성을 보호하고 실현하려는 사람들의 공동의 삶의 양식에 대한 다른 이름이기 때문이다. 그리하여 그런 이상에 따른 정치공동체, 곧 민주공화국은 인간 존엄성의 훼손과

---

208) 자세한 논의는 다음을 참조: 장은주, 『정치의 이동』, 앞의 책.

모욕의 가능성으로부터 사회의 모든 성원을 보호하고 그들이 평등한 자유의 기초 위에서 모두가 존엄한 존재로서 존중받으면서 살 수 있어야 한다는 기본적인 도덕적 목적에 따라, 모두가 참여하는 스스로의 입법적 실천 행위를 통해 만들어 내는 공동의 삶의 양식으로 이해되어야 한다. 만약 이와 같은 인간적 차원을 놓쳐 버린다면, 다수결주의나 여러 제도적 장치나 이런저런 법적 절차 같은 것은 그 자체로서는 결정적인 민주적 의미를 가질 수 없게 될 것이다.

민주주의의 인간적 이상에 대한 이러한 이해는 민주주의가 왜 근대성의 필연적인 정치적 형식인지를 설명해 준다. 특히 내가 제안했던 바대로 존엄의 평등을 근대성의 규범적 중핵으로 이해한다면, 민주주의라는 정치적 형식은 근대성의 기획에서 결코 피해갈 수 없다. 다시 말해 인간적 주체의 각성이라는 출발점 위에서 인간적−실천적 노력을 통해 모든 성원의 존엄의 평등을 실현하고 보호하려는 모든 사회적 기획이 성립하는 곳이라면 그 어느 곳에서도 그 기획은 반드시 모든 성원의 평등한 자유에 기초한 연대적 삶의 양식에 대한 추구로 나타나지 않을 수 없을 것이라는 이야기다. 이런 접근법은 민주주의에 대한 우리의 통상적인 이해를 여러 차원에서 교정할 것을 요구한다.

무엇보다도 이런 접근은 민주주의에서 인권의 가치와 의미에 새롭게 접근하게 한다. 민주주의 정치는 '인권의 정치'로 시작해서 인권의 정치로 끝나야 한다.[209] 인권의 정치는 한갓된 자유주의적 정치가 아니다. 인권의 정치와 자유주의적 정치의 역사적 발생맥락의

---

209) 이 문제에 대한 나의 시각은 다음을 참조: 장은주, 『인권의 철학』, 앞의 책, 특히 서론.

동근원성을 그 양자의 어떤 본질적 동일성으로 오해해서는 안 된다. 오히려 우리는 보존할 가치가 있다고 여겨지는 자유주의적 지향 일반을 인권에 대한 보편적-필연적 지향의 부분적인 계기 정도로 이해할 수 있어야 한다. 이때 인권의 정치는 기본적으로 끊임없이 이루어지는 '몫 없는 자들'(랑시에르) 또는 '배제된 자들'의 참여와 포괄을 지향하는 그런 차원에서 이해되어야 한다. 또 여기서 단순히 좁은 범위의 이른바 '자유권'에 대한 지향을 넘어 인간적 삶을 위한 기본적인 물질적 조건의 확보와 관련된 '사회권'에 대한 지향도 함께 중심적인 위상을 가지는 것으로 이해되어야 한다.

그런데 우리의 맥락에서 더 중요한 것은 민주주의에 대한 이러한 이해가 우리 사회 민주주의의 발전에 대한 희망과 추구가 그동안 놓치고 있던 중요한 지점 또한 확인시켜준다는 점이다. 제도 개혁이 불필요하다는 이야기로 오해되어서는 결코 안 되지만, 그와 같은 민주주의의 인간적 이상은 우리 사회의 바람직한 민주화가 단순히 거시적-정치적 제도 개혁의 수준에서만 머물러서는 안 된다는 점을 분명히 해 준다. 여기서 민주주의는 더 근본적으로는 한 사회의 성원들이 자신들의 삶의 전반적인 차원에서 자유롭고 주인다운 존엄한 삶과 자기실현을 이루는 구체적인 방식 전부와 관련된 것으로 이해되지 않을 수 없기 때문이다.

우리의 창조적인 정치적 근대성의 모색을 위한 기획에서 진짜로 필요하고 중요한 것은 우리가 민주주의의 참된 도덕적 토대를 제대로 이해하고 그것을 공고화하는 것이다. 단지 이럴 경우에만 우리는 몇몇 제도적 외피의 모방을 넘어, 심지어 그 제도적 형태는 서구의 여러 경우와 심각하게 다르더라도, 우리의 전통과 삶의 맥락과 조건에 깊숙이 뿌리 내려 건강하게 작동하는 민주적 습속과 제도들의 생명체를 발전시킬 수 있을 것이기 때문이다.

나아가 이런 관점에서 보면 지금 우리 민주주의가 처한 위기는 바로 그와 같은 이상의 사회적 실현의 실패가 낳은 귀결이며, 그 극복을 위한 기획 역시 단순히 좀 더 완전한 정부의 형식이나 더 나은 대의민주주의 체제의 확립 같은 것만을 위한 것이어서는 안 된다. 그 위기는 단순히 좁은 의미의 정치적–제도적 차원의 개혁을 넘어 전체로서의 삶의 양식 그 자체를 '인간화'할 수 있을 때에만 제대로 극복될 수 있다.

민주주의란 결국 가족 관계나 연애 및 교우 관계에서부터 문화적 향유나 경제생활을 거쳐 정치적 자율성의 표현에 이르기까지, 인간의 사회적 삶에서 중요한 여러 사회적 제도와 관행들이 개개인의 인간적 가능성을 실현하고 풍부히 하는 것으로 경험될 수 있는 그런 사회적 삶의 조직체인 것이다. 그렇다면 가족이나 학교나 직장 같은 곳에서 이루어지는 사회 성원들 사이의 일상적 인간관계와 삶의 인간화, 사람다운 삶을 이해하고 꾸려가는 방식을 조직하는 문화의 인간화가 이루어지지 않고는 정치적 민주주의도 있을 수 없다는 점은 너무도 분명한 결론이 아닐까 싶다. 정부 또는 지배의 형식으로서의 민주주의는 말하자면 일상적이고 사회적으로 뿌리를 박은 인간적– 도덕적 주춧돌 위에 서야 한다.

위계적인 가부장제 질서가 일반화된 사회, 불평등한 젠더 관계가 당연한 것으로 인식되는 사회, 학교가 권위주의적인 훈육의 장소로서만 받아들여지는 사회가 올바른 민주적 절차를 필요로 하는 문화적 전제나 그 절차를 운용할 수 있는 인격적 전제를 만들어낼 리가 만무하다. 가장 기본적인 경제생활이 이루어지는 직장 안에서 상사-부하의 관계가 일방적인 지배와 종속의 관계로 변질되도록 허용되는 사회, '갑-을 관계'에서처럼 경제적 관계에서의 힘의 우위가 인간적 모욕과 굴욕의 감수를 강요하는 근거가 되는 것이 당연시되는 사회가 민주주의가 필요로 하는 시민들 사이의 평등한 관계를 형성해 낼 수는 없다.

그러므로 민주주의의 일차적인 존재 장소는 좁은 의미의 국가가 아니다. 민주주의는 가족이나 학교 및 회사, 각종 동호회나 동문회 등의 일상적 모임, 종교 생활 조직 같은 가장 기초적인 일상적 삶의 단위 전체, 한마디로 말해 '시민사회'에서부터 존재한다. 민주주의가 가족, 학교, 회사, 일상적 모임, 종교 조직 같은 것들이 특정한 방식으로 정치화되어야만 가능하다는 이야기가 아니라 바로 그와 같은 시민사회적 삶의 지반들이 민주주의의 일상적 저수지라는 이야기다.

다르게 말하자면, 바로 그런 시민사회적 생활세계가 시민들이 차이의 인정, 관용, 연대 같은 민주적 가치와 '시민적 예의(civility)'나 상호 존중 같은 민주적 태도, 그리고 갈등을 비폭력적으로 해결할 수 있는 습관 등을 몸에 익힐 수 있는 토양이 되어야 한다는 것이다. 지금까지의 우리의 근대성에서처럼 지위와 서열, 시장 관계에서의 우위, 심지어 나이나 선후배 관계 같은 것들이 다른 사람에 대한 지배와 굴종 강요의 근거가 되는 사회에서는 존엄의 평등에 기초한 민주적 절차들이 제대로 작동할 리가 없다. 그리고 그런 사회에서는 단지 평등한 인격적 관계의 전제 위에서만 가능한 합리적 대화나 타협의 문화도 제대로 발전할 수 없다.[210]

물론 그와 같은 의미의 시민사회의 인간화는 다른 한편으로 우리 사회 일상적 문화의 인간화, 시민들이 자신들의 의미 있고 가치 있는 삶을 이해하는 도덕적 지평의 인간화와도 연결되어야 한다. 돈말고는 가치있는 것이 아무 것도 없다는 가치 허무주의가 지배하는 사회, 외형적 성공과 출세가 인간으로서의 삶을 평가하는 유일한 잣대가 되는 사회, 그런 사회는 결국 그런 가치들의 추구를 위해서는 스스로의 인간적 품위와 위엄을 헌신짝처럼 여기거나 타인들에 대한 지배와 억압조차 불가피하다고 여기는 사람들의 사회이고, 이런 사회가 제대로 민주적이 되기는 불가능하리라는 점은 명백하다. 뒤집어 말하자면, 단지 인문적 문화가 제대로 꽃핀 사회에서만 제대로 된 민주주의도 가능한 것이다.

이런 관점에서 보면, 제도적 차원의 개혁에 대한 필요를 무시하자는 이야기로 오해되어서는 결코 안 되겠지만, 지금 우리에게 우리 민주주의의 민주화를 위해 가장 절실하게 필요한 것은 그동안 우리 시민들에게 강요된 삶의 문법과 육화된 이성을 넘어서고 대체할 수 있는 새로운 민주적－인간적 사회적 상상의 일상적 체화를 위한 노력이다. 나중에 좀 더 보겠지만, 아무래도 학교 교육에서 민주적 삶의 양식의 훈련과 습성화를 위한 '(민주)시민교육'의 체제를 확립하는 것이 제일 중요할 것이다.[211] 노동조합 같은 것도 단순히 노동계급의 이해관계를 보호하고 확장한다는 관점을 넘어 그것이 시민이기도 한 노동자들을 위한 '민주주의 학교'로서의 역할도 할 수 있어

---

210) 정확히 바로 이런 것이 한국 사회의 비합리성의 문화적 전제다. '노예' 앞에서 자신의 모든 행위를 합리화하고 정당화하려는 '주인'은 없기 마련이다. 우리 사회 일반의 비합리성은 너무도 현격하게 비대칭적인 권력관계라는 배경을 지니고 있다.

211) 민주주의적 태도와 습관의 형성에서 학교 교육의 근본적 중요성에 대한 논의는 다음을 참조. W. Kymlicka, "Education for citizenship", Institut für Höhere Studien(Wien) (Ed.), *Reihe Politikwissenschaft* 40, 1996.

야 한다는 점에 좀 더 본질적인 주의를 기울여 접근할 수 있어야 할 것이다. 최근에 다양하게 모색되고 있는 '협동조합'은 삶의 경제적 기반 그 자체를 민주적으로 조직하고 운용할 수 있는 체화된 경험을 가능하게 할 것이라는 점에서 주목할 만하다. 결국, 이른바 '먹고 사는' 차원을 포함하여 시민들의 일상적 삶 전체가 충분히 인간화되고 민주화되지 않고는 제대로 된 정치적 민주주의도 불가능한 것이다. 필요한 제도 개혁은 이러한 문화 개혁이 이루어지는 구체적인 방식으로서만 이루어질 수 있을 것이다.

제7장 '시민적 진보'의 이념

우리의 출발점은 우리 사회가 겪고 있는 인간적 삶의 위기였다. 그 출발점 위에서 우리는 이 위기가 단순히 무슨 경제적 위기나 정치적 위기이기 이전에 하나의 문화적 위기이고 우리 사회 전체의 삶의 양식의 위기임을 살펴보았다. 우리는 그런 인간적 삶의 위기를 제대로 포착하고 드러내 줄 수 있는 인식틀을 확보하려고 유교적 근대성의 이론을 가공해 보았고 또 거기에서 한국 근대성이 어떤 종류의 정당성 위기를 겪고 있는지도 확인해 보았다. 나아가 우리는 그 위기 극복의 길이 창조적 근대성을 향한 개벽을 가능하게 해 줄, 우리가 인간적 이상을 통해 이해하는 새로운 민주주의의 모색과 건설에 있음도 알게 되었다.

이제 우리는 우리가 역사의 해결된 수수께끼라고 이해한 그 창조적−인간적 민주주의의 이상을 그저 추상적 수준에서 꿈꾸는 하나의 유토피아로서가 아니라 우리의 삶과 역사적 경험과 사회적 실천 과정에서 벼려내고 발전시켜야 할 구체적이고 현실주의적인 이상으로 다듬어낼 수 있어야 한다. 그것은 '지금, 여기'의 삶의 현실에서 출발하여 그 현실의 위기를 타개하고 수많은 병리를 치유해 내며 난마처럼 얽혀 있는 불의의 네트워크를 혁파해 낼 수 있는 구체적인 실천적 프로그램이 될 수 있어야 한다. 나는 이 실천적 프로그램을 '시민적 진보'라고 부를 수 있는 하나의 정치적 기획 속에 담아 내 보려 한다.

통상적으로 '진보'는 서구 근대에서 발전된 좌파적─사회주의적 경향의 정치 이념들과 연결되어 이해된다. 그러나 그동안 그런 진보 개념은 우리 현실에서 더 이상 생명력을 가질 수 없음이 여러 차원에서 증명되었다. 하지만 그렇다고 우리가 진보 개념 자체를 버릴 수는 없다. 우리의 맥락에서 보면 진보는 한국 근대성의 불구성과 그 정당성 위기를 극복하고 새로운 창조적─민주적 근대성을 지향하는 개벽을 위한 정치 기획으로 이해될 수 있다. 이런 새로운 진보 개념에 대한 이해는 우리 사회의 통상적인 진보 개념에 대한 근본적인 재구성으로부터 출발해야 한다. 우리 사회의 진보 정치의 파산 상태에 대한 진단에서부터 시작해서 새로운 진보 개념의 도덕적─정치적 초점과 그 주체, 곧 '시민'이 누구인지를 차례로 살펴보기로 하자.

'보수적 진보'의 파산

한국 진보 정치는 지금 커다란 위기에 봉착해 있다. 통합진보당 비례대표 경선 부정 사건을 계기로 폭발하기는 했지만, 사실 그 위기는 오래전부터 예비된 것이었다. 이른바 NL 세력과 PD 세력의 고질적인 분열과 갈등도 그렇고, 자유주의 세력과의 관계 설정을 둘러싼 문제도 그렇고, 한국의 진보 진영은 제대로 해답을 찾지 못한 숱한 문제들을 안고 있었다. 특히 이 진영의 다수를 점하고 있는 NL세력의 이른바 '종북주의' 경향은, 보수 진영으로부터의 악의적 공격의 빌미가 된다는 차원을 넘어, 줄곧 전체 진보 정치의 정당성의 토대를 위협하고 진보 정치의 전선을 주로 민족적 의제에 묶이게 만들어 왔다. 최근 '이석기 사태'를 통해 치명적인 상태로까지 발전한 지금의 위기는 그와 같은 뿌리 깊은 문제들의 응축된 표현이다. 상황이 이러니만큼 지금 이 위기의 해결 전망도 매우 불투명하다. 그래서 진보 정치의 환골탈태 또는 완전히 새로운 재구성이 필요하다는 자각과 사회적 분위기가 형성되고 크게 공감을 얻고 있다. 그러나 아직 그 재구성이 어떤 이념이나 원칙 그리고 방향성을 가져야 할지에 대해 충분히 분명한 논의들이 제시되고 있지는 않은 것 같다.

위기가 깊은 만큼 우리는 문제를 근본적으로 접근할 필요가 있다. 진보 개념 그 자체부터 따져보아야 한다. 우리 사회에서 통용되고 있는 진보 개념, 특히 그동안의 진보 정당들이나 운동권들이 그 독점권을 주장해 왔던 진보 개념은, 사실 그 기원도 의미도 매우 불분명하기 짝이 없다. 그 개념은 대략 '부르주아적 자유주의'[212]와는 달리 '노동(계급)'에 기반을 두고 있거나 노동과 친화적이며 또 자본주의의 극복[213]을 추구하거나 최소한 그것에 비판적인 사회민주주의

---

212) 김세균, 「자유주의의 역사, 본질, 한계」, 『현대민주주의론(I)』, 한국정치연구회 사상분과 편, 창작과 비평사, 1992.

-사회주의-공산주의 계열의 정치 이념들과 연관되어 이해된다.[214)] 그러나 진보에 대한 이런 식의 이해는, 여기서 문제되는 정치 이념들의 타당성이나 그것들이 우리 사회에서 가질 수 있는 적실성과는 별개로, 때때로 진보를 자처하기도 하는 자유주의자들의 그것과 충돌하곤 했다. 사실 오늘날 영미권에서 자유주의는 때때로 진보 이념 그 자체와 동일시되곤 한다.[215)] 도대체 진보란 무엇이며 또 무엇이어야 하는가?

오늘날 우리는 그동안의 진보 개념이 의지해 온 '역사의 합법칙적 발전' 같은 역사철학적 관념에 더 이상 의지할 수는 없다. 그리고 그와 같은 역사철학적 가상을 현실 속에서 추동해 낼 수 있는 '프롤레타리아트' 같은 거대 주체의 진보적 본성을 더 이상 자명하게 여길 수도 없다. 그렇다면 우리는 이제 어떤 기준과 관점에서 역사나 사회의 진보를 말할 수 있을까? 진보는 여전히 옹호될 수 있는 정치적 개념이기는 한 것일까? 우리는 지금 오늘날의 탈-형이상학적이고 포스트-사회주의적인 시대 조건에서 가능한, 그리고 무엇보다도 오늘날 우리의 정치 현실 속에서 적실성을 가질 수 있는 새로운 진보 개념을 발전시켜야 한다는 절실한 사회적 필요와 마주하고 있다.

우리 사회에서 진보는 통상 '보수-자유-진보'라는 정치적 정립 지형 모델을 통해 이해된다. 이 모델은 서구 정치적 근대성의 발전 과정에서 일어난 정치적 지형 변화에 대한 재구성적 절대화에 기초하는 것처럼 보인다. 그것은 봉건 질서를 무너뜨린 부르주아적-자

---

213) 김상봉, 「진보란 무엇인가」, 강수돌 등, 『리얼 진보: 19개 진보 프레임으로 보는 진짜 세상』, 레디앙, 2010.

214) 손호철, 「진보가 그렇게 부러운가」, 『프레시안』, 2009.08.03.

215) "Progressivism", Wikipedia

유주의적 민주주의 체제의 한계가 광범위한 사회주의적 노동 운동의 성장을 낳았고 그 운동이 결국 큰 틀에서 보수-진보(또는 좌-우)[216]의 정치적 대결 구도로 정리되는 서구의 역사적 과정을 배경으로 하고 있다. 진보가 일차적으로 자유주의와는 다른 것으로 이해된 좌파 이념들과 연결되고 노동이라는 계급적 정체성을 통해 이해되는 것은 바로 이런 맥락에서일 것이다.

이런 진보 이념 이해는 이제 전 방위적으로 도전받고 있다. 무엇보다도 그런 이해는 특별한 종류의 역사철학적 전제들에서 출발한다. 그것들에 따르면, 역사는 어떤 필연적인 법칙에 따라 원시 사회로부터 봉건제 및 자본주의를 거쳐 사회주의 및 공산주의에 이르는 객관적 노정에 따라 발전하며, 진보란 다름 아니라 그런 역사적 방향성에 대한 적극적 선취의 노력에 있다. 우리는 오늘날 구소련과 동구권에서의 '역사적 공산주의'(발리바르)[217]의 실패 이후 그런 전제들의 타당성을 근본적으로 의심해야 할 충분히 많은 좋은 이유들을 갖고 있다. 이에 대해서는 새삼스레 논의를 반복할 필요조차 없을 것이다. 그럼에도 불구하고 우리 진보 진영의 정치적 지식인들 일반은 기본적으로 완고하고 변화를 두려워하며 지금까지의 경험과 지식에만 고착되려 하는, 그리고 바로 이런 의미에서 철저하게 <보수적인> '사유 습성habit of thought'[218]을 벗어나지 못하고 있는 것

---

216) 아마도 진보라는 말이 지닌 일상적인 긍정적 의미를 전유하려는 시도에서 때때로 엉뚱한 용법(가령 '진보 우파')이 사용되기도 하지만, 나는 여기서 진보-보수 구분과 좌파-우파 구분이 기본적으로 동일한 것이라고 전제한다. 아마도 우리나라의 분단 상황이 좌파-우파 구분보다는 진보-보수 구분을 더 선호하게 하는 데 일조했을 것인데, 정치적 진보 개념의 불분명한 기원과 함의 때문에 용어 사용에서 불필요한 혼란이 조성되는 것은 어쩌면 당연한 일이다.

217) 에티엔 발리바르, 『우리, 유럽의 시민들?』, 진태원 옮김, 후마니타스, 2010.

218) 베블런(Th. Veblen)은 모든 인간이 쉽게 빠질 수 있는 바로 그런 사유 습성의 고착에서 보수

처럼 보인다.[219] 두 가지 문제에 대해서만 간단히 지적해 두자.

한 가지 문제는 그와 같은 통상적인 진보 개념의 서구중심성이다. 문제는 어쩌면 단순하다. 지금껏 살펴 온 대로 그동안 우리 사회가 발전시킨 근대성과 그 사회적—정치적 토양은 그 진보 개념이 암묵적 배경으로 삼고 있는 서구와는 완전히 동일하지 않다. 식민지 경험, 개발 독재와 그를 통한 자본주의적 고도성장, 지체된 민주화 등과 같은 역사적 궤적을 훑어만 보아도 그 점은 명백하다. 그러나 우리 진보 진영의 정치적 지식인들 일반은 자신들의 진보 개념을 우리 사회의 이와 같은 고유한 현실과 조건에 맞게 제대로 진화적으로 적응시켜 발전시킨 것처럼 보이지 않는다.

물론 나름의 시도들이 아예 없었다고는 할 수 없다. 사실 우리 사회 진보 운동 형성 초기에 진행되었던 이른바 '사회구성체 논쟁'이나 오늘날까지 이어지고 있는 NL 세력과 PD 세력의 분열도 이런 맥락에서 이해될 수 있다. PD 세력 일반이 우리 사회가 지닌 자본주의로서의 보편성에서 출발했다면, 우리 사회 진보 진영의 다수를 형성하고 있는 이른바 NL 계열은 그와 같은 출발점을 서구중심적이라고 거부하면서 좌파—민족주의적인 대안을 지향했다. 그러나 이런 대립 구도는 '보편성 대 특수성'이라는 잘못된 문제 인식틀을 바탕에 깔고 있는 것으로, 암묵적 서구중심주의를 제대로 극복하지 못한다.

우리 사회가 여러 가지 면에서 서구 사회들과 다르다는 점은 명백하다. 때문에 우리 사회의 자본주의로서의 보편성에 대한 강조만으로는 진보 정치가 해결해야 할 우리 사회의 실천적 문제들에 대한

주의의 한 기원을 찾았다. 참고: 소스타인 베블런, 『유한계급론』, 한성안 옮김, 지만지, 2008.
219) 장은주, 「보수적인, 너무나 보수적인 우리의 진보」, 『프레시안』, 2011.12.01.

충분한 인식에 이를 수 없다는 것도 확실하다. 그러나 우리 사회의 특수성을 강조한다고 해서 그것만으로 문제가 해결될 수 있는 것도 아니다. 그 특수성이라는 개념은 많은 경우 사실은 서구적인 것을 의미하는 보편성을 전제하고 있기 때문이다. 이런 유의 접근법에서는 우리 사회의 삶의 현실은 그 자체로 고유한 삶과 실천의 단위로 설정되지 못하고 있다. 요컨대 우리 사회에서 진보 이념은 '지금, 여기'의 구체적 현실 속에 제대로 착근되지 못했다. 우리 사회의 진보 이념 일반이 지닌 관념성과 추상성 그리고 그 '실천적 합리성'의 결여와 무능함은 당연한 결과다.

다른 한 가지 문제는 우리 사회의 통상적인 진보 개념의 규범적 지향의 불투명성이다. 구소련과 동구권의 사회주의 실험의 실패에도 불구하고, 많은 이들은 여전히 진보를 자본주의와 시장 경제에 대한 비판이나 자본주의의 극복에 대한 추구 그리고 노동중심성과 연결해 이해하기를 포기하려 들지 않으려 하는 것처럼 보인다. 애초 이런 이해의 바탕에 깔려 있던 역사철학의 총체적인 파산이 확인된 지금, 그러나 그런 이해의 정당성은 더 이상 자명하지 않다.[220] 내가 볼 때 그 정당성은 기본적으로 우리가 살고 있는 자본주의 사회가 보이는 소외, 비인간화, 착취, 억압 등과 같은 사회적 불의를 극복할 수 있어야 한다는 도덕적 관심에 토대를 두지 않을 수 없어 보인다. 그러나 그와 같은 도덕적 관심은 많은 경우 여전히 객관주의적 역사철학의 도그마에 의해 은폐되어 있거나, 그것이 비판적으로 자각되

---

220) 이 점은 자본주의의 극복에 대한 추구를 '리얼 진보'의 참된 정체성의 준거로 삼는 김상봉에게도 명백하다. 그래서 그는 최근 전통적인 좌파 노선을 폐기하고 노동자가 주식회사의 경영권을 확보하는 것을 자본주의 극복의 구체적 대안으로 제시하고 있다. 김상봉, 『기업은 누구의 것인가』, 꾸리에북스, 2012.

는 경우에도, 충분하게 설득력 있게끔 정당화되고 있는 것처럼 보이지 않는다.

내 생각에 그와 같은 도덕적 관심은 오늘날의 조건에서는 아마도 그 핵심에서 "노동자 또는 민중 같은 '사회적 약자'가 사회경제적 재화의 분배에서 좀 더 큰 몫을 차지할 수 있어야 한다"는 특정하고 강력한 분배 정의의 원칙이나 이상 말고는 다른 것이 되기 힘들 것이다. 약자, 특히 경제적 약자를 위하고 그 약자의 편에 선다는 도덕적 자부심은 언제나 진보 운동에 참여하고 그것을 지지해 온 많은 주체의 도덕적 동기의 핵심이라 할 수 있다. 그러나 이런 종류의 분배 정의의 이상은 가령 존 롤스의 자유주의적—평등주의적 정의론이 '사회경제적 재화의 불평등한 분배는 오직 사회의 최소수혜자에게 최대한의 이익이 돌아갈 때에만 정당하다'고 정식화했던 차등의 원칙 같은 것과 근본적인 수준에서 달라 보이지 않는다. 문제는 우리 진보 진영에서는 이런 롤스식의 자유주의적 접근법 전체에 대해서는 원천적으로 거부감을 드러낼 것이면서도 그 진영의 정치 지향의 진보성의 근거를 정당화할 다른 충분한 토대를 확보하고 있지는 못한 것처럼 보인다는 사실이다.

이런 문제를 생각해 보자. 지금까지 우리나라의 진보 정당들은 민주노총 중심의 대기업 정규직 조직 노동자들의 지지를 토대로 삼고 있었다. 진보 정치의 노동중심성이라는 것이 가진 실체적 진실이다. 그러나 과연 그와 같은 대기업 정규직 노동자들이 우리 사회에서 가장 열악한 범주의 사회적 약자라고 할 수 있는지는 치명적으로 의심스럽다. 그저 편의적으로 한 묶음으로 이해되는 노동 계급 내부만 보더라도 여기에는 비정규직 노동자 집단만이 아니라, 이제는 같은

계급 안에 범주화하는 것이 얼마간의 수사적 강조나 억지를 덧붙여야
만 타당하게 보일, 광범위한 불안정 고용 노동자층(이른바 프레카리아
트Precariat)이나 영구적으로 노동에서 배제되는 실업자층이 있다.

노동계급이 오늘날 얼마나 말 그대로의 의미에서 '프롤레타리아
트', 곧 사회의 최하층인지 의심스러운 상황도 있다. 특히 우리 사회
에서 심각하게 문제가 되고 있는 수많은 영세 자영업자층 같은 명백
히 더 열악한 처지의 사회적 약자층이 있는데, 지금껏 우리 진보 정
당들이 이런 계층들을 얼마나 제대로 충분히 대변해 왔는지는 의문
이다. 노동 계급과 사회적 약자의 등치 관계는 이미 우리 사회에서
도 더 이상 자명하지 않다.

시민적 진보의 이념

그러나 설사 우리의 통상적인 진보 개념이 암묵적으로 전제하고
있는 분배 정의의 이상을 제대로 정당화시켜낼 수 있다 하더라도 문
제는 남는다. 정의에 대한 분배 패러다임 그 자체가 지닌 근본적 한
계 때문이다. 여기서 긴 논의를 할 수는 없지만,[221] 두 가지 차원의
근본 문제만 지적해 두자. 우선 그런 패러다임은 복잡하고 다양한
사회적 불의의 문제를 좁은 경제적 이해관계 차원의 분배 문제로 환
원시킨다는 문제가 있다. 그러나 우리 사회에는 진보 정치와 결코
무관하다고 할 수 없을, 그러나 기본적으로 분배 정의의 지평을 넘
어서는 수많은 불의가 있다. 민주주의의 불완전성이 가장 근본적인

---

221) 자세한 논의는 다음을 참조하라. 장은주, 『정치의 이동』, 앞의 책.

문제이긴 하지만, 그밖에도 가령 여성이나 청소년 또는 이주민들에 대한 억압과 배제와 모욕 같은 문제도 단순한 분배 부정의라는 차원의 문제가 아니다. 나아가 분배 정의의 이상만으로는 정작 그 정의가 문제되는 분배의 유형과 틀이 어떻게 형성되고 구성되는지의 문제에 대해서는 제대로 포착해 낼 수 없다. 그 유형과 틀은 기본적으로 정치적으로 결정된다. 극단적인 분배 부정의를 내포하고 있는 우리 사회의 '과두특권독점체제'는 극소수 재벌 같은 특권 세력과 나머지 시민들 사이의 매우 이지러진 권력 불균형을 매개로 기본적으로 정치적으로 형성되고 또 유지된다. 진보 정치는 바로 이와 같은 우리 사회 불의의 핵심, 곧 지배와 권력의 차원에 과녁을 두어야 하지만, 낡은 분배정의적 진보 개념으로는 이 과녁은 언제나 빗나갈 수밖에 없다. 새로운 출발이 필요하다.

내가 제안하고자 하는 '시민적 진보'의 이상은 이와 같은 낡은 진보 개념의 폐허 위에서 시작한다. 물론 이 이상은 아직 충분히 체계화되어 있다고는 할 수 없다. 이 이상은 무슨 창시자를 갖고 처음부터 뚜렷한 체계적 지향을 정비한 그런 이념이 아니다.[222] 시민적 진보는 일단 느슨한 대로 시민이라는 민주적 주체가 민주적 주권의 발휘를 통해 민주주의를 심화시키는 가운데 성취해 내는 사회의 진보를 담아내기 위한 개념이라 할 수 있다. 그 핵심에는 시민이 일구어 내는 민주주의의 해방적, 진보적 잠재력에 대한 신뢰가 들어 있다.

여기서 이 시민적 진보라는 이상의 모든 면모에 대한 상세한 해명은 불가능하다. 나는 여기서, 우리 사회의 그동안의 민주주의 발전

---

[222] 애초 이 개념은 참여연대 부설 참여사회연구소의 반년간지 『시민과 세계』 창간호(2002), 「권두언. 열린 연대로, 시민적 진보를 지향하며」(이병천·홍윤기)에서 사용되었다.

과정에 참여하고 이끌어 왔던 많은 시민에 의해 막연한 대로 광범위하게 공유되고 있던 진보의 이상을 어떤 롤스식 '반성적 평형'의 이론적 가공 과정을 거쳐 다소간 명료화한다는 차원에서, 그 이상의 몇 가지 핵심 지향들만 나름의 방식으로 간략히 정리해 볼까 한다.

우선 이 진보의 이상이 지니고 있는 규범적 초점부터 명확히 해두자. 이 이상의 출발점은 우리 사회 <모든> 성원의 존엄의 평등에 대한 추구다. 다시 말해 '모든 인간은 그 존엄성에서 (또는 그 근본 가치에서) 평등하며, 따라서 모두가 똑같이 존중받을 수 있어야 한다'는 원칙에서 출발한다. 이 원칙이 심화되고 확장된 사회정치적 실현이 '진보'라는 개념의 초점이라 할 수 있겠다. 여기서 진보는 기본적으로 '도덕적 진보'로서, 어떠한 역사철학적 환상과도 무관하다.

이 도덕적 진보는 사회적으로 보호되고 실현되는 인간 존엄성의 범위 및 정도와 관련하여 평가된다. 그러니까 우리 사회의 모든 성원이 인간 존엄성을 무시하고 훼손하는 부당한 억압이나 지배의 관계에서 벗어나 당당하고 위엄 있게 존엄의 평등을 누리며 살아가고 있는지, 누구든 풍부하고 다양한 모든 인간적 삶의 차원을 경험하고 누릴 수 있는 가능성과 기회를 제대로 보장받고 있는지가 사회 진보의 평가 기준이다. 여기서 우리는 그러한 기준에 따라 모든 성원이 실제로 얼마나 그러한 존엄의 평등을 누리고 있는지를 끊임없이 점검하고 성찰하면서 그러한 기준을 실현하기 위하여 사회의 기본 구조와 제도를 바꾸어 나갈 수 있어야 한다는 정치적 대의를 발전시킬 수 있을 텐데, 바로 그런 대의를 실현하려는 사회적─실천적 노력이 진보 정치라 할 수 있다.

이 진보의 이상은 사회적 진보가 그저 하늘에서 떨어지거나 무슨 역사 법칙의 관철을 통해 실현되는 것이 아니라 사회적 행위자들 스스로의 노력과 참여를 통해서만 실현될 수 있다고 본다. 다시 말해 진보는 사회적 행위자들이 자신의 삶에 영향을 미치는 사회적, 정치적 과정에 적극적으로 참가하여 스스로의 힘으로 그 과정을 통제하고 조정하는 자기-지배적 관계를 통해서만 가능하다는 것이다. 물론 여기서 그 자기-지배적 관계의 주체의 범위는 원칙적으로 사회의 모든 성원이어야 한다. 그 주체를 특정한 계급이나 계층에 한정시켜야 할 아무런 합리적 이유가 없다. 바로 이 보편적-민주적 자기 지배의 주체이자 대상이 '시민'이고, 사회의 성원들이 이런 의미의 시민으로서 서로 결집하고 연대하여 민주적인 정치공동체를 만들고 가꾸어 스스로의 힘으로 모든 시민의 존엄의 평등을 실현하는 것이 '시민적' 진보라 할 수 있다.

그래서 이 시민적 진보는 '민주주의적 진보'의 다른 이름이라 할 수 있고, 그 본성상 민주적이다. 이 시민적 진보의 이상에서는 앞장에서 살펴본 바와 같은 민주주의적 정의에 대한 지향이 가장 중요한 도덕적-정치적 가치다. 모든 시민이 저마다 나름의 방식으로 존엄한 인간적 삶을 살 수 있는 가능성을 확보할 수 있어야 한다는 도덕적 진보의 이상은 모든 시민의 평등한 민주적 주체화를 통해서만 실현될 수 있기 때문이다. 그리하여 시민들 사이의 평등한 존엄의 관계를 부정하는 모든 사회적 관계의 타파라는 사회적-정치적 과제를 설정한다.

시민적 진보의 이상은 '민주공화국'이라는 우리 정치공동체의 민주주의 형식이 지닌 해방적 잠재력에 주목한다. 민주공화국은 단순히 무슨 '군주제가 아닌 국가' 정체가 아니다. 그것은 기본적으로

'인민주권'이라는 민주주의 원칙에 기초하여 이 땅에 살고 있는 인민 모두의 존엄성을 보호하고 증진시키려는 도덕적 목적을 가진 국가다. 그것은 <모든 인민의 평등한 자유에 기초한 연대적 정치공동체>의 이념을 자신의 핵심적인 도덕적 토대로 가진 국가다. 시민적 진보의 이상이, 앞 장에서 잠시 언급한바, 이와 같은 민주공화국의 이념에 대한 최선의 해석과 그 실현을 지향하는 민주적 공화주의라는 정치철학적 틀과 연결되는 것은 바로 이 지점이다.

그런데 여기서 말하는 시민은 민주공화국의 구성원이자 형성 주체를 가리키는 개념으로서, 흔한 오해와는 달리, 좁은 계급적 의미의 부르주아지가 아니다. 그래서 당연히 노동계급을 배제하지 않으며 노동계급과의 대당적 관계 속에서 이해되지 않는다. 모든 노동자는 노동자인 동시에, 아니 그 이전에 이미, 민주공화국의 시민이다. 그래서 '노동 대 시민'의 이분법 같은 것은 원천적으로 틀렸다고 본다.

물론 여기서도 노동 운동은, 노동 계급이 담지하는 어떤 역사철학적 중심성에 대한 가정을 수용하는 방식으로는 아니지만, 나름의 중요한 의미를 지닐 수 있다. 노동 운동도 민주주의적 정의의 이념에 따라 '시민으로서의 노동자'가 정당한 권리와 존엄성의 향유에서 배제당하고 있을 경우 그것을 교정하려는 사회정치적 노력이라는 맥락 속에서 얼마든지 시민적 의미를 지닐 수 있다. 그러나 시민적 진보에서 중요한 것은 모든 종류의 부당한 억압과 자의적 지배의 극복에 대한 지향이며, 그것은 사회의 특정한 계급이나 계층에 한정된 문제라고 파악되지 않는다.

이 진보의 이상에서는 민주주의는 절대적인 가치와 의미를 갖는다. 물론 그 민주주의는 단순히 흔히 이야기하는 '부르주아 민주주의'의 형식적, 절차적 민주주의가 아니다. 앞서 살펴본 대로, 우리가 통상적으로 수용하고 있는 자유주의적 민주주의 모델은 궁극적으로 고립된 자유로운 개인들의 이해관계를 출발점으로 삼아 어떤 자연 법적 정당성을 지닌 원자적 개인의 이해관계에 대한 최대한의 보호 와 유지야말로 국가와 정치의 참된 과제라고 이해한다. 여기서 민주 주의란 궁극적으로 그 개개인들의 공통 이해관계를 집적시켜 사회 적으로 관철하고 보호하기 위한 제도들의 집합일 뿐이다.

그러나 이런 자유주의의 한계를 극복하겠다며 출발한 지금까지의 진보 이념에서도 사정은 크게 다르지 않다. 이 진보 개념은 애초 민 주주의에 대해 단지 수단적이고 도구적인 의미만을 부여하기도 했 지만, 민주주의에 적극적인 의미를 부여하는 경우에도 사실은 그 자 유주의적 이해관계 모델을 본질적으로 벗어나지 못한다. 단순한 형 식적, 절차적 민주주의를 넘어서는 실질적 민주주의를 이야기하기는 하지만, 그것은 궁극적으로 사회의 절대다수를 이루는 노동계급이 집권하여 자신들의 객관적 이해관계를 실현하는 것, 곧 더 많은 분 배 정의를 실현하는 것 이상을 의미하지 않는다.

시민적 진보의 민주주의 모델은 다르다. 민주주의는 기본적으로 모든 시민의 존엄의 평등이라는 정의의 이념을 실현하기 위한 연대 적 삶의 형식이다. 곧 민주주의란 모든 시민 개개인의 자기실현과 인간적 번영의 참된 가능 조건의 집합적—연대적 자기 창조 과정으 로 이해된다. 때문에 한 사회의 정치적 과정에 대한 모든 시민의 평 등한 참여의 보장이야말로 가장 중요한 민주주의의 관건이다. 이것 은 무엇보다도 평등한 모든 시민이, 단순히 주기적인 선거에서 투표 권을 행사하는 차원을 넘어, 다양한 차원과 수준의 공식적이고 비공식적인 '민주적 공론장'을 통해 정치적으로 해결되어야 하는 사회의 문제들을 두고 서로의 의견을 주고받고 토론하며 쟁론함으로써 정치적 의사 결정 과정을 통제하는 방식으로 자신들의 민주적 주권을 일상적이고 체계적으로 실현할 수 있어야 한다는 것을 요구한다. 그래서 시민적 진보의 이상에서 민주주의는 기본적으로 '심의 민주주의(deliberative democracy)'라는 틀을 통해 이해되어야 한다. 이에 대해서는 아래에서 좀 더 볼 것이다.

그러나 시민적 진보는 그렇게 이해된 민주주의를 통해 시민사회와 국가의 분화를 무화시키고 모든 정치적이고 행정적인 과정을 직접적인 방식으로 통제할 수 있어야 한다고 요구하지는 않는다. 시민사회는 국가의 대체물이 아니다. 시민사회는 또한 시민들의 일상적인 사적 삶의 공간이고, 그 공간이 시민들에게 지니는 결정적 의미는 부정될 수 없다. 정치적 과정이 시민들의 주권적 요구와 시민적 규범에 맞게 조정되고 통제되어야 하며 끊임없이 견제되고 감시되어야 한다는 것이지 시민들 스스로가 직접 국가 권력을 장악하여 운용할 수 있어야 한다는 것이 초점은 아니다. 시민적 진보는 '자기 제한적 진보'다.

나아가 시민적 진보의 이상은 어떤 완전히 정의로운 유토피아를 꿈꾸지도 않는다. 그래서 무슨 자본주의의 극복이니 생산수단의 사회화니 하는 고정된 정책적 목표나 청사진을 그리고 거기에서 설정되는 정치적 선을 선명하게 추구하는 것이 진보 정치의 정체성이라고 이해하지 않는다. 그것은 완전하게 이상적인 정의가 아니라 많은 사람이 공감하고 그래서 민주적으로 확인될 수 있는 '현저한 불의'의 제거로부터 시작한다.[223] 무엇보다도 누구든 자신의 삶에 영향을 끼치는 사회의 정치적 과정에 자기 몫의 목소리를 낼 수 있어야 한다는 민주주의적 정의를 부정하고 위협하는 불의의 제거부터 시작한다. 이 정의가 다른 모든 정의의 추구를 가능하게 하는 '토대적 정의'이기 때문이다. 시민적 진보는 바로 이 토대적 정의의 기반 위에서 사람들의 구체적이고 실제적인 삶의 인간적 가능성을 조금이라도 더 증가시키고 그들의 민주적-시민적 역량을 얼마간이나마 더 확대시키는 방향으로 한 걸음 한 걸음 나아가는 '현실주의적 이상'을 추구한다.

이 현실주의적 이상의 핵심에는 하나의 '시민적 기획'으로 이해되는 정의로운 복지국가에 대한 지향이 들어 있다.[224] 모든 시민의 존엄의 평등을 보호하고 실현하고자 하는 도덕적 목적을 지닌 민주공화국은 그 본성상 고도의 복지국가일 수밖에 없다. 왜냐하면, 사회적-정치적으로 획득되고 보장되는 복지, 그러니까 사람다운 삶의 가능성을 사회적-정치적으로 보장해야 한다는 것은 이 땅의 시민들이 하나의 정치공동체를 형성하고 그것을 정의롭게 만들려 할 때 바로 그 목적에 속하는 것이라 할 수 있기 때문이다. 정치적으로 조직된 모듬살이가 시민들에게 기본적인 안녕과 더 나은 번영의 가능성을 제공해 줄 수 없다면, 그 모듬살이가 시민들의 인간다운 삶을 보장하고 자기실현의 가능성을 열어줄 수 없다면, 그것은 그들에게 공허하고 무의미하거나 결국 외적으로 강제된 부당하고 자의적인

223) 참고: A. Sen, *The Idea of Justice*, The Belknap Press of Harvard University Press, Cambridge, Massachusetts, 2009.

224) 장은주, 「복지국가, 하나의 시민적 기획: 분배정의를 넘어서는 한국 복지국가의 도덕적 기초」, 『대한민국, 복지국가의 길을 묻다』, 조흥식 엮음, 참여사회연구소 기획, 이매진, 2012 및 장은주, 『정치의 이동』, 앞의 책, 제7장 참조.

지배의 형식일 뿐일 것이다. 민주공화국의 복지국가성은 그것을 형성하고 구성하는 시민들의 정치적 기획 그 자체의 핵심일 수밖에 없다.

'사회적 권력'에 맞서는 '시민의 힘'과 시민적 진보 정당

그런데 이런 시민적 진보의 기획이 진보 정치 이해에서 통상적으로 설정되는 자본－노동의 대립축 같은 것을 버린다고 해서 사회적 갈등과 대립 자체를 무시하거나 사회의 진보에서 그러한 갈등과 대립의 의미를 부정하는 것은 아니다. 시민적 진보의 기획 역시 종류가 다르지만 명확한 사회적 갈등축 또는 대립축 위에 서 있다. 그것은 바로 '사회적 권력(social power)'과 '시민의 힘(civil power)(또는 '시민적 권력')이라는 축이다. 여기서 사회적 권력은 우리 사회에서 강력한 헤게모니를 행사하고 있는 정치와 경제 권력은 물론이고 종교나 언론 권력 등이 함께 뭉친 기득권 및 특권 카르텔 또는 권력 복합체이고, 시민의 힘은 한마디로 우리 사회 시민들의 '민주적 연대성'에 기초하고 있는 정치적 권력 자원이라 할 수 있다.

시민의 힘은 같은 정치적 운명 공동체의 공동의 성원이라는 데 대한 자각 위에서 시민들 스스로가 상호 간의 존중과 배려의 원칙 위에서 우리의 민주공화국을 더욱더 민주공화국답게 만듦으로써 모든 시민의 평등한 자유를 실현하려는 모든 집합적 노력 속에서 발원한다. 4·19에서부터 최근의 민주주의의 후퇴에 저항해 왔던 각종 촛불집회에 이르기까지 한국 민주화와 그 이후의 민주주의의 역사는 바로 이 시민의 힘이 발현되어, 비록 일직선적이지는 않더라도, 사회의 민주적－도덕적 진화가 이루어져 온 역사였다고 할 수 있다.

이것은 고(故) 노무현 대통령의 묘비명이 가르치는 "깨어있는 시민의 조직된 힘"의 바로 그 힘으로서, 본질적으로 이익의 논리에 기초한 사회적 권력과는 그 근본 성격 자체가 다르고 근본적으로 다른 문법을 통해 발현된다. 그러니까 여기서는 돈이나 권력 같은 매체의 영향력이 아니라, 시민적 연대나 공동선에 대한 지향 같은 가치의 도덕적—공공적 설득력이 정치적 힘의 자원이다.

시민적 진보는 끊임없이 확대 재생산되는 경향성을 갖는 사회적 권력의 지배 논리에 맞서 시민들의 민주적 연대성의 가치를 지키고 심화시켜내려는 이 시민적 권력의 지속적인 사회적 투쟁의 결과로서만 가능하다. 이 시민적 권력을 행사하여 학교나 직장 같은 시민들의 일상적 생활 세계는 물론이고 정치와 경제를 규제하는 법과 제도적 틀이 돈과 권력의 논리가 아니라 좀 더 많이 그리고 좀 더 근본적으로 인권과 연대와 민주적 평등의 논리에 의해 지배되도록 하는 것이 시민적 진보의 정치적 요점인 것이다.

그래서 이 시민적 진보의 기획에서도 정당은 중요하다. 그러나 여기서 시민적 진보 정당은 좁은 의미의 국가의 일부로 편입되고 그래서 그 자신 지배적인 사회적 권력의 일부가 되는 그런 정당이어서는 안 된다. 시민적 진보 정당은 오로지 시민적 권력의 기반 위에 서 있는 정당이어야 한다. 그러니까 언제나 시민의 목소리에 귀 기울이고 시민의 참여를 끌어내며, 무엇보다도 시민이 스스로 말하게 하고 주체가 될 수 있게 하는 데 복무하는 정당이어야 한다. 나아가 그 과정에서 표출된 시민의 요구를 제대로 담아낼 수 있는 정책들을 만들어내고 실현하려는 굳건한 의지와 신뢰할만한 능력을 가진 그런 정당이어야 한다.

지금 우리 사회에서는 이렇게 사회적 권력에 단호하게 맞서고 시민적 권력에 충실하게 복무하고 있음을 지속적으로 확인시킬 수 있게끔 정치 행태와 양식을 가진 시민적 진보 정당의 건설이 절실한 과제로 제기되고 있다. 경제와 행정 영역 및 일상적 삶의 공간 전반에 걸쳐 지배적인 힘을 행사하는 대기업, 법조 관료, 주류 언론, 지역 패권 네트워크 등과 같은 사회적 권력의 지배 때문에 부당하게 제한당하고 있는 인간적 삶의 가능성을 민주적 – 연대적 정치의 힘으로 확보하고 확장해 보려는 이들의 시민적 권력에 토대하는, 그래서 그 본성상 시민정치적 지향을 지닌 정당 말이다.

그러나 보수적 습성에 사로잡혀 있었던 지금까지의 우리의 진보 정당들은 그와 같은 시민적 권력의 요구와 문법에 충실하라는 참된 시민정치적 당위를 외면해 왔다. 지금의 새정치민주연합(구민주당)은 영남지역주의와 결코 동일시해서는 안 될 호남지역주의에 상당한 정도로 기대면서 너무 자주 호남 지역 유권자들의 높은 시민성을 오해하고 왜곡하여 그것을 유사 사회적 권력 자원으로 변질시키곤 했다. 수구 세력을 견제하기 위한 마땅한 대안을 갖지 못한 많은 시민의 불가피한 선택을 그 정당의 기득권에 대한 당연한 지지로 착각했던 것이다. 자칭 진보 정당들 역시 비정규직, 영세 자영업자, 청년, 영구 실업자 등과 같이 더 절망적으로 프롤레타리아트화한 계층의 절박한 민주적 시민권 확보 요구는 애써 외면한 채 얼마간 사회적 기득권을 누리고 있는 조직화된 대기업 노조에만 지나치게 기대왔다는 비판에서 결코 자유로울 수 없다.

물론 이런 이야기가 정당정치가 민주적 권력 정치의 고유한 문법을 더 충실하게 이해하고 따라야 할 필요를 무시하라는 것은 아니다. 집권이라는 목적을 버리라는 것도 아니다. 이에 대한 강조는 아무리 심해도 지나치지 않을 것이다. 틀림없이 시민적 진보의 기획에서도 시민정치와 정당정치는 그 역할과 동학에서 일정한 방식으로 구분되어야 한다. 그러나 양자는 어떤 실천적 분업 관계 속에서 이해되어야지 어떤 실체적인 대립관계 속에서 이해되어서는 안 된다. 시민정치가 시민사회 속에서 감지된 불의와 부당한 지배 관계를 고발하고 그것들에 맞서는 민주적－도덕적 인정 투쟁을 벌이는 역할을 주로 한다면, 정당정치는 법치의 틀 안에서 시민들의 그 인정 투쟁의 요구를 법적－정치적 언어로 번역해 내고 제도화함으로써 사회적 관계의 구조적 변화를 추구하는 역할을 해야 한다.

또 이런 이야기는 정당정치가 그 본성상 무정형적이고 쉽게 비등과 냉각을 반복하는 대중들의 여론과 정서에 일방적으로 종속되어야 한다는 것도 아니다. 시민적 정당정치는 그런 식의 포퓰리즘의 덫에 빠지지 않기 위해서 그것이 따르고자 하는 대중들의 뜻과 열망을 그 대중들이 민주공화국의 <시민>으로서 <서로 서로>, 그것도 <보편적으로> 나누어 가질 수 있다고 합리적으로 기대할 수 있는 그런 지향으로 번역해내고 재구성할 수 있어야만 한다. 그리고 정치적으로 번역되고 재구성된 그와 같은 시민들의 정의에 대한 요구를 정치적으로 관철시켜 낼 수 있는 현실정치적 역량을 갖추어야 한다. 우리는 하루빨리 이렇게 자신의 정치적 정체성을 '가능한 최대한의 시민적 존엄의 평등을 보호하고 실현한다'는 규제적 이상에 따라 이해하는, 그러니까 스스로를 <민주적 시민사회의 정치적 기관>으로 이해하는 유능한 시민적 진보 정당을 건설해야 한다.

사회적 갈등과 논쟁으로서의 민주주의

물론 시민적 진보의 정치적 기획은 무턱대고 사회적 갈등과 대립을 증폭시키는 데 그 초점을 두지는 않는다. 이 기획은 사회적 갈등과 대립을 부정하거나 무시하지도 않지만 무슨 항구적인 사회적 모순의 변증법 같은 것에서 출발하지도 않는다. 이 기획은 그러한 갈등과 대립의 생산적 승화를 추구한다. 그리고 다름 아닌 민주주의가 그 생산적 승화를 위한 틀이다.

물론 사회적 갈등이나 대립 자체가 사회적 선은 아니다. 명백히 부정적인 갈등이나 대립이 있다. 냉전적-이데올로기적 대립 같은 것이 전형적인 예다. 이런 갈등은 과거 우리나라에서 전쟁까지 치르게 했던 분단을 낳았었고, 지금도 우리 사회를 결국은 해체로 이끌 가능성이 크다. 이런 갈등은 억제되어야 마땅하다. 그러나 오늘날과 같은 복잡 사회에서 사회적 갈등 자체가 없을 수는 없다. 심지어 사회적 권력에 맞서는 시민의 힘은 저항과 갈등의 방식으로만 발현될 수 있다. 문제는 우리가 어떻게 그 갈등을 사회의 생산적 발전을 이끌며 긍정적인 효과를 발휘하는 방향으로 이끌 것인가이다.

마키아벨리는 무장 대립까지 불러일으키는 부정적인 사회적 갈등, 곧 '투쟁'combattendo과 그와 같이 생산적으로 승화될 수 있는 평화적인 갈등을 구분하면서 그것을 '논쟁'disputando이라고 이름 붙인 적이 있다. 그에 따르면, 투쟁은 한 집단만의 지배를 보장하는 법으로 귀결되지만, 논쟁은 분쟁하는 두 집단의 요구를 통합해서 공동선을 보장하는 법으로 귀결된다.[225] 시민적 진보의 기획은 사회적 권력에 맞선 저항과 그에 따른 갈등을 그와 같은 마키아벨리적 의미의 논쟁으로 승화시키려 해야 한다.

대부분의 현대 민주 사회들은 어떤 의미에서는 투쟁으로 비화될 수 있는 사회적 갈등을 논쟁의 방식으로 승화시키는 데 얼마간 성공한 사회들이라 할 수 있다. 민주주의에 대한 일반적인 인식 자체가 서로 경쟁하는 이해관계들의 갈등을 인정하고 협상과 타협을 통해 그 갈등을 관리하는 절차에 초점을 둔다. 여기서 민주주의란 불가피하게 서로 다를 수밖에 없는 개인들의 이해관계나 지향의 집적을 통해 잠정적으로 다수를 형성한 사람들이 지배하는 체제다. 그리고 정치는 기본적으로 일정한 규칙과 절차에 따라 그렇게 서로 다른 이해관계나 지향을 조율하는 데 그 요체가 있다. '투표' 같은 절차를 통해 잠정적인 다수가 확인되면 소수는 그 결과에 승복하고 나중에 스스로 다수가 될 수 있는 기회를 모색하는 방식으로 말이다.

최장집은 현대 민주주의 사회들이 어떻게 갈등을 제대로 활용하고 관리하는 데서 발전과 안정의 동력을 찾아왔는지를 보여주면서, 우리가 갈등에 기초하고 갈등을 활용하는 민주주의를 발전시켜야 함을 역설한다. 그에 따르면, 우리 사회는 민주화는 이루었으나 "그 제도적 실천의 주요한 동력이 되는 갈등을 이해하고 다루는 데서는 그리 익숙하지도 합리적이지도 못(하다)."[226] 특히 균열과 갈등에 기초하지도 또 그것을 이용하지도 못하는 정당 정치의 미발전 상태가 심각하다. 그런 만큼 우리 민주주의의 성숙을 위해서는 앞으로 정당들 사이의 타협과 갈등의 경쟁 체제, 다수의 지지를 획득하기 위해 경쟁적으로 노력하는 과정에서 시민사회의 이익과 갈등을 더 효과

---

225) 최장집, 『민중에서 시민으로: 한국 민주주의를 이해하는 하나의 방법』, 돌베개, 2011, 35~36쪽.
226) 같은 책, 62쪽.

적으로 조율할 수 있는 정당 시스템의 발전이 절실하다.[227]

그러나 시민적 진보의 기획은 그와 같은 '절차적 사회통합'에 만족해서는 안 된다. 최장집의 문제 인식의 바탕에는 다수결주의적, '선호 집약적 민주주의' 모델[228]이 바탕에 깔려 있는 것처럼 보인다. 이 모델에서 사회적 갈등은 말하자면 봉합될 수 있을 뿐이다. 선거 등의 의사결정 과정에서 '패배한' 소수는 그저 '승리한' 다수의 뜻에 승복하고 다음번에는 다수가 되기 위해 절치부심할 수 있을 따름이지 달리 민주주의적 과정에 참여할 수 없다. 기본권의 보장을 위한 헌정주의적 제한이 없다면, 여기서 '다수의 전횡'은 예외가 아니라 오히려 경향적이다. 그래서 이러한 과정을 통해 이루어지는 사회통합은 불안정하고 소극적일 수밖에 없다. 곧 사회적 갈등은 제대로 논쟁으로 승화되지 못한다.

이 민주주의 모델에서는 단지 '숫자'가 사회의 중요한 문제를 결정한다. 투표는 다수와 소수, 승자와 패자에 대한 냉정한 판단은 잘 내릴 수 있다. 그러나 숫자는 그 결정이 옳은지 그른지, 사회를 정의롭게 만드는지 아닌지, 사회의 미래를 위해 좋은지 아닌지 등의 문제에 대한 좋은 판관이 될 수는 없다. 사회의 문제들에 대한 '유일하게 올바른' 판단에 대한 가정은 그 자체가 성립할 수 없다고 하더라도, 어쨌든 숫자 다툼이 제대로 된 논쟁이 될 수는 없다.

사실 오늘날 민주주의에서 선거는 그 자체만으로는 논쟁보다는 투쟁에 가깝다. 비록 선거에서 패한 쪽이 승리한 쪽에게 승복한다 하더라도 그것은 올바른 근거에 따라 설득당한 것이 아니기 때문에

---

227) 같은 책, 95쪽.
228) 장동진, 『심의 민주주의: 공적 이성과 공동선』, 박영사, 2012, 12쪽.

대립적 구도 자체는 변하지 않는다. 패배한 진영에서는 단지 숫자가 모자라서 졌다고 생각하면서 선거 결과의 정당성 자체를 의심할 수도 있다. 이런 민주주의 모델에서 정치적 양극화는, 비록 그 필연적 결과는 아닐지 몰라도, 쉽게 극복되기 힘들다. 폭력적 투쟁까지는 아니더라도 다수가 되고자 하는 진영 사이의 극한적 투쟁이 일상화되어도 이상할 것은 없다. 이는 미국 같은 오래된 민주주의 국가에서도 피할 수 없음이 확인되었고,[229] 민주주의의 역사가 짧은 우리나라 같은 데서는 더욱더 선거는 늘 사회의 분열을 심화시키는 쪽으로 귀결되곤 했다.

시민적 진보의 기획은 그와 같이 사회적 갈등 자체를 단순히 소극적으로 용인하는 정도를 넘어 '토론'이나 '쟁론(contestation)'의 형식으로 이루어지는 사회 구성원들 사이의 차이의 표명과 의견 대립을 민주주의적 과정의 핵심 요소로 인정한다. 여기서 민주주의는 '심의 민주주의(deliberative democracy)', 곧 "자유롭고 평등한 시민들이 (그리고 그 대표자들이) 누구나 수용가능하고 일반적으로 접근가능한 근거들을 서로 주고받는 과정에서 결정들을 정당화하는 정부의 형식"이다.[230] 여기서 민주주의는 공적 이성의 발현 기제다.[231] 우리의 논의에서 필요한 만큼만 이 민주주의 개념을 살펴보기로 하자.

---

229) 로널드 드워킨, 『민주주의는 가능한가』, 앞의 책.

230) A. Gutmann & D. F. Thompson, *Democracy and disagreement*, Cambridge, MA: Belknap Press of Harvard University Press, 1996 *disagreement*, 7쪽. 심의 민주주의는 때때로 '토의 민주주의 (discursive democracy)'라고도 한다. '심의'가 조용한 개인적 차원의 숙고를 강조할 우려가 있는 표현임을 생각하면, '토의'가 더 적절한 표현일 수도 있다. J. Dryzek, *Deliberative Democracy and Beyond: Liberals, Critics, Contestations*, Oxford University Press, 2000, v-vi 참조. 특히 하버마스의 심의 민주주의 모델을 지칭할 때는 이 표현이 더 나아 보인다. 위르겐 하버마스, 『사실성과 타당성. 담론적 법이론과 민주적 법치국가 이론』, 한상진·박영도 옮김, 나남, 2007 참조.

231) 참고: A. Sen, *The Idea of Justice*, Harvard University Press, 2011, 321쪽 이하.

이 민주주의 모델에서 민주적 정당성의 핵심은 단순히 투표를 통한 다수의 확인에 있는 것이 아니라 시민들이 집합적 의사결정을 위한 사회적 숙고의 과정에 참여하는 데 있다. 한 사회의 구속력 있는 집합적 결정은 시민들이 그 근거들을 스스로 성찰하여 받아들일 만하다고 여길 수 있을 때에만 정당화될 수 있다고 보기 때문이다.[232] 사회적 숙고의 과정에 참여할 수 있다는 것은 시민의 주권성을 존중받는 가장 확실한 방법일 것이고 또 그럼으로써 시민들은 자신들의 정치 공동체와 더 큰 일체감을 느낄 것이다.

투표 중심의 민주주의 모델은 말하자면 평화적인 힘겨루기 모델이다. 어떤 식이든 다수의 선택만이 정당하다. 그래서 잘못된 사회적 욕망이나 편견조차도 다수의 세를 이루기만 하면 그만이다. 그러나 심의 민주주의 모델에서는 정당한 민주적 결정은 합리적 성찰이라는 필터를 통과해야만 한다. 이 합리적 성찰의 의미는 매우 중요하다. 왜냐하면 시민들은 그와 같은 사회적 숙고의 과정에서 이루어지는 성찰을 통해 자신들이 애초 가지고 있던 판단이나 선호나 견해를 바꿀 가능성이 있기 때문이다.[233] 투표 중심의 민주주의에서는 시민들의 선호나 이해관계는 미리 고정되어 있고 변하지 않는 것으로 이해된다. 그러나 심의 민주주의 모델에서는 다른 시민들을 합리적 논증을 통해 설득하여 그 선호와 이해관계에 대한 판단을 변화시키도록 할 수 있는 가능성이 열려 있다고 본다.[234]

---

232) Dryzek, 앞의 책, 1쪽.

233) 같은 곳

234) 이는 실제로 다양한 실험들을 통해 경험적으로도 확인된다. 위르겐 하버마스, 「민주주의는 아직도 인식적 차원을 갖는가」, 『아, 유럽: 정치저작집 제11권』, 윤형식 옮김, 나남, 2011, 183쪽 이하 참조.

이렇게 되면 어떤 사안에 대한 의견 차이나 대립은 우선 문제에 대한 더 나은 해법을 찾기 위한 아주 좋은 방편이 될 수 있다. 설사 정치적 의사 결정을 위한 사회적 숙고를 위한 시간적이고 물리적인 제약 때문에 투표 같은 것을 통해 최종적인 의사결정을 내리게 된다 하더라도, 여기서는 공동의 숙고 과정과 상대가 설득될 수도 있다는 가능성을 열어 두고 진행된 논쟁의 경험 때문에 구성원들로 하여금 투표를 통한 의사결정의 불가피성과 그 결정의 합리성에 대해 선호 집약적 민주주의에서보다 더 많은 기대를 가지게 할 수 있다.

민주주의에 대한 이 논쟁 모델에서는 사회적 갈등 그 자체가 문제인 것이 아니라 그것이 토론되고 사회적으로 숙고되지 않는 것이 문제다. 논쟁으로 승화된 사회적 갈등은 정상적인 민주적 질서의 일부이며 사회적 진화의 핵심 동력이다. 정치적 상대는 단순히 절멸시켜야 할 적이 아니다. 여기서는 '더 나은 논증의 힘'(하버마스)이 작용하여 지금은 나와 다른 입장을 가지고 있지만 내가 잘 설득할 수만 있다면 상대가 나의 편이 될 가능성이 있다고 가정된다. 설사 어떤 사안에 대해 의견의 완전한 합의가 이루어지지 않는다 하더라도 논쟁의 상대자는 문제를 해결하기 위하여 함께 참여하고 있는 일종의 '탐구 공동체'의 일원으로서 정중한 존중의 대상으로 받아들여진다. 힘이 약하고 큰 세력을 형성하지 못해 상대에게 이익을 조율하도록 압박할 수 없는 소수자도 배제되지 않는다.[235] 심의하는 민주주의는 그 본성상 관용의 체제가 아닐 수 없다.

---

235) 심의 민주주의에서 '포용'의 중요성에 대해서는 특히 참조. I. M. Young, "Justice, Inclusion, and Deliberative Democracy", S. Macedo (ed.), *Deliberative Politics. Essays on Democracy and Disagreement*, Oxford University Press, 1999.

물론 참여자들이 아무런 권력의 차이도 존재하지 않는 서로 평등한 지반 위에서 오로지 합리적인 논증만을 주고받는 하버마스식의 '이상적 언어 상황'에 대한 가정은 반-사실적(counter-factual)이다. 그러나 이성적 토론이 민주주의의 핵심으로 간주되면, 현실의 사회적 갈등과 대립에서 모든 종류의 억압과 배제, 권력 남용과 조작 등은 정당하지 못한 것으로 규정되고 비판될 수 있다. 따라서 그와 같은 이성적 '토론을 통한 통치(government by discussion)'[236]의 이상은 반드시 비현실적(unreal)이지는 않다. 그것은 일정하게 현실을 실제로 구성하는 비판적 동력으로 작용할 수 있기 때문이다.

그러나 이 심의 민주주의 모델의 이상을 서구의 계약론적 전통에서처럼 어떤 공적인 집합적 결정에 대한 모든 시민의 동의 또는 합의에 대한 지향으로만 이해하면, 이 모델은 지나친 낭만주의나 이상주의에 빠져있다는 투의 비난으로부터 자유로울 수 없을 것이다. 어떤 공적 사안에 대한 모든 시민의 동의는 원칙적으로 불가능할 것 같고 또 실제로 바람직하지 않을 수도 있기 때문이다. 그 동의 여부를 확인할 수 있는 현실적인 방법도 없다. 여기서 진짜로 중요한 것은 공적인 의사결정에 대한 쟁론가능성(contestability)[237]의 보장이다.

이 민주주의 모델이 강한 사회통합적 효과를 발휘할 수 있는 것은 이 모델에서는 공적 의사결정이 논쟁을 통해 언제나 구성원들 사이의 완전한 동의를 끌어낼 수 있을 것이라는 비현실적이고 낭만적인 가정 때문이 아니다. 오히려 시민들이 원칙적으로 공적 의사 결정이

---

236) A. Sen, "Justic and the Global World", *Indigo*, Vol.4, Winter 2011. 이는 본래 존 스튜어트 밀의 개념이다.

237) 페팃, 『신공화주의』, 앞의 책, 342쪽 이하. 역어는 필자의 것이다.

이루어지는 모든 과정과 공간에서 언제든지 문제들과 결정을 위한 근거들과 고려사항들을 검토할 수 있고 필요하다면 이의를 제기할 수 있도록 하는 항시적 가능성을 보장받기 때문이다.[238] 모든 시민이 모든 중요한 공적 의사결정 과정에 참여할 수도 없고 또 언제나 명시적이든 암묵적이든 동의 여부를 표명할 수도 없다. 그러나 그런 처지에 있지 못한 시민이라도 언제든지 어떤 결정에 대해서든 이의를 제기하고 논쟁을 벌일 기회는 가질 수 있다.[239] 이렇게 되면 시민들은 충분한 견제력을 가지게 되고, 공적 의사 결정 과정은 참여하지 않는 시민들의 반응을 의식하면서 좀 더 합리적이어야 하고 좀 더 포용적이야 한다는 압박 하에서 진행될 수 있을 것이다. 페팃은 이런 민주주의를 '쟁론적 민주주의'(contestatory democracy)라고 이름 붙였다.[240]

---

238) 같은 책, 348~349쪽.

239) 같은 책, 352~353쪽.

240) 같은 책, 368쪽 이하 참조. 역어는 필자의 것임

제8장 시민은 누구인가?

그런데 시민적 진보 기획의 정치적 주체, 곧 시민은 누구인가? 앞서도 잠시 언급했지만, 사실 시민이라는 개념은 악명 높게 혼란스럽다.[241] 우리 사회에서 시민은 아직도 너무 자주 서구 근대성의 발전 과정에서 민주주의적 틀을 확립시켰던 '부르주아지', 곧 자산가 계급이나 중산층과 같은 개념으로 이해되고 있다. 그래서 시민적 진보는 자칫 그 자체로 고전적인 부르주아적 자유주의의 한 변종쯤으로 이해될지 모르겠다. 그러나 다른 시민 개념도 있다. 그와 같은 자유주의적 시민 이해와는 달리 공화주의 전통에서는 시민을 적극적인 정치적 참여와 책임감을 가진 정치적 주체로서의 '시토와이엥(citoyen)', 곧 '공민'으로 이해한다. 부르주아지로서의 시민 개념이 일차적으로

---

241) 시민 개념의 다양한 의미와 그 변천의 역사적 과정에 대한 개괄적 고찰은 다음을 참조. 신진욱, 『시민』, 책세상, 2009.

시장적 자유의 보호와 그 이해관계의 정치적 실현이라는 과제에 초점을 맞추고 있다면, 시토와이엥으로서의 시민 개념은 고대 서구의 아테네적 민주주의에서 강조되었던 바와 같이 적극적인 정치적 참여 그 자체를 좋은 삶의 참된 지표로 인식하는 '시민적 덕(성)(civic virtue)'을 강조한다. 시민적 진보의 이상은 일차적으로 바로 이러한 시토와이엥으로서의 시민 개념과 맞닿아 있다.

그러나 이 시민 개념은 시민적 덕성을 강조하면서 시민적 삶을 과잉 정치화하고 시민적 주체성을 지나치게 도덕화된 틀 속에서 바라봄으로써 현대 사회, 특히 한국 사회에서 실질적인 민주주의의 주체 문제를 이해하고 그 바람직한 발전 방향을 제시하는 데 충분히 적절한 기반이 될 수 있을 것처럼 보이지 않는다. 때문에 우리가 모색하는 창조적 민주주의에 기반한 창조적 근대성을 시민적 진보라는 틀 속에서 추구할 수 있기 위해서는 이런 통상적인 시민 개념을 넘어서는 새로운 시민 개념에 대한 모색이 필요하다.

'시민적 덕성'을 넘어서

확실히 서구의 공화주의적 전통은 우리가 참조해야 할 좋은 출발점을 제공한다. 여기서 시민은 시토와이엥, 곧 공민으로서 단순히 소극적인 권리 주체가 아니라 일정한 시민적 덕성을 갖춘 직접적이고 적극적인 정치적 참여의 자율적 주체이고 시민사회는 무엇보다도 그와 같은 시민들의 자발적인 결사와 조직의 전체 연결망이다. 여기서 시민은 무엇보다도 시민적 덕성의 발휘를 통해 공동체의 공적 문제들에 적극적으로 개입하여 그 해결을 모색하는 정치적 시민이다.

이와 같은 공화주의적 시민 이해는 우리의 역사적 경험과도 얼마간 부합한다. 우리 사회에서는 1987년 '6월 항쟁' 이후 비로소 본격적으로 시민이라는 개념이, 단순한 도시 거주민이라는 행정적 – 지리적 범주가 아닌, 민주주의의 주체라는 의미를 갖기 시작했다.[242] 우리는 그 6월 항쟁을 때때로 '시민 혁명'이라고 명명하기도 하며, 시민 개념은 이후 2004년 노무현 대통령 탄핵 반대 시위와 2008년 미국산 쇠고기 수입 반대 촛불 시위 등을 거치며 '민주주의의 최후의 보루'(노무현)라는 의미 내용을 가지게 되었다. 여기서 시민은 국가와 정치권력의 지배 논리에 맞서 적극적인 정치 참여를 통해 민주적 자기 지배의 이념을 실질화하거나 위협받고 있는 민주주의를 지켜냄으로써 민주주의의 민주화를 이루어낼 수 있는 결정적인 정치 주체로서의 위상을 가진다.

이는 사실 우리 사회를 넘어서는 세계적인 수준의 경험과도 일정하게 겹친다. 1990년대 이후 서구 사회에서 이루어진 이론과 실천 양면의 '시민사회의 부활' 과정은 우리나라를 포함한 필리핀, 남미, 동구권 등에서의 민주화 경험에서 커다란 자극을 받았다. 특히 동구권의 '만회혁명'[243] 과정에서 자발적인 시민적 결사체들이 수행했던 적극적인 역할이 커다란 주목을 받았는데, 이때 그 동구권의 만회혁명은 많은 경우 아렌트가 강조했던 참여 민주주의적인 '결사'의 모델을 통해 해석되었다.[244]

---

242) 홍윤기, 「시민학의 정립: 시민적 권능확보의 학문적 토대」, 『시민과 세계』, 제21호, 참여사회연구소, 2012.

243) J. Habermas, *Die nachholende Revolution, Kleine Politische Schriften VII*, Frankfurt/M., 1990.

244) Axel Honneth, *Das Recht der Freiheit*, 앞의 책, 526쪽 이하, 특히 548쪽 참고.

확실히 민주주의의 확립 과정과 그 민주주의를 실질화하고 위기로부터 수호해 내는 데서 시민들의 적극적인, 때로는 목숨까지 담보로 하는 자기희생과 참여가 지니는 역할과 의미는 분명하다. 그러나 우리가 그런 시민적 참여를 반드시 고대 서구의 어떤 '아테네적 모델', 그러니까 적극적인 정치적 참여 그 자체를 좋은 삶의 참된 지표로 인식하는 시민적 덕성의 관점에서 이해해야만 하는지는 반드시 명백하지만은 않다. 시민적 덕성이라는 개념화 자체도 일정한 서구 전통의 산물임도 분명하지만, 정치적 삶이 아닌 삶은 인간적이고 좋은 삶이 아니라는 아리스토텔레스적 인식은 반드시 모든 문화권에서 그리고 모든 철학적 인식틀에서 언제나 자명하기만 할 것 같지는 않다.

실제로 김주열에서부터 수많은 광주의 무명시민을 거쳐 최근 북아프리카 '재스민 혁명' 과정의 참여자들에 이르기까지 민주화 과정의 많은 희생자는 어떤 아리스토텔레스적인 시민적 덕성과 좋은 삶에 대한 지향보다는 우발적 분노나 절박한 삶의 필요, 동료 시민들에 대한 연대 의식 등의 동기로 적극적인 정치적 참여를 선택했을 것이다. 설사 우리가 그런 참여 동기의 도덕적 성격에 관해 이야기할 수 있다 하더라도, 그것을 반드시 시민적 덕성이라는 틀 안에서만 파악해야 하는지는 의문이다. 나아가 시민적 덕성의 문제틀은 자칫 그 덕성을 갖추지 못한 다른 시민들과의 도덕적 구별짓기를 통해 시민적 주체화와 참여의 문제를 지나치게 도덕화된 틀 안에서 바라보게 하면서 의도하지 않은 전체주의의 위험에 빠질 우려가 있다.

때문에 앞장에서 살펴본 대로 서구 공화주의 내부에서도 그와 같은 그리스적-아리스토텔레스적 전통과는 다르게 로마적-키케로적 전통을 따르는 신(로마)공화주의에서는 시민적 덕성 그 자체보다는 시민들의 자유를 실질적으로 가능하게 하는 법적—제도적 틀에 더 주목한다. 시민들은 적극적 정치 참여 그 자체보다는 오히려 지배받지 않는 상태에 더 큰 관심을 가진다는 것이다.[245] 아닌 게 아니라 현대 사회에서 대부분의 시민은 적극적인 정치적 참여의 삶 그 자체가 가진 매력이나 가치를 좇기보다는 나름의 이해관계와 정치적 삶과는 다른 차원의 자기실현적 가치 추구를 더 선호할 것이다. 국가와 사회가 분리되고 형이상학적 세계상이 몰락하는 과정에서 근대 이후의 시민들은 평범한 삶의 긍정이라는 가치 혁명을 일구어내었고, 이 과정은 결코 돌이킬 수 없을 것처럼 보인다. 오늘날의 조건에서 시민적 덕성이나 정치적 참여 자체를 도덕적으로 미화하는 것은 자칫 시대착오적이 되기까지 할 우려가 있다.

물론 그렇다고 우리는 민주주의적 정치과정과 시민적 진보를 향한 노력에서 공동체에 대한 일정한 자기 책무감 속에서 동료 시민들과 함께 공동선을 궁구하며 제기되고 감지된 공동체의 문제들에 대해 일정한 해법을 찾는 시민들의 자발적인 참여가 지니는 결정적 의미를 결코 폄훼해서는 안 된다. 오늘날의 신(로마)공화주의가 시민적 덕성이나 정치적 참여 그 자체보다는 '비—지배'로서의 시민의 자유를 실질적이고 상호적으로 보장할 수 있는 법적—제도적 장치에 더 많은 관심을 기울이는 이론적 동기는 충분히 정당해 보이기는 하지만, 그러나 어쩌면 그런 이론적 행보는 적극적인 시민적 주체의 관점보다는 제도와 법치를 강조하는 자유주의적 관점으로의 일정한

---

245) 세실 라보르, 『공화주의와 정치이론』, 까치, 2009, 22쪽 참고.

후퇴는 아닐지 모르겠다. 제도와 법치의 중요성과 의의를 무시하자는 것이 아니라, 그것을 위해 민주주의와 사회 진보에서 시민적 참여와 주체성의 불가결성을 희생시켜서는 안 될 것이라는 이야기다.

이런 맥락에서 우리는 하버마스가 강조하는 것처럼, 특히 민주주의가 이런저런 이유로 위협받거나 결정적인 민주화의 행보가 필요한 시기에, 좁은 사적 영역의 공간을 박차고 나와서 공적인 삶에 참여하고 개입하는 개별 시민들의 태도를 고무할 수 있는 민주적-시민적 문화의 중요성에 공감할 수 있다.[246] 그러니까 민주주의의 후퇴나 개별 시민들의 자유 침해나 이런저런 사회적 불의가 발생했을 때 시민들로 하여금 그것들을 그저 용인하고 애써 회피하는 것이 아니라 분연히 일어나 고발하고 필요하면 맞서 싸울 수 있는 시민적 용기를 불러일으킬 수 있는 정치적-문화적 전통이 중요하다는 것이다. 그러나 이렇게 민주주의에 호응하고 '맞장구치는' 자유의 시민적 문화가 민주주의의 유지와 발전에서 갖는 기능적 필요가 분명하기는 해도, 그런 접근법으로는 그와 같은 시민적 문화가 어떻게 형성될 수 있는지에 대해 구체적으로 말해 줄 수 있는 바가 많지는 않을 것으로 보인다.

공중으로서의 시민

나는 바로 이런 맥락에서 그리고 논쟁으로서의 민주주의 모델과의 연관 속에서 통상적인 개념과는 다른 방식으로 시민 개념을 규정

---

246) 위르겐 하버마스, 『공론장의 구조변동』, 한승완 역, 나남출판, 2004, 특히 50쪽 이하 참조.

하고자 한다. 비록 좁은 의미의 정치철학적 공화주의 전통과 직접적인 관련은 그다지 없지만, 여기서 존 듀이가 발전시켰던 '공중(The Public)' 개념[247]이 매우 유용할 것처럼 보인다.[248] 듀이는 사회적 행위가 미치는 간접적인 결과들이 지니는 공공적 의미를 인식하고 그 결과들과 거기에서 파생되는 다른 문제들을 토론, 설득, 논쟁 등과 같은 수단들을 통해 제어하고 해결하려는 집합적 주체를 공중으로 이해하고, 바로 이 공중의 발견과 형성을 현대 사회에서 민주주의의 가능조건이라고 보았다. 나는 듀이의 이 공중 개념이 적절한 방식으로 재구성되면 시민 개념의 자유주의적 협소화나 공화주의적 과잉 정치화를 넘어서는 새로운 시민 개념을 구성해 내기 위한 좋은 실마리가 될 수 있다고 여긴다.

중요한 것은 듀이가 시민들의 정치적 참여와 주체화의 문제를 단순히 도덕적 당위의 문제로서보다는 행위이론적 관점에서 어떤 행위의 간접적 결과의 인지라는 차원에서 접근한다는 점이다. 여기서 시민의 정치적 참여는 단순한 도덕의 문제가 아니라 자신의 삶에 영향을 미치는 사회적 행위의 결과에 대한 성찰과 조정이라는 그야말로 자기-지배적인 민주적 과정의 필요에 대한 문제해결적 합리성의 문제로 변모한다. 이렇게 되면 우리는 시민적 덕성과 정치적 참여의 의미에 대한 과잉 도덕화의 우려 없이, 그러나 또한 동시에 그

---

247) 참조: 존 듀이, 『현대 민주주의』, 그리고 다음의 논의도 참조. M. Kettner, "John Deweys demokratische Experimentiergemeinschaft", H. Brunkhorst (Hg.), *Demokratischer Experimentalismus: Politik in der komplexen Gesellschaft*, Suhrkamp Verlag Frankfurt am Main, 1998.

248) 그러나 듀이의 공중 이론의 배경에는 미국의 실천적인 공화주의 전통이 바탕에 깔려 있다. 댄 하인드, 『대중이 돌아온다. 공공적인 것의 귀환을 위하여』, 노시내 옮김, 마티, 2012, 94쪽 이하 참조. 또 듀이와 아렌트 공화주의의 유사성에 주목한 다음의 연구도 참조. Codruta Cuceu, "Milestones in the critique of the Public Sphere: Dewey and Arendt", *Journal for Communication and Culture* 1, No.2, Winter 2011.

러한 우려로부터 자유주의적이거나 기능주의적인 냉각화로 후퇴함
도 없이, 시민적 주체성의 가능성과 의미를 이해할 수 있는 좋은 실
마리를 얻을 수 있게 된다.

민주적 심의가 이루어지는 민주적 공론장은 시민적 주권이 실현
되는 핵심 장소라 할 수 있다. 그곳은 시민들이 사회의 여러 문제에
관해 토론하고 논쟁하며 성찰하는 가운데 가장 설득력 있는 해법을
찾아내서 사회의 정치적 결정 과정을 그 해법의 틀 안에 묶어 두는
역할을 하는 민주주의의 공간이다. 시민들은 이 공간을 통해 단순한
투표권의 행사를 넘어서는 자기―지배적인 주권을 실질적으로 행사
할 수 있다. 바로 이 공간 안에서 그러한 토론과 논쟁과 성찰의 과정
에 함께 참여하여 '공적인 일'(res publica)을 어떻게 다루어야 할지
에 대해 사회 다른 성원들의 광범위한 동의를 기대할 수 있는 의견,
곧 '공론'을 형성해 내는 주체가 공중이라 할 수 있다. 이 공중은 사
적 삶에 뿌리를 두는 개인들이 공론장의 활성화를 통해 사회의 기본
방향과 정치적 의사결정 전반을 일정하게 통제할 수 있는 무정형의
집합적 주체로 변모함으로써 형성된다.

이때 민주적 공론장에서 시민들이 의견 및 의지를 형성하는 과정
은 무엇보다도 감지된 사회적 문제들과 과제들에 대한 창조적이고
협업적인 해결을 모색하는 과정으로 이해된다. 여기서 민주주의는
말하자면 어떤 인식적 차원을 지닌다.[249] 그러나 더 중요한 것은 시
민들이 그러한 집합적 자기―지배의 과정에 참여함으로써 다른 동
료 시민들과 평등한 관계 속에 있는 사회적 삶의 주인으로서 인정받

---

249) 위르겐 하버마스, 『아, 유럽. 정치저작집 제11권』, 윤형식 옮김, 나남출판, 2011, 제11장.

는 것이다. 그리하여 그 과정은 시민들의 자기실현을 위해서도 중요한 의미를 지닌다.[250]

이 공중의 형성 과정에서 어떤 도덕적 동기의 중요성은 분명하다. 시민들은 매우 자주 어떤 사건이나 행위의 도덕적 재난 상황에 대한 분노나 어떤 정치적 결정이 공동체 전체에 대해 미칠 부정적인 도덕적 귀결에 대한 우려 같은 것 때문에 다양한 수준의 공론 형성의 과정에 참여하고 또 필요하다고 느낄 경우 직접적인 시민 행동에 나서기도 한다. 시민들은 광주에서 일어난 학살이나 박종철의 고문치사 사건을 알게 되면서 그에 대한 도덕적 공분을 느껴 사회 변화에 대한 열망을 표현했다. 노 대통령 탄핵처럼 민주주의를 파괴하거나 미국산 쇠고기 수입 재개 결정처럼 정부가 시민들의 의사와 동떨어진 정치적 결정을 내리는 등 '공동선'이 파괴되는 데 대해 화가 나서 거리로 나서곤 했다. 로자 파커스의 용기 있는 행동에 대한 커다란 도덕적 공감에서 백인들조차 인종차별에 반대하는 캠페인에 동참하기도 했다. 때문에 앞서 샌델의 공화주의를 검토하면서 살펴보았지만, '국가의 윤리적 중립성 테제'를 내세우며 민주적 정치 과정에서 개개의 시민들이 지닌 도덕적 관심과 동기의 결정적 중요성을 애써 외면하는 자유주의에 대한 시민적 공화주의의 비판은 기본적으로 옳다.

그러나 나는 이런 시민 도덕의 발휘와 분출은 어떤 개인적 미덕 그 자체에 기반을 둔다거나 개별적 이해관계나 자기실현의 차원과 분리된 추상적 도덕성의 수용이라는 차원에서 이해되어서는 안 된

---

250) 나는 이런 해석을 호네트의 듀이 논의에 기대고 있다. 참고: A. Honneth, 앞의 책, 500쪽 이하 및 악셀 호네트, 「반성적 협동으로서의 민주주의」, 앞의 글.

다고 여긴다. 결국, 시민들은 민주적 과정에의 참여를 통하여 "이익의 합리적 추구, 도덕적 헌신, 그리고 창조적인 자기실현을 상호 분리되지 않은 방식으로 체험"할 수 있어야 한다.[251] 그리고 이것은 기본적으로 광범위한 시민들 사이의 '소통'의 결과로서만 가능하다.

대부분의 시민은 단순히 사회적 불의를 목격하고 그것에 분노한다고 해서 직접적인 행동에 나서지는 않는다. 공론장에 참여하는 것조차도 기꺼워하지 않는다. 단지 자신만이 아니라 많은 다른 동료 시민들이 사회정치적 사건들이나 문제들의 부정적 귀결들에 대한 인식을 공유하고 있음을 확인하고 공론이나 직접행동을 통해 스스로가 그 사건들이나 문제들의 해결 과정에 영향을 미칠 수 있음을 자각하는 과정이 필요하다. 개인으로서의 도덕적 용기 같은 것이 불필요하다는 것이 아니라 다양한 수준의 공론장에서 이루어지는 소통을 매개로 한, 말하자면 어떤 '공(共)-주체감'의 형성이 결정적으로 중요하다는 것이다. 이렇게 공중 개념은 단순한 시민적 덕성에 대한 요청을 뛰어넘는 소통을 통한 시민적 주체의 형성 과정을 포착할 수 있게 해 준다.

주의해야 할 것은 여기서의 소통이 어떤 하버마스적인 '의사'-소통만은 아니라는 사실이다. 여기서의 소통은 단순히 합리적 주체들의 차갑고 이성적인 논증 주고받기(argumentation)만은 아니다. 시민적 진보가 추구하는 심의 민주주의의 모델에서 논증적이고 합리적인 성찰적 토의와 숙고의 중요성은 명백하다. 그러나 시민적 소통에서는 무엇보다도 동료 시민들과 교감하고 다른 동료 시민들을 포용

---

251) 한스 요아스, 『행위의 창조성』, 앞의 책, 410쪽.

하며 문제의식과 도덕적 분노와 공감을 나누고 확인하는 훨씬 폭넓은 차원의 교호작용이 필요하다. 그리고 그 모든 것은 공중으로 모인 시민들이 어떤 식으로든 서로 얽혀있고 의존하며 공동으로 짊어져야 할 운명을 지닌 하나의 삶의 양식 안에 있음을 확인하는 연대의식을 바탕으로 한다.[252]

물론 여기서 소통은 단순히 소통 그 자체를 위한 것은 아니다. 그 소통은 일정한 목적을 가진 것이다. 그 소통은 공적인 성격을 지닌 것으로 시민들 사이에 공감된 사회적 문제들을 다양한 각도와 처지에서 바라보고 분석하여 가능한 해법을 찾아내고 그것이 정치 과정을 통해 실현되도록 하는 시민적-집합적 의지의 형성을 위한 것이다. 여기서 공중은 단순히 무슨 정치적 아방가르드의 의지를 집행하기 위하여 동원되는 수동적 존재가 아니라 스스로 문제를 발견하고 해법을 탐구하여 제시하며 스스로 실행하거나 정치적 대행자들에게 실행하도록 압박하는 참된 문제해결적 주체가 될 수 있다.

여기서 소통은 협애한 개인적 이해관계와 파편화를 극복할 수 있는 참된 사회적 모태다. 현대 사회에서 시민들의 개별적인 이해관계와 그 다양성은 부정할 수 없는 정치적 출발점이다. 게다가 가치 다원주의의 조건은 시민들이 공적인 문제들을 바라보는 데서 불가피하게 다양한 입지와 관점을 갖게 한다. 그러나 소통은 그 과정에서 시민들에게 심의 민주주의의 가장 핵심적인 차원이라 할 '선호의 변화'를 이끌어 냄으로써 이해관계에 대한 고착과 갈등적 다원성의 불

---

252) 듀이는 현대의 복잡하고 '거대한 사회(Great Society)'가 민주적 연대성의 원리에 따르는 '위대한 공동체(Great Community)'로 전화되는 것을 공중의 형성을 통한 현대 민주주의의 가능 조건으로 보았다. 참조: 존 듀이, 『현대 민주주의』, 앞의 책, 142쪽 이하.

협화음을 극복할 수 있게 도울 수 있다. 물론 여기서 그 선호의 변화는, 다시금 단순히 시민들이 천성적인 도덕적 순수성을 가지고 있거나 공동선을 지향하라는 추상적인 도덕적 촉구를 쉬이 수용해서라기보다는, 그들이 민주적 공론장 안에서 동료 시민들과의 소통의 과정에 들어옴으로써 그들과의 공-주체감을 확인하고 자신의 입장과 이해관계를 동료들에게 설득하기 위해서 지키고 따르지 않으면 안 되는 내적 규범성의 문법이 작동한 결과로 이해되어야 할 것이다.

우리가 아마도 '공적 도덕(public moral)'이라고 부를 수 있을 이 소통 과정의 내적 규범성은 소통의 공공성이 강제하는 것이다. 공중들 사이의 소통은, 그 내재적 이념에 따르면, 단순히 어떤 개인의 자기 과시나 개인적 이해관계의 관철을 위한 것이어서는 안 된다. 여기서 개인이나 그 개인의 특정 귀속 집단의 관점에서 추구되는 이해관계나 좋은 삶의 관점이 처음부터 배제될 수는 없겠지만, 공적 소통에서 중요한 것은 정치공동체 전체의 삶의 양식이 담아내야 할 정당한 규범적 질서와 바람직한 지향, 곧 '공동선'이다. 그리하여 단순히 개인이나 특정 귀속 집단의 이해관계나 윤리적 지향 그 자체가 아니라 함께 살고 있는 다른 시민들의 이해관계와 윤리적 지향의 관점에서도 (더 고차적인 수준에서) '모두에게 좋은 것'으로 수용될 수 있다고 합리적으로 기대되는 도덕적 지향만이 소통 과정을 규제하는 준거가 되지 않을 수 없다.[253] 제프리 알렉산더(J. Alexander)를 참조해서 말하자면, 공적 소통을 통해 형성되는 '시민적 영역(The Civil Sphere)'은 바로 그 공동선의 관점에서 수용될 수 있는 가치 지

---

[253] 물론 이 공동선은 선험적으로 주어지는 것으로 이해되어서는 안 되고, 민주적으로 구성되어야 한다.

향들만을 시민적-정치적 '선'으로 수용하는 반면, 그렇지 못한 것을 시민적-정치적 '악'으로 배척하는 문화적-구조적인 시민적 문법을 내장하고 있다고 할 수 있다.[254] 여기서 이해관계나 개별적 가치관 등은 부정되는 것이 아니라 공동선의 관점에서 매개되고 필터링 되어 재해석된다.

이 공적 도덕은 무엇보다도 동료 시민들을 나와 똑같이 가치 있고 소중하며 그래서 자기-지배의 방식으로 한 사회의 정치적 의사 결정에 참여할 수 있는 평등한 권리를 지닌 한 사람의 시민으로 인정하는 데서 출발해야 한다. 우리는 이것을 모든 시민에 대한 '보편적인 민주적 상호 인정의 원칙'이라 규정할 수 있을 것이다. 곧 민주적 공론장에서 모든 시민은 누구든 똑같은 정도의 무게를 가지고 목소리를 낼 수 있는 동등한 권리를 가진 한 사람으로 서로가 서로를 인정해야 한다는 것이다.[255] 이 원칙은 그 자체로 민주주의적 정의의 원칙이라 할 수 있으며 다양한 초점과 맥락에 따라 다양한 방식으로 정식화될 수 있는 원칙들과 규범성을 함축하고 있다.

이 원칙은 우선 이런저런 사회적 행위에 영향을 받는 모든 사회 성원이 그 행위를 통제하고 조정하는 정치적 의사 결정에 참여할 수 있어야 한다는 '포괄의 원칙'을 함축한다.[256] 이것은 다른 한편으로 보면 민주적 정치공동체에서는 어느 누구도 자기-지배의 권리를 행사하는 과정에서 배제되어서는 안 된다는 '배제의 배제 원칙'[257]

---

254) J. Alexander, *The Civil Sphere*, 앞의 책.

255) 참조: A. Honneth, 앞의 책, 484쪽.

256) 참조: I. M. Young, "Justice, Inclusion, and Deliberative Democracy", 앞의 글.

257) 이 표현에 대해서는 참조: 문성원, 『배제의 배제와 환대』, 동녘, 2000.

이라고 소극적인 방식으로 표현될 수도 있겠다. 사실 우리의 통상적인 민주적 과정과 제도화된 민주적 공론장은 다양한 이유로 수많은 시민을 배제하는 데 익숙하다. 민주적 공론장과 그것을 매개로 형성된 공중적 시민은 그 배제를 주목하고 그것을 극복할 수 있는 집합적 노력을 소홀히 해서는 안 된다. 포괄의 원칙은 그 자체로 모든 종류의 부당한 지배와 억압, 배제에 저항하고 극복하려고 노력하는 보편적인 민주주의적 정의에 대한 지향을 함축한다. 그리고 단지 그런 지향만이 공중적 시민의 진보성을 담보할 수 있을 것이다. 그리고 이런 의미의 진보성만이 자본과 권력에 의한 온갖 왜곡과 배제와 형해화의 위협에도 불구하고 민주적 공론장을 지켜내고 확장시켜낼 수 있는 참된 동력이 될 것이다.

그 보편적인 민주주의적 정의에 대한 지향은 인권의 보편화에 대한 사회정치적 동학을 가동시킨다. 그 원칙은 가령 모든 시민이 사상과 양심의 자유 같은 기본적인 권리를 절대적으로 그리고 평등하게 누릴 수 있어야 한다는 것을 전제한다. 또 누구든 평등하게 자신의 목소리를 개진하고 누구든 평등하게 정치적 의사결정 과정에 참여할 수 있는 기회를 누릴 수 있어야 한다는 것도 요구한다. 시민적 주체는 바로 이런 권리를 인식하고 제대로 주장하는 데서 형성된다. 그리고 그 권리는 누구보다도 일상적인 정치적 과정에서 배제되어 있는 시민들, 그러니까 '호모 사케르'(아감벤)든 '몫이 없는 사람들'(랑시에르)이든 아니면 '서발턴'(스피박)이든, 또 그 배제의 이유가 경제적인 것이든 문화적인 것이든 인종적인 것이든, 다양한 수준에서 권리를 부정당해서 누리지 못하고 주변화되어 있는 시민들의 권리다. 그 배제된 시민들은 이런 권리에 대한 자각을 통해 자신들을 배제하는 현실을 고발하고 이의를 제기하며 필요하면 직접적인 정치적 실천을 조직해 냄으로써만 그 배제의 상태를 극복할 수 있다.

이렇게 시민적 소통 과정에서 형성되는 공중적 시민 주체는 그 본성상 무슨 객관적 – 실체적 주체는 아니다. 시민적 주체는 정치적 – 담론적으로 구성되는 주체다. 그리고 공중적 시민 주체는 다양한 수준의 민주적 공론장과 시민사회적 매개 조직들 속에서 이루어지는 소통의 정도, 곧 그 강도와 밀도와 지속성에 따라, 그리고 문제되는 정치적 아젠다들의 시민적 – 도덕적 설득력의 정도에 따라, 모였다가도 흩어지고 흩어졌다가도 모이는 불확정적(contingent)이고 유동적인 주체다. 물론 이런 속성들은 이 시민적 주체들이 지닌 진보적 잠재력에 대한 신뢰를 부정할 근거는 못 된다. 비록 우리가 시민의 힘에 대한 어떤 역사철학적 환상 같은 것을 가져서는 안 되겠지만, 그것들은 오히려 일상적인 수동성과 평온함에도 불구하고 특정한 계기가 주어지면 무섭게 결집하여 분출하곤 하는 시민적 주체성의 참된 힘의 비밀을 보여줄 뿐이다. 우리는 오늘날 사회 진보를 추구하면서 얼핏 답답하게 여겨질 수도 있을 이와 같은 시민적 주체성의 잠재력 말고는 기댈 곳이 없다.[258]

시민적 주체성의 조건

물론 공중적 시민의 형성은 자연발생적으로 이루어지지는 않을

---

258) 라이트(E. O. Wright)는 오늘날의 상황에서는 사회주의적 목표를 추구하는 데서도 시민사회의 역할은 불가결하며 사회주의 이념조차도 시민사회적으로 재구성될 필요가 있다고 주장한다. E. O. Wright, "Compass Points: Towards a Socialist Alternative", *New Left Review* 41.

것이다. 누구든 그저 공론장에 참여한다고 진보적인 공중적 시민이 되지도 않을 것이다. 오늘날 민주적 공론장은 결코 이상적이고 순수한 형태로 존재하지 않는다. 아니, 우리는 오늘날 다양한 형태와 종류의 공론장이 어떻게 정치적 권력과 경제적 이윤의 논리에 의해 침탈당하고 오염되어 있는지를 너무도 생생하게 목도하고 있다. 오늘날 일반적으로, 특히 우리 사회에서, 공론장은 특별한 종류의 '정경유착'에 의해 지배되고 있다. 우리 사회의 과두특권독점 세력은 거의 대부분의 주요 매체들을 장악한 채 자의적인 의제 설정과 편파, 왜곡 보도 등을 통해 시민들의 여론을 호도하고 시민들 사이의 연대를 위협하며 사회의 정치적 의사 결정을 자신들에게 일방적으로 유리한 방향으로 이끌고 있다.

C. W. 밀스는 이미 1950년대에 미국의 권력 구조 형성과정을 분석하면서 민주주의의 고전적 이상이 상정하던 공중이 어떻게 단순한 '대중(the mass)'으로 전락해 가고 있는지를 분석한 바 있다.[259] 비록 이런 논의를 지금 우리 사회의 현실에 직접적으로 대입할 수는 없겠지만, 그의 대중사회론은 공중적 시민 주체론이 넘어야 할 장애가 어떤 것인지를 분명하게 보여준다.

밀스에 따르면, 공중은 다음과 같은 조건들 속에서 형성된다.[260] (1) 의견을 듣는 편과 거의 같은 숫자의 다수가 그들의 의견을 말할 수 있다. (2) 표명되는 어떤 의견에 대해서도 자유로운 조건에서 즉각적이고 효과적으로 반응이 일어나는 공적 소통이 이루어진다. (3) 공적 토론을 통해 형성된 의견이 효과적인 행동으로 전환될 수 있는

---

259) C. W. 밀스, 『파워 엘리트』, 진덕규 옮김, 한길사, 1985, 399쪽 이하.
260) 같은 책, 403쪽 이하. 특히 405쪽의 요약 참조.

통로가 존재한다. (4) 권위적인 제도의 침투나 개입 없이 자율적으로 활동할 수 있다. 반면 대중은 이런 조건들의 결여 상태에서 존재한다. 그러니까 대중은 소수 의견이 다수에게 일방적으로 전달되며, 쉽게 반대 의견에 대한 제재가 가해지고, 의견이 실현될 수 있는 가능성이 존재하지 않으며, 제도적 권위가 참여자들의 자율성을 위축시킬 때 생겨난다. 그리고 이와 같은 대중이 공중의 몰락을 재촉하고 그것을 대체하는 과정에는 시민들의 수동적인 매스 미디어 소비가 가장 결정적인 역할을 수행한다. 아마도 우리는 이 과정에 대해 호르크하이머나 아도르노의 '문화산업 테제'나 젊은 하버마스가 서구 부르주아 민주주의의 공론장이 구조적 변동을 겪는 과정을 보며 내렸던 비관적 전망을 오버랩시킬 수 있을 것이다.

우리는 오늘날 서구 사회들에서나 우리 사회에서 대중이 공중을 대체하거나 공중의 형성을 방해하는 압도적인 사회적 경향과 마주하고 있다. 특히 신자유주의적 경제 논리가 전 방위적으로 사회적 공공성을 파괴하고 개인의 주체성마저 경쟁과 적자생존의 논리에 맹목적으로 종속시키는 가운데 그나마 존재하는 미미한 공중 사회의 전통마저 위협받고 새로운 공중의 형성은 더욱 저지되고 있는 것처럼 보인다. 이탈리아의 베를루스코니는 이 대중사회적 묵시록의 진면목이 어떤지를 웅변적으로 확인시켜 주었으며, 우리 사회의 기득권 세력 역시 이른바 '종합편성채널'의 도입과 '언론 장악'을 통해 민주적 공론장의 활성화와 그에 기초한 공중적 시민의 성장을 억누르려는 시도를 계속해 오고 있다. 이런 상황에서 공중적−시민적 주체성에 대한 섣부른 기대나 낙관적 전망은 언제나 얼마간의 냉소에 부딪힐 수밖에 없을 것이다.

그러나 우리가 사태를 극단적인 절망 속에서만 바라보아야 할 필연성 또한 없다. 우리는 최근에만 하더라도 저 멀리 북아프리카의 재스민 혁명에서부터 뉴욕의 '오큐파이 운동'을 거쳐 우리의 다양한 '촛불 집회'에 이르기까지 기존의 대중사회적 질서에 균열을 일으키는 크고 작은 저항의 몸부림들을 확인하고 있기도 하다. 그것은 무엇보다도 극단적인 승자독식의 논리에 따라 절대다수의 시민을 배제하는 신자유주의적 지배의 양식이 불러일으킨 사회적 모순과 불의에 대한 자연스러운 반작용일 것이다. 냉정한 현실 인식에서 출발해야 하기는 해도, 우리가 어떤 '의지의 낙관'(로망 롤랑)을 포기할 이유는 없다.

여기서 우리가 주목할 만한 흥미로운 사실이 하나 있다. 그것은 바로 그와 같은 사회적 저항의 조직화와 확산 과정에서 인터넷을 기반으로 하는 이른바 '소셜 미디어'가 새로운 민주적 공론장의 물질적 토대를 제공해 주고 있는 것처럼 보인다는 사실이다. 이 사실을 어떻게 해석할 수 있을지에 대해 아직 충분한 이론적 검토가 이루어졌다고는 보기 힘들지만,[261] 인터넷이 제공하는 '매개된 상호 가시성'[262]은 듀이가 공중 형성의 직접적 기반으로 보았던 면대면 관계[263]를 오늘날의 복잡 사회의 조건에서 과거에는 전혀 기대할 수 없었던 방식으로 부활시킬 잠재력을 보여주고 있는 것처럼 보인다. 그리하여 그것이 새로운 형식의 공중적 시민 형성의 토대로 기능할

---

261) 이항우, 「튀니지, 이집트의 시민혁명과 소셜미디어」, 『시민과 세계』, 참여사회연구소, 제19호, 2011.

262) 이준웅, 「인터넷 공론장의 매개된 상호가시성과 담론 공중의 형성」, 『언론정보연구』, 제46권 2호, 서울대학교 언론정보연구소, 2009.

263) 존 듀이, 앞의 책, 198쪽.

수 있지는 않을지 하는 기대가 전혀 터무니없다고는 하기 힘들어 보인다. 최근의 우리 사회에서도 팟캐스트 방송이나 다양한 SNS가 시민들의 민주적 공중화를 촉진했다는 점에 대해 풍부한 경험적 증거들이 쌓여가고 있는 것처럼 보인다.

물론 새로운 매체 그 자체가 중요한 것은 아닐 것이다. 이 새로운 매체 역시 언제든지 자본과 권력의 논리에 정복당할 가능성을 완전히 배제할 수 없으며, 또 그것과는 별개로 프라이버시의 침해 등과 같이 새로운 매체가 지닌 부정적 문제들도 완전히 무시할 수 없다. 우리는 새로운 매체 역시 공중의 형성보다는 오히려 (밀스적 의미에서) 시민의 대중화를 가속화하는 방향으로 가지는 않을지에 대한 우려를 완전하게 떨쳐낼 수는 없다.

그래서 우리는 매체 그 자체보다는 새로운 공중적 시민 주체의 형성을 가능하게 하거나 촉진할 수 있는 사회적, 정치적 조건들의 문제에도 주목할 필요가 있다. 그래서 이미 많이 논의된 대로 건강한 민주적 공론장의 제도화를 위한 '언론 개혁'은 시민적 주체성의 확대와 심화를 위해서 반드시 성취되어야 한다.[264] 여기서 앞서 살펴본 바와 같은 민주적 공론장의 공적 도덕의 원칙들은 그러한 개혁에서 중요한 규범적 준거로서 작용할 수 있을 것이다. 나아가 다양한 수준의 시민사회적 매개 조직의 활성화를 위한 공적 지원 체계의 확립 같은 사회정치적 노력도 절실하다.[265]

---

264) 댄 하인드는 기존 언론 체계의 개혁과 더불어 세금과 공적 자금에 의해 운용되며 공중이 직접 저널리스트의 취재를 주문하고 후원할 수 있는 '공공주문취재제도'를 도입하자는 독특한 제안을 한다. 댄 하인드, 앞의 책, 195쪽 이하.

265) 가령 디지털 방송망의 시민사회를 위한 활용, 예술과 인문학에 대한 재정지원, '상업화되지 않은 공공 공간'의 창출, 실업자나 퇴직자들의 시민사회적 활동 참여 통로의 확보, 자원봉사 활동의 지원 등 다양한 제안을 하고 있는 벤자민 바버의 논의를 참조. 벤자민 바버, 『강한 시

그러나 내가 볼 때 무엇보다도 중요한 것은 시민이 민주적 주체로서 제대로 설 수 있게끔 할 수 있는 '시민적 역능화'(力能化; civil empowerment)를 위한 사회적 전제들의 확보다. 반복하는 이야기이지만, 우리는 시민의 주체화의 문제를 단순히 개인적 수준의 도덕적 수양의 문제로서만 인식해서는 안 된다. 시민들이 스스로 적극적 주체가 되어 평등한 조건 속에서 공적 토론과 심의 과정에 적극적으로 참여함으로써 정치공동체의 모든 중요한 제도들과 사회적·정치적·경제적 근본 구조를 스스로 효과적으로 규정하기 위해서는 시민들은 필요한 시민적 역량을 갖출 수 있어야 하고, 이것은 매우 의식적이고 적극적인 사회정치적 노력을 통해서만 확보될 수 있다. 이를 위해서는 탄탄한 복지국가적 지반의 확보도 중요할 것이고, 앞에서부터 우리가 강조해 온 민주시민교육 또한 결정적인 의미를 지닐 것이다.

우선 우리는 복지국가가 단지 시민적 진보가 추구하는 현실주의적 이상이기만 할 뿐만 아니라 또한 그러한 시민적 진보를 추동할 시민적 주체성의 강화를 위해서도 반드시 필요하다는 점을 분명히 할 수 있어야 한다. 복지국가를 단순히 어떤 분배 정의의 실현 결과로서만 이해해서는 안 된다. 시민적 진보의 이상에서 복지국가는 모든 시민이 사회적 배제와 그에 따른 모욕과 무시에 대한 불안이나 공포 없이 자기실현을 이루기 위한 실질적 가능성을 보장받을 수 있도록 해야 하는 민주공화국의 도덕적 목적 그 자체를 통해 이해된다. 다시 말해 복지국가는 민주공화국의 이념이 지닌 내적 함축이다. 여기서 복지는 모든 사람의 존엄의 평등을 보장하고 실현해야 한다

민사회, 강한 민주주의』, 이선향 옮김, 일신사, 2006.

는 민주공화국의 도덕적 목적과 관련하여 모든 시민이 정당하게 누릴 수 있는 헌법적으로 보장된 보편적 권리로 이해될 수 있다. 그러나 그 복지국가는 단지 시민들 스스로의 힘을 통해서만 실현될 수 있다. 그리고 그 힘은 다시 시민들이 단지 시민적—정치적 자유를 가능한 최대한으로 누릴 수 있어야 할 뿐만 아니라 <또한 그리고 동시에> 위엄 있고 품위 있는 삶을 위한 물질적 전제 또한 충분히 확보할 수 있을 때에만 확보될 수 있다. 물질적 불안정 상태로부터의 해방 없이 시민은 올바른 민주적 주체가 될 수 없을 것이기 때문이다.

제대로 된 민주공화국에서는 모든 시민은 사회적으로 생산된 부와 관련하여 생산에 대한 기여 정도나 생산주의적으로 평가된 능력과 무관하게 모두가 정당하게 주장할 수 있는 자기 몫, 자기 지분을 가질 수 있어야 한다. 그리하여 모두가 가장 기본적인 수준에서 인간적·사회적 생존을 보장받을 수 있어야 한다. 단지 그런 전제 위에서만 시민들은 사회적 배제나 모욕에 대한 불안과 공포 없이 제대로 된 민주주의적 주체로서 시민적 삶을 살아갈 가능성을 가질 수 있기 때문이다. 이런 요구가 바로 통상적인 인권 논의에서는 곧잘 무시되거나 부차적인 것으로 이해되곤 하는 주거, 노동, 건강, 교육 등과 관련된 사회권에 대한 요구다.

이때 우리는 자유권과 사회권, 시민과 노동자, 자유와 복지, 민주주의와 분배 정의 사이의 근거 없는 구분과 대립을 극복할 수 있어야 한다. 틀림없이 사회경제적 재화의 올바른 분배는 아주 중요한 문제다. 그러나 그런 분배 문제에 제대로 접근하기 위해서라도 사회 모든 성원의 시민적 역량을 보장하는 민주주의적 정의가 우선적으로 확보되어야 한다. 왜냐하면, 그런 정의의 조건 위에서만 시민들은 모두가 제대로 참여하는 심의 과정을 통해 자원이 공정하게 분배되고 있는지, 그 분배와 협업의 규칙은 어떻게 설정되며 또 제대로 지켜지고 있는지 등과 같은 것을 결정할 수 있을 것이기 때문이다. 자신들에게 영향을 미치는 의사 결정 과정에 자유롭게 참여하여 토론하고 그 과정을 함께하는 것 자체가 분배적 정의를 달성하기 위한 조건인 것이다. 그래서 경제적 평등화는 민주주의적 정의의 확대, 곧 민주화가 이루어지는 구체적인 방식 또는 그 표현으로 이해될 수 있다. 즉 민주주의 없이는 분배 정의의 성취도 불가능하다. 그래서 시민적 진보의 복지 정치는 단순한 복지 정치가 아니라 '민주적' 복지 정치여야 하는 것이다.

나아가 우리는 민주시민교육의 의미와 중요성에 대해서도 주목해야 한다. 교육에 대한 기존의 메리토크라시적 패러다임[266]은 교육을 단지 생산과 이윤이라는 목적과 연관시켜 바라본다. 진보적 접근의 경우에도, 교육문제를 계층상승이나 노동시장에서의 수월한 입지확보를 위한 기회 균등의 확보라는 측면에서만 접근한다. 그러나 우리는 이제 교육 문제를 그와 같은 메리토크라시적 분배 패러다임의 지평 너머에서 시민적 역량의 확보를 위한 체계적인 민주시민교육이라는 관점에서 접근할 수 있어야 한다.

중요한 것은 이런 요청 역시 단순한 도덕적 당위나 이상의 문제가 아니라 우리 민주공화국 대한민국의 근본적인 도덕적 목적 그 자체에 속하는 것이라고 할 수 있다는 점이다. 제대로 이해된 민주공화

---

266) 이에 대해서는 참조: 「한국 사회에서 메리토크라시의 발흥과 교육문제: '민주주의적 정의'를 모색하며」, 『사회와 철학』, 제21집, 사회와 철학 연구회, 2011.

국은 이 땅에 살고 있는 사람들 모두의 존엄성을 보호하고 증진시키려는 도덕적 목적을 위해 그 사람들이 스스로의 의지를 모아 구성해 낸 특별한 종류의 정치공동체다. 그러나 그 민주공화국은 그저 주어지는 것이 아니라 서로의 존엄성을 존중하고 인정하는 사람들이 연대하여 형성해 내야 한다. 그 과정에서 사람들은 단순한 인간이 아니라 민주공화국의 정당한 구성원이자 적극적인 주체인 시민이 되어야 한다. 그러나 그 시민은 하늘에서 뚝 떨어지는 것이 아니라 비로소 시민으로 교육되어야 하는 것이다. 누구든 평등한 조건 속에서 시민의 민주적 자기-지배를 위한 공적 토론과 심의 및 의사결정 과정에 적극적으로 참여할 수 있는 시민적 역량을 가질 수 있게끔 말이다.

교육에 대한 메리토크라시적 패러다임은 교육을 단지 생산과 이윤이라는 목적과 연관 지어 바라보게 한다. 그리고 그것은 교육문제를 '누가' '얼마만큼' 교육받을지, 교육에 따른 사회적 성과를 어떻게 배분할지와 같은 분배패러다임 안에서만 이해한다. 개인 차원에서도 교육을 사회적 생산체계에서 자신이 어떤 지위를 차지해서 얼마만큼의 혜택을 받을 수 있을 것인지의 문제와 관련해서만 이해한다. 그래서 공교육조차도 근본적으로는 사적인 틀 속에서만 이해된다. 이 패러다임 안에서는 기껏해야 '교육의 분배'와 '교육에 따른 분배'만 제대로 된 문제로서 인식된다.

그러나 제대로 된 민주공화국에서 교육은 그와 같은 메리토크라시적 패러다임을 훨씬 뛰어넘는 공동선과 시민적 연대를 위한 체계적인 민주시민교육이라는 참된 중심축을 세울 수 있어야 한다.[267] 시민들이 훌륭한 시민적 역량을 갖추고 또 그것을 제대로 발휘할 수 있을 때에만 민주공화국의 이상도 제대로 실현될 것이기 때문이다.

물론 교육은 우선 모든 시민이 스스로 자신이 추구해야 할 좋은 삶을 스스로 판단하고 선택하여 살아갈 수 있는 자율적 능력을 기를 수 있도록 해야 한다. 이런 능력 없이는 어느 누구도 당당하고 위엄 있는 삶의 주인이 될 수 없을 것이기 때문이다. 그러나 중요한 것은 그런 능력을 계발하면서 민주공화국을 생동하게 할 '시민성'도 함께 기를 수 있어야 한다는 것이다. 시민들은 단지 이기적인 한 개인으로서만이 아니라 공적인 시민으로서 공적인 일과 공동의 관심사에 대해 스스로 판단하고 결정할 수 있는 능력을 갖출 수 있어야만 한다. 그리하여 시민들은 누구나 당당하고 위엄 있는 능동적인 민주적 주체가 되기 위해 필요한 문화적 소양을 갖출 수 있어야 한다.

시민들은 교육을 통해 자신이 속하는 세계와 사회의 여러 관계를 제대로 이해하고, 그런 관계들 안에서의 자신의 위치를 깨달으며, 저마다 다른 스스로의 가치와 관점을 명료화할 수 있는 실질적 능력을 계발시킬 수 있어야 한다. 그러나 단순히 지적인 능력만이 아니라 더 중요하게는 다른 시민들에 대한 공감과 배려의 태도나 소통의 능력을 함께 갖추도록 해야 한다. 그리하여 민주주의의 의미와 가치를 확인하고 그것을 유지하고 발전시키는 데 필요한 '마음의 습관'을 형성할 수 있어야 한다.

그러니까 교육을 통해 모든 시민은 다른 시민들과 함께 살아간다

---

267) 우리나라의 교육기본법 역시 제2조에서 다음과 같이 민주시민교육을 으뜸 목표로 제시하고 있다. "교육은 홍익인간(弘益人間)의 이념 아래 모든 국민으로 하여금 인격을 도야(陶冶)하고 자주적 생활능력과 민주시민으로서 필요한 자질을 갖추게 함으로써 인간다운 삶을 영위하게 하고 민주국가의 발전과 인류공영(人類共榮)의 이상을 실현하는 데에 이바지하게 함을 목적으로 한다."

는 것이 무엇을 의미하는지, 자신들이 어떻게 공동의 정치공동체 속에서 다른 시민들과 책임과 부담을 나누는 그런 상호적 연결망 속에서 살아가고 있는지에 대해, 단순한 지식으로서가 아니라 실질적인 체험을 통해, 풍부한 도덕적 인식을 형성하고 경험할 수 있도록 해야 한다. 그런 인식을 통해 시민들은 어떻게 자신의 개인적 이해관계를 다른 시민들의 그것과 조율하고 조화시켜야 하는지 그리고 왜 공동의 이해관계에 비추어 그것에 적절하게 자기 제한을 가해야 하는지를 일상적 삶 속에서 체득해 낼 수 있어야 한다. 때문에 좁은 교육과정은 물론 학교생활 전체가 이런 민주적 삶의 양식을 경험할 수 있도록 조직화되어야 한다. 왜냐하면 민주주의 속에서 살아가는 것을 경험하는 것이 민주주의를 배우는 가장 확실한 길일 것이기 때문이다. 이런 방향으로의 전면적인 교육 개혁이 절실하다.

에필로그

시대의 우울이 깊다. 사회경제적 양극화, 극심한 생존 경쟁, 갑－을 관계, 입시 지옥, 군대 폭력, 청년 실업 등 우리 사회에는 성원들의 인권과 인간다운 삶을 위협하는 문제들이 도처에 널려 있다. 더구나 우연한 사고 같지만 결국 인재인 세월호 대참사 같은 일들이 언제 또 일어날지 늘 불안하기만 하다. 하루가 멀다고 끔찍한 일들이 묵시록처럼 펼쳐진다. 그러나 그런 문제들을 해결해야 할 우리의 민주주의 정치는 분단과 정치적 양극화의 질곡 속에서 희망의 원천이 되기보다는 스스로가 깊은 위기 속에서 허적이고 있다. 이 사회에서 우리가 정말 존엄하고 위엄 있게 살아갈 수 있을지, 이 사회를 어떻게 사람이 사람답게 사는 사회로 바꾸어낼 수 있을지, 앞이 캄캄하기만 하다.

나는 이 책에서 지금 이 땅에서 우리네 삶이 처한 위기의 근본적인 원인이나 배경을 나름의 방식으로 파헤쳐 보고 새로운 인간적 삶의 양식을 건설하기 위한 실천적 실마리 정도는 찾아보려 했다. 결코 쉽지 않은 이론적 우회로들을 통과해 왔다. 근대성의 이론이라는 익숙하면서도 낯선 지적 도구를 통해 우리가 살아왔고 또 살아가고 있는 사회적 삶의 모습을 어떤 식으로든 그 전체로서 조감해 보려 했다. 그리고 그것을 토대로 앞으로 우리가 어디로 가야 하는지를 가늠해 보았다. 지금껏 살펴 온 대로, 역시 문제가 단순하지도 않고 또 그 해법도 손쉬워 보이지는 않는다. 그래서 여전히 쉽사리 희망을 말하지는 못하겠다.

그래도 달리 어찌해 볼 도리가 없다면 부딪혀 볼 수밖에 없다는 생각이다. 우리는 어떻게든 이 땅에서 삶을 살아가야 한다. 도망갈 곳이 없다. 그렇다면 억지스럽게 그저 체념 속에서 이 모욕 사회를 견디며 살아내려고만 하지 말고, 어떤 식으로든 우리가 살아가는 방식과 삶의 문법을 좀 더 인간적인 방향으로 바꾸어 보려고 애는 써 보아야 한다. 지금까지의 나의 모색이 아예 엉터리가 아니라면, 길이 완전히 꽉 막힌 것은 아니다. 비록 문화혁명에서 출발하는 창조적-민주적 근대성을 향한 개벽의 과제가 결코 만만하지는 않겠지만, 그렇다고 그 과제가 아예 우리가 시작조차 할 수 없을 정도로 수행 불가능하지는 않을 것이다.

내가 볼 때 이 맥락에서 우선 중요한 것은 그동안의 한국적-유교적 근대성의 압도적인 논리 속에서 이 땅의 우리 모두가 알게 모르게 젖어 있던 오랜 사유 습성에서 하루빨리 벗어나는 것이다. 지금 우리 사회의 상태에 대한 자기 인식에서의 근본적인 전환에서부터 시작해야 한다. 우리 사회 주류 지배 세력들이 외치는 무슨 '선진화' 담론이나 '국민소득 4만 달러 시대' 같은 비전 설정의 허망함에서 하루빨리 깨어나야 하는 것은 물론, 진보를 자처하는 저항 세력들이 비장한 모습으로 제시하곤 하는 '자본주의의 극복'이나 '친일 매판 세력 청산' 같은 인식들의 고루함도 얼른 벗어 던져야 한다. 그러나 내 생각에 우리 사회의 인문·사회 과학 일반은 이런 과제를 충분히 제대로 수행하고 있는 것 같지가 않다. 이 책에서 나는 내 나름의 방식으로 어떻게든 우리가 진짜 어떤 삶의 문제들을 갖고 있는지 그리고 우리네 삶의 참된 미래 비전은 어떻게 설정되어야 하는지 답을 찾아 제시해 보려 했다.

물론 우리가 지금까지의 우리 유교적 근대성이 보여 온 무성찰과 무사유의 상태로부터 벗어나고, 또 그래서 올바른 비전을 설정할 수 있게 되었다고 하루아침에 인간다운 삶을 위한 사회와 문화의 개벽이 이루어지지는 않을 것이다. 나는 이 책에서 결국 그런 개벽도 한 걸음 한 걸음 나아가는 것일 수밖에 없음을 보여주려 했다고 할 수 있다. 문제는 무슨 정권 교체나 메시아의 도래 같은 것을 통해 단번에 바뀔 수 있는 성질의 것이 아니다.

다른 사람과의 일상적인 만남에서부터 경제생활은 물론 정치에 이르기까지 새로운 전통, 새로운 사회적 관행, 새로운 사유 습성을 하나하나 쌓아 나가야 한다. 사람들의 생각이 바뀌고 새로운 마음의 습관이 형성되어야 한다. 좋은 삶을 이해하고 상상하는 문화적-도덕적 지평 자체부터 변해야 한다. 가정생활이 바뀌고 교육이 바뀌어야 한다. 우리 사회의 거의 모든 영역에서 여러 제도와 그것들을 운용하는 사람들의 인간-맹(盲) 상태를 극복하기 위한 세세하고 효과적인 장치들을 마련해 가야 한다. 결코 단숨에 이루어질 성질의 일들이 아니다.

그래서 갈 길이 멀다. 무슨 기적을 바라거나 하지 않는다면, 큰 변화도 결국 작은 변화를 위한 노력에서부터 시작할 수밖에 없다. 각자가 놓여 있는 삶의 장소야말로 참된 개벽의 출발지일 것이다. 거기서부터 시작하자. 그리고 어떤 '고독한 선구자'의 쓸쓸함만 곱씹지 말고 더 많은 사람과 소통하고 더 많은 사람을 설득하며 더 많은 연대를 쌓아 나가자. 그런 연대의 노력만이 우리의 미래를 열 수 있다. 그리고 그런 연대의 노력 속에서만 이 모욕 사회의 한가운데서도 인간답고 위엄 있는 삶의 공간을 열어젖힐 수 있을 것이다. 우리네 삶을 이토록 곤혹스럽고 치욕스럽게 만들고 있는 이 땅의 삶의 위기로부터의 구원은 단지 이렇게만 가능할 것이다.

참고문헌

A. 국내문헌

고미숙, 「근대 계몽기, 그 이중적 역설의 공간」, 『사회와 철학 2』, 사회와 철학 연구회, 2001.

고미숙, 『한국의 근대성, 그 기원을 찾아서-민족·섹슈얼리티·병리학』, 책세상, 2001.

권혁범 외, 『우리 안의 파시즘』, 삼인, 2000.

김경일, 『한국의 근대와 근대성』, 백산서당, 2003.

김교빈, 「죽음에 대한 유교의 이해」, 『철학연구』, 제75집, 철학연구회, 2006.

김상봉, 「진보란 무엇인가?」, 『리얼 진보: 19개 진보 프레임으로 보는 진짜 세상』, 강수돌 등, 레디앙, 2010.

김상봉, 『기업은 누구의 것인가』, 꾸리에북스, 2012.

김상준, 「조선 후기 사회와 '유교적 근대성' 문제」, 『대동문화연구』, 42집, 2003.

김상준, 「온 나라가 양반되기-조선 후기 유교적 평등화 메커니즘」, 『사회와 역사』, 63집, 2003.

김상준, 「대중 유교로서의 동학-'유교적 근대성'의 관점에서」, 『사회와 역사』, 68호, 2005.

김상준, 「중층근대성. 대안적 근대성 이론의 개요」, 『한국사회학』, 제41집 4호, 2007.

김상준, 『맹자의 땀 성왕의 피』, 아카넷, 2011.

김세균, 「자유주의의 역사, 본질, 한계」, 『현대민주주의론(I)』, 한국정치연구회 사상분과 편, 창작과 비평사, 1992.

김요기, 「유가 윤리와 경제 발전」, 『동아시아, 문제와 시각』, 정문길 외 지음, 문학과 지성사, 1995.

김용옥, 『도올심득 동경대전』, 통나무, 2004.

김원열, 「유교 민주주의와 공동체 윤리관」, 『시대와 철학』, 제17권 3호, 2006.

김육훈, 『민주공화국 대한민국의 탄생: 우리 민주주의는 언제, 어떻게 시작되었나?』, 후마니타스, 2012.

김일곤, 「유교적 자본주의의 인간존중과 공생주의」, 『동아시아 문화와 사상』, 제2호, 1999.

김진균 외, 『근대주체와 식민지 규율 권력』, 문화과학사, 1997.

김진희, 「공공 철학자 존 듀이, 자유주의의 부활을 요청하다」, 존 듀이, 『자유주의와 사회적 실천』, 김진희 옮김, 책세상, 2011.

김홍경, 「유교자본주의론의 형성과 전개」, 『동아시아 문화와 사상』, 제2호, 1999.

김홍중, 「스노비즘과 윤리」, 『사회비평』, 제39호, 2008년 봄.

문성원, 『배제의 배제와 환대』, 동녘, 2000.

미야지마 히로시, 『나의 한국사 공부』, 너머북스, 2012.

박노자, 「북한은 과연 유교적 왕국인가」, 한겨레21, 2003.12.25. 제489호.

박노자, 『나를 배반한 역사』, 인물과 사상사, 2003.

박노자, 『우승열패의 신화』, 한겨레신문사, 2005.

박노자, 『나는 폭력의 세기를 고발한다』, 인물과 사상사, 2005.

박승우, 「동아시아 담론의 현황과 과제」, 『동아시아 공동체와 한국의 미래』, 동아시아공동체연구회, 이매진, 2008.

배병삼, 『우리에게 유교란 무엇인가』, 녹색평론, 2012.

손호철, 「진보가 그렇게 부러운가」, 『프레시안』, 2009.08.03.

서희경, 『대한민국 헌법의 탄생: 한국 헌정사, 만민공동회에서 제헌까지』, 창비, 2012.

선우 현, 「탈근대(성)의 포용으로서의 근대(성). 한국 사회에서 탈근대론의 적실성과 관련하여」, 『사회와 철학 2』, 사회와 철학 연구회, 2001.

신광영, 『동아시아 산업화와 민주화』, 문학과 지성사, 1999.

신진욱, 『시민』, 책세상, 2009.

이근식, 「진보적 자유주의와 한국 자본주의」, 『자유주의는 진보적일 수 있는가』, 최태욱 엮음, 후마니타스, 2011.

이병천·홍윤기, 「권두언. 열린 연대로, 시민적 진보를 지향하며」, 『시민과 세계』, 창간호, 참여사회연구소, 2002.

이상익, 『유가사회철학연구』, 심산, 2001.

이승환, 「누가 감히 전통을 욕되게 하는가」, 『전통과 현대』, 1997년 여름 창간호.

이준웅, 「인터넷 공론장의 매개된 상호가시성과 담론 공중의 형성」, 『언론정보연구』, 제46권 2호, 서울대학교 언론정보연구소, 2009.

이진경, 「진보 개념의 경계: 근대적 진보 개념을 넘어서」, 『문화과학』, 1998년 겨울호.

이진경, 「코뮨주의적 구성의 정치와 특이성 개념」, 『시대와 철학』, 제17권 3호, 한국철학사상연구회, 2006.

이진우, 「포스트모더니즘과 동양 정신의 재발견」, 『한국 인문학의 서양 콤플렉스』, 민음사, 1999.

이항우, 「튀니지, 이집트의 시민혁명과 소셜미디어」, 『시민과 세계』, 참여사회연구소, 제19호, 2011.

이환, 『근대성, 아시아적 가치, 세계화』, 문학과 지성사, 1999.

임지현·김용우 엮음, 『대중독재 2. 정치종교와 헤게모니』, 책세상, 2005.

장동진, 『심의 민주주의: 공적 이성과 공동선』, 박영사, 2012.

장은주, 「보수적인, 너무나 보수적인 우리의 진보」, 『프레시안』, 2011.12.01.

장은주, 「복지국가, 하나의 시민적 기획: 분배정의를 넘어서는 한국 복지국가의 도덕적 기초」, 『대한민국, 복지국가의 길을 묻다』, 조흥식 엮음, 참여사회연구소 기획, 이매진, 2012.

장은주, 「주리스토크라시」, 『철학과 현실』, 81호, 2009년 여름.

장은주, 「하버마스의 생산패러다임 비판과 비판사회이론의 새로운 정초 - 현실분석과 해방기획의 결합의 문제를 중심으로」, 『사회철학 대계 3: 사회원리에 관한 새로운 모색들』, 차인석 외 지음, 민음사, 1993.

장은주, 「한국 사회에서 '메리토크라시의 발흥'과 교육 문제: '민주주의적 정의'를 모색하며」, 『사회와 철학』, 제21집, 사회와 철학 연구회, 2011.

장은주, 『생존에서 존엄으로. 비판이론의 민주주의이론적 전개와 우리 현실』, 나남, 2007.

장은주, 『인권의 철학. 동서양이분법을 넘어, 자유주의를 넘어』, 새물결, 2010.

장은주, 『정치의 이동: 분배정의를 넘어 존엄으로 진보를 리프레임하다』, 상상너머, 2012.

장춘익, 「하버마스의 근대성이론: 진보적 실천의 가능성과 한계에 관한 모색」, 『하버마스의 사상. 주요 주제와 쟁점들』, 장춘익 외 지음, 나남출판, 1996.

전태국, 「M. Weber의 유교 테제와 한국사회」, 한국이론사회학회 2003 춘계 학술대회 발표문.

정근식·이병천 엮음, 『식민지 유산, 국가 형성, 한국 민주주의 1, 2』, 책세상, 2012.

정수복, 『한국인의 문화적 문법. 당연의 세계 낯설게 보기』, 생각의 나무, 2007.

조한혜정, 『글읽기와 삶읽기』, 1~3권, 또 하나의 문화, 1994.

조희연, 「우리 안의 보편성. 지적·학문적 주체화로 가는 창」, 『우리 안의 보편성. 학문 주체화의 새로운 모색』, 신정완 외 지음, 한울 아카데미, 2006.

진형준, 「같은 것과 다른 것 – 방법으로서의 동아시아」, 『동아시아인의 '동양' 인식: 19~20세기』, 문학과 지성사, 1997.

최장집, 『민중에서 시민으로: 한국 민주주의를 이해하는 하나의 방법』, 돌베개, 2011.

최태욱 엮음, 『자유주의는 진보적일 수 있는가』, 후마니타스, 2011.

함재봉, 『유교. 자본주의. 민주주의』, 전통과 현대, 2000.

함재봉, 『유교민주주의 – 왜 & 어떻게』, 전통과 현대, 2000.

함재봉, 『탈근대와 유교: 한국정치담론의 모색』, 나남출판, 1998.

함재봉, 「아시아적 가치와 민주주의: 유교민주주의는 가능한가?」, 『철학연구』, 제44집, 1999년 봄.

홍기빈, 『비그포르스, 복지 국가와 잠정적 유토피아』, 책세상, 2011.

홍승표, 「대대적 대립관의 탈현대적 의미」, 『철학논총』, 제40집 2권, 새한철학회, 2005.

홍승표, 「유가 인간관의 탈현대적 함의」, 『동양사회사상』, 제13집, 2006.

홍윤기, 「시민학의 정립: 시민적 권능확보의 학문적 토대」, 『시민과 세계』, 제21호, 참여사회연구소, 2012.

B. 번역문헌

M. 호르크하이머/Th. W. 아도르노, 『계몽의 변증법』, 김유동·주경식·이상훈 옮김, 문예출판사, 1995.

C. W. 밀스, 『파워 엘리트』, 진덕규 옮김, 한길사, 1985.

가라타니 고진, 『근대문학의 종언』, 조영일 옮김, 도서출판b, 2006.

댄 하인드, 『대중이 돌아온다. 공공적인 것의 귀환을 위하여』, 노시내 옮김, 마티, 2012.

시어도어 드 배리,『중국의 '자유' 전통. 신유학사상의 새로운 해석』, 표정훈
　　옮김, 이산, 1998.
로널드 드워킨,『민주주의는 가능한가』, 홍한별 옮김, 문학과 지성사, 2012.
로베르토 웅거,『주체의 각성』, 이재승 옮김, 앨피, 2012.
리처드 세넷,『뉴캐피탈리즘－표류하는 개인과 소멸하는 열정』, 유병선 옮김,
　　위즈덤하우스, 2009.
마이클 샌델,『돈으로 살 수 없는 것들』, 안기순 옮김, 와이즈베리, 2012.
마이클 샌델,『민주주의의 불만』, 안규남 옮김, 동녘, 2012.
마이클 왈처,『정의와 다원적 평등. 정의의 영역들』, 정원섭 외 옮김, 철학과
　　현실사, 1999.
막스 베버,『유교와 도교』, 이상률 역, 문예출판사, 1990.
미소구치 유조,『중국근대사상의 굴절과 전개』, 김용천 옮김, 동과 서, 1999.
미소구치 유조 외,『중국의 예치시스템: 주희에서 등소평까지』, 동국대 동양
　　사연구실 옮김, 청계, 2001.
벤자민 바버,『강한 시민사회, 강한 민주주의』, 이선향 옮김, 일신사, 2006.
세실 라보르드, 존 메이너 외,『공화주의와 정치이론』, 곽준혁・조계원・홍승
　　헌 옮김, 까치, 2009.
소스타인 베블런,『유한계급론』, 한성안 옮김, 지만지, 2008.
쉬무엘 N. 아이젠슈타트,『다중적 근대성의 탐구』, 임현진 외 옮김, 나남출판,
　　2009.
아비샤이 마갈릿,『품위 있는 사회』, 신성림 옮김, 동녘, 2008.
아이리스 M. 영,『정치적 책임에 관하여』, 허라금 등 옮김, 이후, 2013.
악셀 호네트,「반성적 협동으로서의 민주주의－존 듀이와 현대 민주주의이론」,
　　『정의의 타자』, 문성훈・이현재・장은주・하주영 옮김, 나남, 2009.
안소니 기든스,『사회구성론』, 황명주 외 옮김, 자작아카데미, 1998
앤소니 기든스・울리히 벡・스콧 래쉬,『성찰적 근대화』, 임현진・정일준 옮
　　김, 한울, 1998.
알렉산더 우드사이드,『잃어버린 근대성: 중국, 베트남, 한국 그리고 세계사
　　의 위험성』, 너머북스, 2012.
에드워드 사이드,『오리엔탈리즘』, 박홍규 역, 교보문고, 1991.
에티엔 발리바르,『우리, 유럽의 시민들?』, 진태원 옮김, 후마니타스, 2010.
엔리케 두셀,『1492년 타자의 은폐: '근대성 신화'의 기원을 찾아서』, 박병규
　　옮김, 그린비, 2011.
왕 후이,『죽은 불 다시 살아나－현대성에 저항하는 현대성』, 김택규 옮김,

삼인, 2005.

올리히 벡, 『위험사회. 새로운 근대(성)를 향하여』, 홍성태 옮김, 새물결, 1997.

위르겐 하버마스, 『현대성의 철학적 담론』, 이진우 옮김, 문예출판사, 1994.

위르겐 하버마스, 『공론장의 구조변동』, 한승완 역, 나남출판, 2004.

위르겐 하버마스, 『담론윤리의 해명』, 이진우 옮김, 문예출판사, 1997.

위르겐 하버마스, 『의사소통 행위이론 2』, 장춘익 옮김, 나남, 2006.

위르겐 하버마스, 『사실성과 타당성. 담론적 법이론과 민주적 법치국가 이론』, 한상진·박영도 옮김, 나남, 2007.

위르겐 하버마스, 『아, 유럽. 정치저작집 제11권』, 윤형식 옮김, 나남출판, 2011.

위잉스, 『동양적 가치의 재발견』, 김병환 옮김, 동아시아, 2007.

이매뉴얼 월러스틴, 『유럽적 보편주의: 권력의 레토릭』, 김재오 옮김, 창비, 2008.

이매뉴얼 월러스틴, 『자유주의 이후』, 강문구 옮김, 당대, 1996.

장 자크 루소, 『인간불평등 기원론』, 주경복·고봉만 옮김, 책세상, 2003.

존 듀이, 『현대 민주주의와 정치 주체의 문제(The Public and Its Problems)』, 홍남기 옮김, 씨아이알, 2010.

존 듀이, 『자유주의와 사회적 실천』, 김진희 옮김, 책세상, 2011.

존 롤스, 『정치적 자유주의』, 장동진 역, 동명사, 1998.

지그문트 바우만, 『유동하는 공포』, 산책자, 2009.

찰스 테일러, 『근대의 사회적 상상. 경제·공론장·인민 주권』, 이상길 옮김, 이음, 2010.

찰스 테일러, 『불안한 현대 사회』, 송영배 옮김, 이학사, 2001.

프리드리히 니체, 『도덕의 계보』, 『니체 전집』 14권, 김정현 옮김, 책세상, 2002.

필립 페팃, 『신공화주의』, 곽준혁 옮김, 나남, 2012.

한스 요아스, 『행위의 창조성』, 신진욱 옮김, 한울 아카데미, 2002

C. 외국문헌

J. Alexander, The Civil Sphere, Oxford University Press, Oxford/New York, 2006.

U. Beck/W. Bonß (Hg.), *Die Modernisierung der Moderne*, Frankfurt/M, 2001.

R. Bersntein, "John Dewey's Vision of Radical Democracy", 문명과 평화 국제 포럼 2009년 세계석학초청 집중강좌, 제3강연.

D. Chakrabarty, *Provincializing Europe: Postcolonial Thought and Historical Difference (New Edition)*, Princeton University Press, 2007.

A. Croissant, "Delegative Demokratie und Präsidentalismuis in Südkorea und auf den Philippinen", *WeltTrends Nr. 29*, Winter 2000/2001.

Codruta Cuceu, "Milestones in the critique of the Public Sphere: Dewey and Arendt", *Journal for Communication and Culture* 1, no. 2, Winter 2011.

J. Dewey, "Creative democracy: The task before us"(1939), J. Boydston (Ed.), *John Dewey: The later works, 1925 ~1953, volume 14,* Carbondale: Southern Illinois University Press.

J. Donnelly, *Universal Human Rights, In Theory & Practice (2nd ed.)*, Cornell University Press, 2003.

J. Dryzek, *Deliberative Democracy and Beyond: Liberals, Critics, Contestations,* Oxford University Press, 2000.

E. Dussel, *The Underside of Modernity: Apel, Ricoeur, Rorty, Taylor and the Philosophy of Liberation,* Humanity Books, 1996.

S. Eisenstadt, "Some Observations on Multiple Modernities", in: Dominic Sachsenmaier and Jens Riedel with Shmuel N. Eisenstadt(ed.), *Reflections on Multiple Modernities,* 2002.

S. Eisenstadt, "Multiple Modernities", *Daedalus* 129(1), 2000.

A. Gutmann & D. F. Thompson, *Democracy and disagreement,* Cambridge, MA: Belknap Press of Harvard University Press, 1996.

J. Habermas, *Die nachholende Revolution, Kleine Politische Schriften VII,* Frankfurt/M., 1990.

J. Habermas, Legitimationsprobleme im Spätkapitalismus, Frankfurt/M., 1973.

J. Habermas, *Philosophische Diskurs der Moderne*, Frankfurt/M., 1988.

J. Habermas, "Die Moderne-ein unvollendetes Projekt", *Kleine Politische Schriften*, I ~ IV, Frankfurt/M., 1981.

R. Hirschl, *Towards Juristocracy: The Origins and Consequences of the New Constitutionalism*, Harvard University Press, 2007.

A. Honneth, *Das Recht der Freiheit: Grundriss einer demokratischen Sittlichkeit,* Suhrkamp Verlag Berlin, 2011.

A. Honneth, *Leiden an Unbestimmtheit*, Stuttgart, 2001.

H. Joas (Hg.), *Vielfalt der Moderne - Ansichten der Moderne*, Fischer, Frankfurt/M., 2012.

I. Kant, "Was ist Aufklärung? Ausgewählte kleine Schriften", Horst D. Brandt (Hrsg.), *Philosophische Bibliothek* (Bd.512), Hamburg 1999.

M. Kennich, "Some reflections on multiple, selective and entangled modernities and the importance of endogenous theories", 동아시아 사회학 국제학 술대회(2006.11. 부산) 발표문.

M. Kettner, "John Deweys demokratische Experimentiergemeinschaft", H. Brunkhorst (Hg.), *Demokratischer Experimentalismus: Politik in der komplexen Gesellschaft*, Suhrkamp Verlag Frankfurt am Main, 1998.

W. Merkel (et.al.), *Defekte Demokratie. Band 1: Theorie,* Oplanden; Leske+Budrich, 2003.

D. Miller, *Principles of Social Justice*, Harvard University Press, Cambridge/London, 1999.

M. C. Nussbaum, *Frontiers of Justice. Disability, Nationality, Species Membership*, Harvard University Press, 2006.

W. Schwentker, "Culture Identity and Asian Modernities in Postwar Japanese Thought, 1945~60", 동아시아 사회학 국제학술대회(2006.11. 부산) 발표문.

A. Sen, *The Idea of Justice*, The Belknap Press of Harvard University Press, Cambridge, Massachusetts, 2009.

A. Sen, "Justic and the Global World", *Indigo*, Vol.4, Winter 2011.

J. Souza, *Die Naturalisierung der Ungleichheit. Ein neues Paradigma zum Verstaendnis peripherer Gesellschaften*, Wiesbaden, 2008.

Julia Tao, "Die Natur des Menschen und das Fundament der Moral. Eine chinesisch-konfuzianische Perspektive", Hans Joas (hg.), *Vielfalt der Moderne‑Ansichten der Moderne*, Fischer 2012.

Ch. Taylor, *Sources of the Self. The Making of the Modern Identity*, Cambridge Univ. Press, 1989.

Ch. Taylor, "Legitimation Crisis?", *Philosophy and The Human Sciences, Philosophical Papers 2*, Cambridge University Press, 1996.

S. White, *Equality*, Polity Press, Cambridge, 2007.

"Progressivism", *Wikipedia* (2012, 02. 23. 접속)

E. O. Wright, "Compass Points: Towards a Socialist Alternative", *New Left*

Review 41.

I. M. Young, "Justice, Inclusion, and Deliberative Democracy", S. Macedo, *Deliberative Politics, Essays on Democracy and Disagreement*, N.Y/Oxford, Oxford University Press, 1999.

장은주
　서울대학교 철학과
　서울대학교 대학원
　독일 J. W. Goethe 대학 철학박사
　현) 영산대학교 교수
　　　경기도교육연구원 선임연구위원

『생존에서 존엄으로』(2007)
『인권의 철학』(2009)
『정치의 이동』(2012)
『니체 철학 100년』(공저, 2005)
외 다수

유교적
근대성의 미래

초판인쇄　2014년 11월 10일
초판발행　2014년 11월 10일

지은이　장은주
펴낸이　채종준
펴낸곳　한국학술정보㈜
주소　경기도 파주시 회동길 230(문발동)
전화　031) 908-3181(대표)
팩스　031) 908-3189
홈페이지　http://ebook.kstudy.com
전자우편　출판사업부　publish@kstudy.com
등록　제일산-115호(2000. 6. 19)

ISBN　978-89-268-6695-5　93330